# 乳児の生活と保育

［第3版］

松本園子　編著

荒賀直子
伊藤輝子
大場富子
大村禮子
立浪澄子
仲　明子
林　薫

ななみ書房

# 乳児の生活と保育

[第3版]

編著 松本園子

共著 荒賀直子
　　 伊藤輝子
　　 大立孝子
　　 大林和子
　　 立柳聡
　　 中町京子
　　 林薫

# まえがき　−本書の目的と特色−

　本書は保育士養成課程における「乳児保育」のテキストとして多くの皆様にご利用いただいてまいりました。このたび，厚生労働省の保育士養成課程改訂（2019年度実施）に伴い，改訂版を発行させて頂きます。

　今回の改訂は章構成の変更が中心です。これまで使っていただいてきた皆様にはご不便をかけますので，変更の内容をお伝えします。

　1章〈乳児保育の意義・目的と役割〉は，前著の1章〈「乳児保育」とはなにか〉の節を組み替え，各節の内容も大幅修正しました。

　2章〈乳児保育の現状と課題〉は，前著の終章8章の〈乳児の養育環境と乳児保育の課題〉の位置を移したものですが，今日の状況に即して全面的に書き改めました。

　3章〈乳児保育の実際〉は，前著の2章〈乳児保育の一日〉を，一部修正しました。

　4章〈3歳未満児の発育・発達をふまえた保育〉は，前著の3章〈乳児の発達と保育内容〉を新カリキュラムに示された教授内容に即して修正しました。

　5章〈乳児保育における計画・記録・評価〉は，前著の7章〈乳児保育と保育の計画〉の位置を移しました。

　6章〈乳児保育における連携・協働〉は新しく設けました。

　7章〈身体機能の発達と保育〉は前著の4章，8章〈基本的生活習慣獲得と保育〉は前著の5章，9章〈対人関係の発達と保育〉は前著の6章です。巻末「保育所保育指針」等は頁数の関係で割愛しました。

　今回のカリキュラム改訂では，従来の「乳児保育」（演習2単位）が，「乳児保育Ⅰ」（講義2単位），「乳児保育Ⅱ」（演習1単位）となり，保育士養成における乳児保育教育の拡大充実となり嬉しいことです。本書の1～6章は主として乳児保育Ⅰで，7～9章は主として乳児保育Ⅱでご利用いただけるのではないかと思います。

＊　＊　＊

　新しいタイプのテキストをと意気込んで，本書のもとになる本を樹村房社から出版していただいたのは1996年です。以来必要な改訂を加えつつ刊行をつづけ，2006年以降はななみ書房からの刊行となりました。2011年には新しい執筆者を加えて大きな改訂を行い今日に到っています。

　この20数年，子どもと家庭をめぐる状況の変化とその中での乳児保育の重要性ということを言い続けてきました。それは今もかわりがないのですが，乳児保育をめぐる状況に何か質的な変化が起きていることを感じます。本書2章でふれておりますが，共働きがあたりまえになり，乳児保育もあたりまえになるなかで，待機児童問題解決の量的な受け皿のみが話題になっています。しかし厳しい「保活」の末に父母がようやく確保した預け先が，優しい保育者が乳児をゆったりと受け止め，楽しく過ごさせるという，本来あるべき保育の場となっているのかが，あまり問題にされていないように思われます。

　難しい社会情勢のなかですが，保育者養成機関が，これからの乳児保育を担う心と知識と技術を備えた多くの保育者を育てていくことは，今とても重要です。本書がその一助となれば幸いです。

　　　2019年1月

編　者

# も く じ

まえがき

## 第1章　乳児保育の意義・目的と役割

1. 「乳児保育」とはなにか …………………………………………… 7
2. 乳児保育の歴史 …………………………………………………… 9
   1. 戦前の保育と乳児保育　9
   2. 児童福祉法の制定　11　　3. 高度経済成期　11
3. 乳児保育の役割と機能　－養護と教育の一体 ………………… 13

## 第2章　乳児保育の現状と課題

1. 子どもと家庭をを取り巻く状況 ………………………………… 15
   1. 家族の変化　15　　2. 労働をめぐる状況　16
   3. 居　住　18　　4. 少子化　18
2. 乳児保育の現状 …………………………………………………… 20
   1. 子ども子育て支援制度　20
   2. 乳児保育の場　20
3. 乳児保育需要と待機児童 ………………………………………… 26

## 第3章　乳児保育の実際

1. 保育所における乳児保育 ………………………………………… 29
   1. 登　園　29　　2. 朝の自由遊び　30
   3. 朝のおやつ　30　　4. 排　泄　30
   5. 遊　び　31　　6. 食　事　32
   7. 午　睡　33　　8. 目覚め　33
   9. 午後のおやつ　34　　10. 遊　び　34
   11. 延長保育（夕方の遊び，おやつ，排泄）・順次降園　34
2. 乳児院における乳児保育 ………………………………………… 36
   1. 入所児の状況　36　　2. 乳児院における養育　37
   3. 乳児院の一日の生活の流れ　40
3. 家庭的保育における乳児保育 …………………………………… 44
   1. 家庭的保育の一日の生活の流れ　44

## 第4章　3歳未満児の発育・発達をふまえた保育

**1** 3歳未満児の生活と環境 …………………………………………………… 51
　**1** 0歳児の生活と環境　52　　**2** 1・2歳児の生活と環境　54

**2** 3歳未満児の遊びと環境 …………………………………………………… 57
　**1** 0歳児の遊びと環境　57　　**2** 1歳児の遊びと環境　58
　**3** 2歳児の遊びと環境　58

**3** 3歳以上児の保育に移行する時期の保育 ………………………………… 59
　**1** 個別指導計画からクラスの集団生活での計画へ　59
　**2** 自我の育ちと自律の芽生えを支える　59

**4** 3歳未満児の発育・発達をふまえた援助や関わり ……………………… 60
　**1** 0～4か月　60　　**2** 4か月～6か月未満　61
　**3** 6か月～1歳未満　62　　**4** 1歳～1歳6か月　65
　**5** 1歳7か月～2歳未満　66　　**6** 2歳　68

**5** 3歳未満児の発育・発達をふまえた保育における配慮 ………………… 69
　**1** 0歳児の保育における配慮　69
　**2** 1・2歳児の保育における配慮　73

## 第5章　乳児保育における計画・記録・評価

**1** 生活リズムと保育園の日課 ………………………………………………… 79
　**1** 気持ちのよい生活　79　　**2** 保育園の日課　79
　**3** 健康管理　82

**2** 記録・保育日誌・家庭との連絡 …………………………………………… 83
　**1** 保育の中の記録　83　　**2** 保育日誌　84
　**3** 家庭との連絡　85

**3** 全体的な計画と指導計画の作成 …………………………………………… 87
　**1** 乳児期からの見通しをもった全体的な計画の作成　87
　**2** 乳児のための指導計画作成の視点　87
　**3** 年間指導計画　89　　**4** 月間指導計画　91
　**5** 週案・日案　93　　**6** 計画の評価と反省　93

## 第6章　乳児保育における連携・協働

**1** 職員間の連携・協働 ………………………………………………………… 95
**2** 保護者との連携・協働 ……………………………………………………… 97
**3** 自治体や地域の関係機関との連携・協働 ………………………………… 97

## 第7章　身体機能の発達と保育

### 1　身体を動かす …………………………………………………………… 101
1. 運動機能の発達と保育の役割　101
2. 運動機能の発達の概要　103
3. 保育者の援助　105
4. 生活環境づくりと意図的取り組み　109

### 2　手を使う ……………………………………………………………… 112
1. 人間の手　112
2. 手の機能の発達の概要　113
3. 保育者の援助　122

## 第8章　基本的生活習慣獲得と保育

### 1　食べる ………………………………………………………………… 127
1. 乳児期の食事の意義　127
2. 食事行動の発達の概要　133
3. 食事をめぐるトラブルの原因と対策　135
4. 保育園における食事介助のあり方　139
5. 食事場面での清潔習慣の援助と指導　140

### 2　排泄する ……………………………………………………………… 142
1. 排泄行動の生理と発達　142
2. 排泄の世話と自立への援助　143

### 3　眠　る ………………………………………………………………… 147
1. 乳児期の睡眠　147
2. 保育園における午睡　148
3. 衣服の着脱　150

## 第9章　対人関係の発達と保育

### 1　ことばで人とつながる ……………………………………………… 153
1. ことばの発達の概要　153
2. ことばとは何か，なぜことばが必要なのか　161
3. ことばの発達を支えるもの　166
4. 保育において配慮すること　169

### 2　人とかかわる ………………………………………………………… 177
1. 対人関係の発達の概要　177
2. 保育者の援助　187
3. 母子関係について　192

**執筆分担(執筆順)**

第1章　[松本]
第2章　[松本]
第3章　①③［伊藤］, ②［大村］
第4章　［大村］
第5章　［伊藤］［立浪］
第6章　［大村］
第7章　①［立浪］, ②［大場］
第8章　①［林］, ②［荒賀］［伊藤］, ③［伊藤］［松本］
第9章　①［仲］, ②［大場］

コラム7－1, 9－2, 9－3　［大場］
コラム5－1　［伊藤］

# 第1章
## 乳児保育の意義・目的と役割

　乳児保育は発達途上の分野である。よりよい保育を創造していくために，これまでの研究と実践の成果をしっかり学びたい。乳児の保育は遊びや生活の具体的場面の連続であり，その一つ一つにさまざまな発達的意味が複合的に含まれている。保育者の役割は，毎日の活動の一つ一つがよりよいものとなるよう，環境を整え，必要な援助を行うことである。

### 1　「乳児保育」とは何か

　人類誕生以来，親や家族による子育て（育児）は営々と続けられてきた。一方「保育」は，育児とは区別される親以外の専門職による意図的な働きかけであり，人類の歴史のなかでは新しい近代社会の産物である。「保育」という社会的活動を生み出した背景は，工業化，家族の変容，地域の変貌，母親の労働の広がりなどにより，親への援助の必要性が広がったことである。また，弱くしかし可能性に充ちた乳幼児を人間として尊重し，適切な保護と教育的働きかけを行う必要についての認識がうまれたことである。このような意味での「保育」は，産業革命が先行した欧米では18世紀，日本では19世紀半ばの明治期以降に誕生した。

　さて「乳児保育」とは乳児を対象とする保育である。「乳児」とは"赤ちゃん"のことを，学問や法律の世界で少々かしこまっていうことばであり，もっと

も幼い段階の，弱く大人の世話がなければ生きていけない子どもである。しかし「乳児」が意味する年齢範囲には幅がある。

発達論における「乳児期」は出生から1歳半ば，あるいは2歳ぐらいまでをさすことが多い。1歳前後から半ばにかけて「乳児」という語が由来する「乳」への依存を脱するとともに，歩行の開始，ことばの出現など発達上の大きな変化がみられることによる。

一方，法律上の「乳児」の規定は児童福祉法にみられる。児童福祉法（1947年制定）の第4条によれば，法が対象とする「児童」を18歳未満の者とし，児童を「乳児」（1歳未満），「幼児」（1歳から小学校就学まで），「少年」（小学校就学から18歳に達するまで）の3段階にわけている。したがって児童福祉法による「乳児保育」は1歳未満児＝0歳児の保育である。ただ，保育の実際の必要から「乳児」の延長で1，2歳児についても3歳以上児の保育とは別の配慮が必要であり，1・2歳児を低年齢幼児として3歳以上の幼児と区別して扱う場合が多い。例えば「児童福祉施設の設備及び運営に関する基準」（旧，児童福祉施設最低基準）において，保育所の設備の基準（32条）では「乳児又は満二歳に満たない幼児を入所させる保育所」の基準を2歳以上幼児のそれとは別に規定している。職員の基準（33条）では「乳児」と「満1歳以上満3歳に満たない幼児」（1，2歳児）は保育士の配置を3歳以上幼児の条件に比べ手厚くしている。

保育の現場では「乳児保育」は3歳未満児保育の意味で使われることが多い。保育条件の面でも，保育の内容・方法についても3歳以上児の保育とは区別が必要であり，3歳未満児の保育，0，1，2歳児クラスをあわせて「乳児保育」「乳児クラス」と呼ぶことが実際上便利ということであろう。保育園の0歳児クラスは通常4月時点で0歳の子どもによって構成されるが，年度途中で順次1歳になり実際には0歳児と1歳児混合クラスである。同様に1歳児クラスは1・2歳児，2歳児クラスは2・3歳児を対象とする保育を行っている。

本書では，乳児および1，2歳児の保育についてとりあげる。便宜上「乳児」「乳児保育」という場合は，広く3歳未満，3歳未満児保育を示すものとし，狭義の乳児，乳児保育をさす場合は「0歳児」「0歳児保育」と記すこととする。

なお，2019（平成31）年度適用の「保育士養成課程」では乳児保育関係科目の充実が計られ，ここでは「乳児保育Ⅰ」「乳児保育Ⅱ」の教授内容の説明において「乳児保育」とは，3歳未満児保育を念頭においた保育をさすと記している。

## 2　乳児保育の歴史　（表1-1）

### 1　戦前の保育と乳児保育

　日本の保育の歴史における乳児保育の位置はどのようなものであったろうか。

　1876（明治9）年に開設された「東京女子師範学校附属幼稚園」は満3歳以上の幼児を対象とした。この幼稚園をモデルに各地に幼稚園が設置され，3歳以上の幼稚園が定着していった。1899（明治32）年には文部省令「幼稚園保育及設備規程」が出され，国の制度として3歳から就学までが幼稚園の対象年齢であることが明記された（同規程は翌1900年「小学校令施行規則」に吸収）。

　一方，国の施策を背景とする幼稚園とは別に，労働や貧困により育児が困難な家庭の乳幼児を保育する施設も明治期から様々な形で登場した。こちらは社会事業として内務省が管轄し，戦後の児童福祉法保育所に連なる施設であったが，様々な名称（保育所，保育園，託児所等々）で実施されていたため，これらを保育所的保育施設と呼んでおく。保育所的保育施設は3歳未満児も受け入れた。

　1926（大正15）年4月，勅令「幼稚園令」が公布された。幼稚園がかなり普及し内容も発展した段階で，単独法令が制定されたのである。ここでは基本的には従前の文部省幼稚園規程が踏襲されたが，保育所的保育施設の普及を背景に，保育所的幼稚園を認める内容も盛り込まれた。すなわち，幼稚園令第6条で幼稚園の対象児を3歳以上小学校就学までとしつつ，それにつづけて「但し特別の事情ある場合に於ては（中略）3歳未満の幼児を入園せしむることを得」としている。ただ，このような幼稚園はごく少数にとどまり，3歳未満児の保育は，もっぱら保育所的保育施設で実施された。

　1940～41（昭和15～16）年に保育（幼・保その他）にかかわる大規模な全国調査が中央社会事業協会社会事業研究所と恩賜財団愛育会愛育研究所の協力で実施され，1943年『**本邦保育施設に関する調査**』として公刊された。ここでは全国的な乳児保育の実施状況が明らかにされるとともに，乳児保育実施施設の詳細な調査が「第5篇三歳未満児の保育施設」としてまとめられ，児童と家庭，設備および条件，保育内容の実態が報告されている。戦前期の乳児保育の状況はこの調査に集約されているといってよい。

**本邦保育施設に関する調査**：
本邦保育施設に関する調査は下記に復刻収録されている。
・『大正・昭和保育文献集』13，14巻，日本らいぶらり，1978
・『戦前日本の社会事業・社会福祉資料／第1期』第7巻　保育・託児（常設）松本園子編・解説，柏書房，2017

| 年 | 事　項 |
|---|---|
| 1947（昭和22） | 4月　労働基準法公布（産後休暇6週間，0歳児の母に育児時間1日1時間），12月　児童福祉法公布 |
| 1948（　　23） | 12月　児童福祉施設最低基準（保母は0，1歳児10人につき1人/2歳以上30人に1人） |
| 1952（　　27） | 1月　予算措置で保母は2歳児10人につき1人（条件改善） |
| 1953（　　28） | 7月　東大職組の共同保育「ゆりかご保育園」開始。共同保育のはじめ |
| 1954（　　29） | 6月　「働く母の会」発足，共同保育をすすめる |
| 1962（　　37） | 4月　予算措置で保母は0，1，2歳児9人につき1人（条件改善） |
| 1963（　　38） | 5月　厚生省「児童福祉白書」刊―ボウルビイ説の紹介，7月　中央児童福祉審議会保育制度特別部会中間報告「保育問題をこう考える」―乳児集団保育否定見解を提示 |
| 1964（　　39） | 5月　児童福祉施設最低基準一部改正　保母は0，1歳児8人につき1人以上，2歳児9人につき1人以上（条件改善） |
| 1965（　　40） | 4月　予算措置で保母は2歳児8人につき1人（条件改善），8月　厚生省児童家庭局「保育所保育指針」刊（1歳3か月未満，2歳未満は生活と遊び，2歳は健康，社会，遊びと領域提示） |
| 1966（　　41） | 4月　予算措置で保母は3歳未満児7人につき1人（条件改善） |
| 1967（　　42） | 4月　東京都知事に美濃部亮吉当選，革新都政誕生。生活関連行政重視の方針をだす（0歳児保育実施，無認可保育所への助成等），10月　最低基準一部改正　3歳未満児6人につき保母1人に（条件改善） |
| 1968（　　43） | 8月　厚生省　小規模保育所制度（乳児保育所の設置促進）<br>◇東京都　0歳児保育特別対策（人件費上乗せ），無認可保育所助成（保育室制度）<br>12月　中央児童福祉審議会「当面推進すべき児童福祉対策に関する意見」具申（保育所における乳児保育対策） |
| 1969（　　44） | 4月　厚生省乳児保育特別対策開始（低所得層0歳児9人以上入所の施設に，乳児3人につき保母＜看護婦又は保健婦含む＞1人となるよう特別保育単価適用） |
| 1970（　　45） | 10月　保母養成機関における修業教科目一部改正―「乳児保育」新設 |
| 1975（　　50） | 7月　女子教員，保母，看護婦等の育児休業法公布（1976.4 施行） |
| 1980（　　55） | ◇ベビーホテル問題社会問題化 |
| 1985（　　60） | ◇労働基準法改正（産後休暇8週間に）（1986.4 施行）　男女雇用機会均等法公布（1986.4 施行） |
| 1989（平成1） | 11月　子どもの権利条約採択（国連） |
| 1990（　　2） | 3月　保育所保育指針改訂（3歳未満児については，6か月未満，1歳3か月未満，2歳未満，2歳に区分して保育内容を提示） |
| 1991（　　3） | 5月　育児休業等に関する法律公布（全職種，男女）（1992.4 施行） |
| 1994（　　6） | 4月　子どもの権利条約批准（日本），12月　厚生省等のエンゼルプラン |
| 1995（　　7） | ◇保育対策緊急5か年事業開始 |
| 1997（　　9） | 6月　児童福祉法大幅改正（保育所関係は24条改正，48条の2追加） |
| 1998（　　10） | 2月　児童福祉法施行令改正（「保母」を「保育士」に変更）<br>4月　最低基準改正（保育士の数を0歳児3人につき1人以上に改正） |
| 1999（　　11） | 12月　新エンゼルプラン（平16年度までの少子化対策の具体的実施計画） |
| 2000（　　12） | 4月　保育所保育指針改訂施行（乳児保育について従来より詳細に）<br>5月　児童虐待の防止等に関する法律公布（2000.11 施行） |
| 2001（　　13） | 5月　児童福祉法改正公布（保育士規定の追加等） |
| 2002（　　14） | 4月　保育士養成カリキュラム改訂実施（「乳児保育」の強化他） |
| 2003（　　15） | 7月　次世代育成支援対策推進法公布，少子化社会対策基本法公布 |
| 2004（　　16） | 4月　児童虐待防止等に関する法律改正公布 |
| 2008（　　20） | 12月　児童福祉法等の一部改正法公布（子育て支援事業の法定2009年4月施行，家庭的保育事業の法定2010年4月施行，他） |
| 2009（　　21） | 4月　保育所保育指針改訂施行（厚生労働省告示） |
| 2011（　　23） | 6月　児童福祉施設最低基準改正（名称を「児童福祉施設の設備及び運営に関する基準」とする） |
| 2012（　　24） | 8月　子ども子育て支援法，児童福祉法改正，認定こども園法改正 |
| 2015（　　27） | 4月　子ども・子育て3法施行 |
| 2017（　　29） | 3月　改訂保育所保育指針，改訂幼稚園教育要領，改訂幼保連携型認定こども園教育・保育要領　告示 |
| 2018（　　30） | 4月　改訂保育所保育指針，改訂幼稚園教育要領，改訂幼保連携型認定こども園教育・保育要領　施行 |

表1－1　乳児保育関係ミニ年表（戦後）

## 2　児童福祉法の制定

　第二次大戦後，1947（昭和22）年に児童福祉法が制定され，児童福祉施設の一つとして「保育所」が規定された。保育所の目的は成立時の39条では「保育所は，日日保護者の委託を受けて，その乳児又は幼児を保育することを目的とする施設とする」とされた。

　児童福祉法の保育所は，0歳からの保育の場としてスタートしたのであるが，表1－2にみられるように，0歳児の保育は長らく入所児千人中1人か2人という例外的なものに留まり，3歳未満児全体も極めて少ない状態がつづいた。

| | | 総　数 | 0 歳 | 1 歳 | 2 歳 | 3 歳 | 4 歳 | 5 歳 | 6 歳 |
|---|---|---|---|---|---|---|---|---|---|
| 1951<br>（昭和26） | | 366,434<br>(100%) | 380<br>(0.1) | 1,809<br>(0.5) | 284,532 ||| | 79,785 |
| 1970<br>（昭和45） | | 1,131,361<br>(100) | 3,047<br>(0.3) | 19,696<br>(1.7) | 60,792<br>(5.4) | 148,933 | 210,166 | 398,457 | 290,270 |
| 1990<br>（平成2） | | 1,723,775<br>(100) | 23,408<br>(1.4) | 100,446<br>(5.8) | 179,652<br>(10.4) | 317,141 | 432,146 | 443,759 | 227,223 |
| 2010<br>（平成22） | | 2,056,845<br>(100) | 51,111<br>(2.5) | 238,629<br>(11.6) | 321876<br>(15.6) | 391,229 | 426,772 | 418,645 | 208,583 |
| 2015<br>（平成27） | 保育所等<br>(含認定こども園) | 2,295,346<br>(100) | 60,885<br>(2.7) | 296,213<br>(12.9) | 381,940<br>(16.6) | 425,307 | 460,235 | 449,426 | 221,340 |
| | 小規模保育<br>事業所 | 18,326<br>(100) | 2,897<br>(15.8) | 7,455<br>(40.7) | 6,358<br>(34.7) | 1,247 | 162 | 129 | 78 |

表1－2
保育所入所児童数の推移
（年齢別）

（厚生労働省社会福祉施設調査報告により作成）

　需要がなかったわけではない。乳児保育の場が無いことに困った親たちは自分たちで共同保育をはじめた（1953年東大職組のゆりかご保育園，1954年働く母の会の共同保育）。1955（昭和30）年の第一回母親大会では，日雇い労働者の母親から，乳児を柱にくくりつけて出勤し，昼休みにとんで帰って乳をやるという実態が訴えられた。しかし，この段階では乳児保育の需要は未だ量的に少なかった。保育の条件も整わず，児童福祉施設最低基準における当初の職員配置基準は（1948年），0・1歳児10人について保母1人以上，2歳以上は30人に1人以上というもので，安心して乳児保育を実施できる状況にはなかった。

## 3　高度経済成長期

　1950年代後半以降の高度経済成長期には，第二次，第三次産業に従事する共働き家庭が増加した。出産後も働き続けるためには労働基準法で保障された産後休業後には，児童福祉法による保育保障が不可欠である。しかし，

産休明けの0歳児を保育する認可保育所はほとんどなく，働き続けるために共同保育の運動が全国各地ですすめられた。貧しい条件のなかでの保育であったが，保育者と父母の協力で子どものためのよりよい保育を行う努力と工夫が重ねられ，乳児保育の経験が蓄積されたことに注目したい。

1967（昭和42）年東京都の革新都政が誕生した。1968年から都の保育行政として，0歳児保育対策，無認可保育所への助成，長時間保育対策などが実施され，乳児保育の条件整備がすすんだ。都は，0歳児4人に保母1人，保健婦または看護婦を一施設に1人等の実施基準を定めてモデル保育所を指定し，その後の保育所全般への0歳児保育の実施拡大につながった。東京都の施策は他の自治体にも影響を及ぼした。

1969年には厚生省の「乳児保育特別対策」が開始され，対象を低所得層に限定したものの，乳児3人につき保母1人（看護婦または保健婦を含む）1人という特別保育単価を適用した。また，1970年の厚生省保母養成カリキュラム改正の際，科目「乳児保育」が新設された。乳児保育実施のためには乳児保育に関する保育者の知識技術が必要であることを配慮したものである。こうして，行政側の条件整備も少しずつ進んだ。

### 4　その後の動向

高度経済成長は1973（昭和48）年のオイルショックで終了した。その後1990（平成2）年までの安定成長期には，引き続き共働き家庭が増加したが，この時期に福祉見直し論が登場し，保育行政の引き締めが実施された。そのため認可保育所を基本とする保育行政は停滞し，乳児保育はあいかわらず無認可保育施設に依存しつづけた。無認可施設は従来からの父母の協力による共同保育所タイプに加え，営利企業が経営する「ベビーホテル」と呼ばれる問題の多い施設が登場し，死亡事故などを契機に1980年には大きな社会問題となり，厚生省は認可外保育施設の監督強化の対応を開始した。

1991（平成3）年のバブル経済の崩壊以降，日本は長らく低成長期が続いている。1990年より少子化が政治経済にかかわる問題として意識されるようになり，少子化対策として保育対策，特に乳児保育の拡充に力が入れられるようになる。しかし保育所に申し込んでも入れない「待機児童」の問題が続いている。待機児童の大部分は乳児であり，保育の場は或る程度増加してきたが，需要はさらに拡大し解決の兆しはみえない。これらの状況については，第2章で詳しく検討したい。

かつては乳児保育否定論が圧倒的であり，それが乳児保育のすみやかな普及や条件改善をはばんでいた。そうしたなかで，前に述べたように乳児保育を切実に必要とする人々の共同保育等の取り組み・努力が行政の改善につながった。乳児保育をめぐる状況はまだまだ問題が多いが，社会的な認識とし

---

乳児保育：
乳児保育の歴史をさらに深く学ぶために，汐見稔幸・松本園子他共著『日本の保育の歴史』萌文書林　2017　を参照していただければ幸いです。

ては，乳児保育の実績の蓄積を背景に，乳児保育をあたりまえに必要なものととらえる肯定的な意識が形成されてきたといえる。

##  乳児保育の役割と機能　－養護と教育の一体

　「保育」の役割と機能は子どもの心身の発達を図り，また保護者の労働・社会的活動を保障するとともに，保護者の子育てについて様々な支援を行うことである。乳児期はとりわけ，成長のスタート時点の重要な時期であり，身体的にも未熟で弱く丁寧な対応の必要な時期である。それだけに保護者は不安が大きく，子育てへの支援を最も必要としている。「乳児保育」の役割と機能は乳児の成長をはかり，保護者への支援を行うことである。保育所における保育は，養護と教育を一体的に行うことをその特性としており，とりわけ「乳児保育」はその一体性こそが特色である。

　保育所保育指針第2章に記されているように，「養護」とは，子どもの生命の保持及び情緒の安定を図るために保育士等が行う援助や関わりであり，「教育」とは，子どもが健やかに成長し，その活動がより豊かに展開されるための発達の援助である。

　保育所実習で，例えば0歳児の部屋に入ったあなたは，どんな場面に出会うであろうか。

　自由な活動のひととき，ハイハイで部屋中を探索している子どもがいるかもしれない。どっかり座り込んで，おもちゃをいじっている子どももいるかもしれない。これらの子どもは，身体を動かし，手を使うこと自体を楽しんでいる。つまり遊んでいるのであり，そのことを通して身体諸機能や知力，情緒が育っている。また，保育者のひざの上で，わらべうたにあわせてこちょこちょくすぐってもらい笑っている子ども，なにやらモニョモニョ保育者に話しかけている子どもがいるかもしれない。これらの子どもも，人とのかかわりを楽しむ遊びをしているのであり，それを通じて人とかかわる力，ことばで伝え合う力を育てている。

　食事の場面では手づかみでどんどん食べる子もいれば，保育者にスプーンで口まで運んでもらってゆっくり食べている子もいる。おしゃべりもあり，食器をひっくりかえす子もあり，なかなかにぎやかだ。こうした食事を通じて，子どもは日々の活動のエネルギーと成長のための栄養を摂取し，また楽しい雰囲気のなかで保育者や友だちとのかかわりを経験し，心を育てる。手をつかい，やがて道具（スプーン，箸など）を使い，手の器用さも育てていく。

　子どもはいつも元気とは限らない。機嫌が悪く，泣き続ける子どももいるかもしれない。発熱でぐったりしている子どももいるかもしれない。そんな場合，保育者は原因をさぐり，適切な対処をしなければならない。

乳児の保育はこのような遊びや生活の具体的場面の連続であり，一つ一つがこどもにとって大切なものなのである。それぞれのなかに，さまざまな発達的な意味が複合的に含まれている。保育者の役割は，保育園が子どもにとって安心して自分を発揮できる場となるよう，毎日の活動の一つ一つが，よりよいものとなるよう，環境を整え，必要な援助を行うことである。

表1－3は，このような乳児の具体的生活場面と，乳児自身にとっての意味，そこから得られる発達の側面を整理してみたものである。第7章～9章でこれらを個別に取り上げて学んでいくこととする。また，これら全体を含めて見通しをもった生活をつくりだせるよう，日々の生活のリズムや保育の計画について第5章で取り上げる。

**表1－3 乳児の生活と発達の関係**

| | | 活動の意味 | | 活動を通して主に育つもの | | |
|---|---|---|---|---|---|---|
| | | 遊び（乳児の主な活動） | 基本的生活（活動のエネルギーをつくりだす） | 身体とその機能 | 知力 | 心／情緒／感覚 |
| 具体的生活場面 | からだを動かす | ○ | | ○ | ○ | ○ |
| | 手をつかう | ○ | ○ | ○ | ○ | ○ |
| | 食べる | | ○ | ○ | ○ | ○ |
| | 排泄する | | ○ | ○ | | ○ |
| | 眠る | | ○ | ○ | | |
| | 人とかかわる | ○ | | | ○ | ○ |
| | ことばで伝え合う | ○ | ○ | | ○ | ○ |

（松本）

---

**やってみよう**

❶ 自分自身の乳児期について，どのような生活であったか両親などから聞いてみよう。
❷ 乳児保育についてこれまで考えていたことを話し合ってみよう。

# 第2章
## 乳児保育の現状と課題

　「乳児保育」は社会的な施策として，家庭に協力し子どもを共に育てていく営みである。第1章②「乳児保育の歴史」では，乳児保育の必要が広がり，実施のための条件も整えられ，広く社会的に認知されるに到った経緯をのべた。本章では，今日，乳児保育需要が急速に拡大するなかで，それを受け止める乳児保育の実施状況と課題について述べる。

### 1　子どもと家庭をとりまく状況

　本節では，乳児保育需要の背景として，1990年ごろから今日までおよそ30年間に子どもと家庭を取りまく状況が大きく変化したことを述べる。

#### ❶　家族の変化

　家族のあり方が大きく変わってきた。表2－1にみるように，以前からの「核家族化」がますます進んだことが三世代世帯の激減に示されている。「核家族」の中身も，その中心であった「夫婦と未婚の子ども」の世帯が減り，夫婦のみの世帯，ひとり親と未婚の子どもの世帯が増加した。単独世帯は3割近くにもなっている。

　また図2－1にみるように，児童のいる世帯は減り続け，全世帯の四分の一にも充たない状況となった。今日，多くの人が子ども・子育てにかかわ

表2−1 世帯数，世帯構造

| 年次 | 世帯総数（千世帯） | 世帯構造（世帯総数に対する割合）（％） | | | | | |
|---|---|---|---|---|---|---|---|
| | | 単独世帯 | 核家族 | | | 三世代世帯 | その他 |
| | | | 夫婦のみ | 夫婦と未婚の子 | ひとり親と未婚の子 | | |
| 1989 | 39,417 | 20.0 | 16.0 | 39.3 | 5.0 | 14.2 | 5.5 |
| 1995 | 40,770 | 22.6 | 18.4 | 35.3 | 5.2 | 12.5 | 6.1 |
| 2001 | 45,664 | 24.1 | 20.6 | 32.6 | 5.7 | 10.6 | 6.4 |
| 2007 | 48,023 | 25.0 | 22.1 | 31.3 | 6.3 | 8.4 | 6.9 |
| 2013 | 50,112 | 26.5 | 23.2 | 29.7 | 7.2 | 6.6 | 6.7 |
| 2017 | 50,425 | 27.0 | 24.0 | 29.5 | 7.2 | 5.8 | 6.5 |

注：厚生労働省「国民生活基礎調査」により作成。
同調査は，それまでの厚生労働省の4調査を統合して，1986（昭和61）年より実施されている。3年ごとに大規模調査，中間年は簡易調査。本表は大規模調査年の数値をつかっているが，2016年については地震のため熊本県の数値が除かれているため，2017年の調査データを使用した。

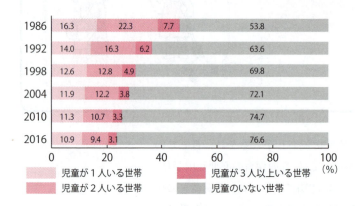

図2−1 児童（18歳未満）のいる世帯の割合の推移

（平成28年「国民生活基礎調査」児童有（児童数）無の年次推移）

りをもたずに生活しているわけであり，近年の子ども・子育て支援への無関心・無理解の傾向の背景と思われる。この状況の中でも，こどもと親をあたたかくうけとめる社会をつくり出す努力が必要である。

### 2　労働をめぐる状況

　1990年のバブル崩壊後の不況下で，就職難がつづいた。企業ではリストラが行われ，1990年代後半から男女とも非正規雇用（パート，アルバイト，派遣，契約など）が増え，毎日働いても生活が苦しい"ワーキングプア"がうまれた。個々の労働者にとって，厳しい不安定な状況が長期間つづいている。

　第二次大戦後，第一次産業が激減し第二次，第三次産業中心になり，サラリーマン家庭の専業主婦が増加した。一方で雇傭労働者である母親が増え，保育所需要を拡大させてきたが，近年この傾向に拍車がかかっている。表2−2にみるように1985年段階では，子どものいる世帯について，夫婦共働きと伝統的な性別役割分業の家族が拮抗していた。しかし，その後共働きが増えつづけ，妻の仕事の内容も外勤の雇傭者が増加した。もはや妻も働くことが普通になってきており，その意味では妻も働き手であった農家中心の時代に回帰しているといえようか。しかし，大家族の中で子どもを育て，労働

| 年　次 | | 総　数<br>(千世帯) | 夫婦共就業（%） | (うち夫婦共雇用者)（%） | 夫就業<br>妻非就業<br>(%) | 夫非就業<br>妻就業<br>(%) | 夫婦共<br>非就業<br>(%) |
|---|---|---|---|---|---|---|---|
| 1985 | 夫婦がいる世帯 | 26,964 | 47.3 | 27.8 | 43.4 | 2.0 | 7.1 |
| | 18歳未満の子どもあり | 15,714 | 49.2 | 30.7 | 49.0 | 0.7 | 0.9 |
| 2000 | 夫婦がいる世帯 | 29,292 | 44.9 | 32.1 | 36.4 | 3.2 | 14.6 |
| | 18歳未満の子どもあり | 11,483 | 49.7 | 39.2 | 47.8 | 1.0 | 1.1 |
| 2015 | 夫婦がいる世帯 | 28,733 | 45.5 | 35.0 | 25.3 | 3.9 | 21.0 |
| | 18歳未満の子どもあり | 9,617 | 59.9 | 50.5 | 32.8 | 0.9 | 0.7 |

注：国立社会保障人口問題研究所「人口統計資料集（2018）」掲載の資料により作成。国勢調査による。

表2－2
夫婦の就業状況推移（夫婦のいる世帯）

の場と住居が近接していた農家と違い，核家族の共働き雇傭者家族の子育てには保育の場が不可欠となる。

　子どもの年齢によって母の就業の状況は異なる。図2－2は，児童がいる世帯について，末子の年齢別に母の就業をみたものである。0歳で四割が就業しているが，子の年齢が上がるにつれ増加している。末子0歳で働いている母親の多くは正規職であり，正規職ならば産休・育休を取得し働き続けるが，非正規職の場合出産で仕事を離れ，その後条件さえととのえば復帰するということがうかがえる。別の調査で，現在無職の母親も就業の希望がつよいことが示されており，今無職の乳児の母親も働く条件さえできれば働きたいと考えている。

　保育園が出来れば，保育需要が掘り起こされ，いくらつくっても待機児童は減らない。子どもを預けることができれば働きたいと思っている人が多いからである。この背景には，第一に多くの若い世代にとって夫の給料のみで生活し，子どもを育てることなど無理になっているという経済的理由がある。第二に，高学歴を達成し，キャリアを積んだ女性の職業継続への意欲は大きいこと，第三に，家事労働の簡略化がすすんだことである。主義として，あるいは趣味として伝統的な家事労働を選択する場合は別として，機械化，商品化のなかで一般に家事にさほど時間をかける必要はなくなったといえよう。

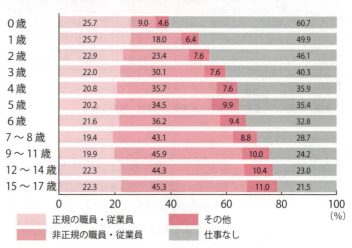

図2－2
末子の年齢階級別にみた母の仕事の状況（2016）

（平成28年「国民生活基礎調査の概要」）

## 3 居　　住

　明治以降，農村から都市への人口移動がすすんだが，表2−3にみるように，戦後高度経済成長期に都市集中が加速された。低成長期にはいって首都圏への一極集中がすすんでいる。日本の人口は2010年以降減少に転じ，大部分の府県で人口減がみられるが首都圏は増加している。(2016年の推計人口は，2015年比で増加は首都圏の1都3県と愛知，福岡，沖縄である)。人口の都市集中は，子育ての環境として様々な問題をもたらしている。自然がない，遊び場がない，高層住宅居住の子どもの育ちの不安等々に加え，遠距離通勤による家族の生活・子育ての問題も大きい。つまり，首都圏の場合，1都3県全体に働く場があるわけではなく，埼玉，千葉，神奈川から東京都心部に長時間かけて通勤するといったパターンが多い。このことが，若年層を中心に人口が増加しているにもかかわらず，次ページで述べるように首都圏の出生率が低いことの原因であろう。

| 年 | 1955 | | 1970 | | 1985 | | 2000 | | 2015 | |
|---|---|---|---|---|---|---|---|---|---|---|
| 総人口（千人） | 90,077 | (%) | 104,665 | (%) | 121,049 | (%) | 126,926 | (%) | 127,095 | (%) |
| 首都圏 | 15,424 | 17.1 | 24,113 | 23.0 | 30,273 | 25.0 | 33,418 | 26.3 | 36,131 | 28.4 |
| 中京圏 | 6,839 | 7.6 | 8,688 | 8.3 | 10,231 | 8.5 | 11,008 | 8.7 | 11,331 | 8.9 |
| 近畿圏 | 12,812 | 14.2 | 17,401 | 16.7 | 20,081 | 16.6 | 20,856 | 16.4 | 20,725 | 16.3 |

注：国勢調査により作成
　首都圏：埼玉県，千葉県，東京都，神奈川県
　中京圏：岐阜県，愛知県，三重県
　近畿圏：滋賀県，京都府，大阪府，兵庫県，奈良県，和歌山県

表2−3
三大都市圏人口

　都市集中の一方で，生活水準や地域社会の維持の困難などの深刻な問題をかかえた「過疎地域」が拡大している。国土の面積の6割を占める過疎地域の人口は総人口の8.6％である(総務省「平成29年度版過疎対策の現況」)。かつては伝統的な産業と生活が営まれていた地域が荒廃し，子どもが育つ場としての地域が消滅するという事態がうまれている。過疎地以外でも，人口減少地域における子育て環境の問題は大きく，保育園に空きがあるのに保育士が欠員で入園できないという都市部とは別の待機児童問題が生じている。

## 4 少　子　化

　図2−3は戦後の出生数・出生率の推移をしめすグラフである。
　1947〜1949年は出生数が270万人近くとなり，ベビーブームといわれ，この時期に生まれた人は「団塊の世代」（1976年の堺屋太一の同名の小説から）と呼ばれる。出生数はその後減少するが，団塊世代が出産の時期をむかえると出生数が増え，ピークの1973年前後は毎年200万人出生し，この時期を第二次ベビーブーム，生まれた人は「団塊ジュニア」と呼ばれている。

出生減少：
1950年以降の出生数減少は人工妊娠中絶の増加による。1949年に優生保護法14条が改正され，経済的理由による人工妊娠中絶が可能となった。1950年には32万件，1950年代から60年代にかけて毎年100万件を超える中絶が実施された。（国立社会保障人口問題研究所：人口統計資料集（2012））

その後出生数は減り続け、2016年には100万人を切った。合計特殊出生率（一人の女性が生涯に生む子どもの数の平均）も低下し、1975年以降は人口置換水準の2を切り、2017年では1.43である。このように、出生数・出生率ともに低下しており「少子化」がすすんでいる。

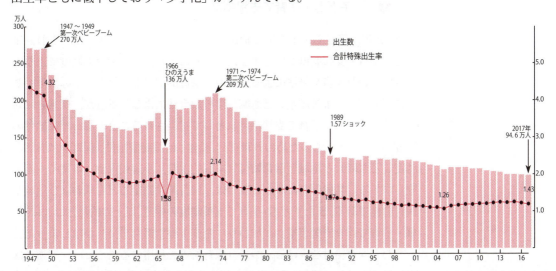

図2−3
出生数及び合計特殊出生率の年次推移

（厚生労働省「人口動態統計」）

　少子化は先にのべた家族、労働、住宅条件、その他現代社会の様々な要因がからみあってすすんできたものである。「団塊ジュニア」が学校を卒業した1990年ごろから低成長期にはいり、就職氷河期などと呼ばれた。この世代は経済的に不利・不安定な状態におかれ、結婚や出産が引き延ばされ、彼らが出産適齢期をむかえた2000年ごろの"第三次ベビーブーム"は出現しなかった。

　出生率の全国平均は2017年で1.43であるが、表2−4にみるように都道府県別にみると地域差が明らかである。高出生率地域は、人口も伸びている沖縄県をはじめとして、子育てしやすい地域とみられ、その背景を分析し他地域にも波及させる必要があろう。低出生率地域には首都圏がすべて含まれる。多数の人口を擁する地域が子育ての難しい場であることを深刻に受け止め、解決をはかる必要があろう。

| | 都道府県 | 出生率 | | 都道府県 | 出生率 |
|---|---|---|---|---|---|
| 高出生率地域 | 沖縄 | 1.95 | 低出生率地域 | 東京 | 1.24 |
| | 島根 | 1.75 | | 北海道 | 1.29 |
| | 長崎，宮崎 | 1.71 | | 宮城，京都 | 1.34 |
| | 鹿児島 | 1.68 | | 千葉 | 1.35 |
| | 熊本 | 1.66 | | 神奈川，奈良 | 1.36 |
| | 福井，大分 | 1.65 | | 埼玉，大阪 | 1.37 |

表2−4
出生率地域比較

（2016年）

注：内閣府「平成27年版少子化対策白書」により作成

## 2　乳児保育の現状

### 1　子ども・子育て支援制度

　2012年，子ども・子育て支援法等が成立し，2015年4月施行され，子ども・子育て支援制度がはじまった。これにより，従来別々の制度により実施されていた児童福祉法による保育所や家庭的保育などいくつかの事業，認定こども園法による認定こども園，学校教育法による幼稚園が，保護者に対しては「子ども・子育て支援給付」として提供されることとなった。給付の制度のうち「子どものための教育・保育給付」は施設型給付（保育所，幼稚園，認定こども園）と地域型保育給付（家庭的保育，小規模保育，事業所内保育等）がある。乳児保育にかかわるのは，保育所，認定こども園および地域型保育給付である。また子ども・子育て支援制度の中で，以上の給付とは別に「仕事・子育て両立支援事業」が加わり「企業主導型保育事業」がはじまった。

　教育・保育給付をうける，つまり保育所等を利用するためには，保護者は市町村に申請し，給付を受ける資格あることの認定をうけなければならない。資格は三つに区分され，乳児保育は次の「区分3」である。

> 区分3　満三歳未満の小学校就学前子どもであって，家庭において
> 　　　　必要な保育を受けることが困難であるもの

### 2　乳児保育の場

　乳児保育の場は多様である。6歳迄の子どもがいる規模の大きな保育所や認定こども園，少人数の乳児中心の家庭的保育や小規模保育施設，家庭に変わる生活の場である乳児院と，それぞれ特色があるが，条件は異なっていても乳児の発達と保護者への支援という共通の基本的な役割を果たすことが求められる。

#### 1　保　育　所

　「保育所」は父母が共に働いているなどの理由で，保育を必要とする（保護者の育児に支援が必要）乳幼児を保育する児童福祉施設である（児童福祉法39条）。子どもは毎日家庭から通い，保育士等により保育が行われる。保育時間は家庭の事情により時間帯と長短が異なる。保育所の施設数は全国22,926か所（2017年）であるが，子ども・子育て支援制度がはじまり「保育所等」として認定こども園や地域型保育事業とあわせて扱われることが多い。

## ❷ 認定こども園

「就学前の子どもに関する教育，保育等の総合的な提供の推進に関する法律」（通称「認定こども園法」）による施設。幼保連携型，幼稚園型，保育所型，地方裁量型の4類型がある。表2−5は，認定こども園における乳児保育実施状況である。幼保連携型認定こども園は児童福祉施設（39条の2）でもある。保育所型認定こども園は保育所である。

表2−5
認定こども園の状況
（2018年4月現在）

| 類型<br>（か所数） | 年齢別在籍児童数（人） | | | |
|---|---|---|---|---|
| | 0歳児 | 1歳児 | 2歳児 | 3歳以上児 |
| 幼保連携型<br>（4409） | 21,022 | 64,718 | 78,916 | 432,429 |
| 幼稚園型<br>（966） | 482 | 3,260 | 5,302 | 125,814 |
| 保育所型<br>（720） | 3,056 | 9,254 | 11,676 | 46,706 |
| 地方裁量型<br>（65） | 176 | 464 | 599 | 2,747 |
| 合計<br>（6160） | 24,736 | 77,696 | 96,493 | 607,696 |

注：内閣府「認定子ども園に関する状況について」により作成

## ❸ 家庭的保育事業

保育を必要とする3歳未満児について，家庭的保育者が居宅等で保育を行う事業。子ども・子育て支援制度の「地域型保育事業」として自治体の認可を受けて行われ，件数は表2−6のとおり。また「家庭的保育事業等の設備及び運営に関する基準」において，家庭的保育事業，小規模保育事業，居宅訪問型保育事業，事業所内保育事業の設備運営基準が示されている。その6条で，家庭的保育事業等（居宅訪問型保育事業を除く）は保育所，幼稚園，認定こども園を「連携施設」として確保しなければならないとされている。

表2−6
地域型保育事業件数
（2016年4月現在）

| 類型<br>（園） | 件数 | 公立 | 私立 | 設置主体別内訳（私立） | | | |
|---|---|---|---|---|---|---|---|
| | | | | 社会福祉法人 | 株式/有限会社 | 個人 | その他 |
| 家庭的保育事業 | 958 | 117 | 841 | 31 | 13 | 756 | 41 |
| 小規模保育事業 | 2,429 | 64 | 2,365 | 363 | 1015 | 470 | 517 |
| 居宅訪問型保育事業 | 9 | 0 | 9 | 1 | 6 | 0 | 2 |
| 事業所内保育事業 | 323 | 2 | 321 | 87 | 106 | 4 | 124 |
| 計 | 3,719 | 183 | 3,536 | 482 | 1,140 | 1,230 | 684 |

注：厚生労働省／地域型保育事業の件数について
件数は自治体が設置した件数及び認可した件数
設置主体のその他には，NPO，学校法人，一般社団／財団法人，医療法人などを含む

## ❹ 小規模保育事業

保育を必要とする3歳未満児について，利用定員6人以上19人以下の施設で保育を行う事業。「地域型保育事業」として自治体の認可を受けて行われ，件数は表2−6のとおり。

## ❺ 事業所内保育事業

保育を必要とする3歳未満児について，事業主が労働者の3歳未満の乳幼児の保育を行う事業。「地域型保育事業」として自治体の認可を受けて行

われ，件数は表2−6のとおり。

### ❻　企業主導型保育事業

　子ども・子育て支援法による「仕事・子育て両立支援事業」として行われる。2018年3月31日現在の助成決定は，2,597施設，定員59,703人である。

### ❼　乳　児　院

　「乳児院」は様々な理由によって家庭で生活することが困難な乳児を入所させて養育する児童福祉施設である（児童福祉法37条）。原則として乳児（0歳児）が対象であるが，1，2歳児，場合によってはそれ以上の年齢の幼児も入所する。子どもは家庭，保護者から離れてここで24時間生活する。入所に関しては児童相談所からの依頼によって決定し，保育士，看護師などの専門職員が養育にあたる。施設数は全国138か所（2017年）である。入所児の状況については3章❶を参照されたい。

● **児童福祉法（抜）**

第4条　この法律で，児童とは，満18歳に満たない者をいい，児童を左のように分ける。
　　1　乳児　満1歳に満たない者
　　2　幼児　満1歳から，小学校就学の始期に達するまでの者
　　3　少年　小学校就学の始期から，満18歳に達するまでの者

第6条の3
　⑨　この法律で，家庭的保育事業とは，次に掲げる事業をいう。
　　1　子ども・子育て支援法第19条第1項第2号の内閣府令で定める事由により家庭において必要な保育を受けることが困難である乳児又は幼児であつて満3歳未満のものについて，家庭的保育者〈中略〉の居宅その他の場所において，家庭的保育者による保育を行う事業（利用定員が5人以下であるものに限る。）〈後略〉
　⑩　この法律で，小規模保育事業とは，次に掲げる事業をいう。
　　1　保育を必要とする乳児・幼児であつて満3歳未満のものについて，当該保育を必要とする乳児・幼児を保育することを目的とする施設（利用定員が6人以上19人以下であるものに限る。）において，保育を行う事業〈後略〉
　⑪　この法律で，居宅訪問型保育事業とは，次に掲げる事業をいう。
　　1　保育を必要とする乳児・幼児であつて満3歳未満のものについて，当該保育を必要とする乳児・幼児の居宅において家庭的保育者による保育を行う事業〈後略〉
　⑫　この法律で，事業所内保育事業とは，次に掲げる事業をいう。
　　1　保育を必要とする乳児・幼児であつて満3歳未満のものについて，次に掲げる施設において，保育を行う事業（イロハは筆者要約）
　　イ　事業主がその雇用する労働者の乳幼児の保育のために設置
　　ロ　事業主団体が設置
　　ハ　共済組合等が設置〈後略〉

第24条　市町村は，この法律及び子ども・子育て支援法の定めるところにより，保護者の労働又は疾病その他の事由により，その監護すべき乳児，幼児その他の児童について保育を必要とする場合において，次項に定めるところによるほか，当該児童を保育所〈中略〉において保育しなければならない。
　②　市町村は，前項に規定する児童に対し，認定こども園法第2条第6項に規定する認定こども園又は家庭的保育事業等（家庭的保育事業，小規模保育事業，居宅訪問型保育事業又は事業所内保育事業をいう。）により必要な保育を確保するための措置を講じなければならない。〈後略〉

第37条　乳児院は，乳児（保健上，安定した生活環境の確保その他の理由により特に必要のある場合には，幼児を含む。）を入院させて，これを養護し，あわせて退院した者について相談その他の援助を行うことを目的とする施設とする。

第39条　保育所は，保育を必要とする乳児・幼児を日々保護者の下から通わせて保育を行うことを目的とする施設〈中略〉とする。〈後略〉

第39条の2　幼保連携型認定こども園は，義務教育及びその後の教育の基礎を培うものとしての満3歳以上の幼児に対する教育（教育基本法第6条第1項に規定する法律に定める学校において行われる教育をいう。）及び保育を必要とする乳児・幼児に対する保育を一体的に行い，これらの乳児又は幼児の健やかな成長が図られるよう適当な環境を与えて，その心身の発達を助長することを目的とする施設とする。〈後略〉

● **児童福祉施設の設備及び運営に関する基準（抜）**

第3章　乳児院
（設備の基準）
第19条　乳児院（乳児又は幼児（以下「乳幼児」という。）10人未満を入所させる乳児院を除く。）の設備の基準は，次のとおりとする。
　　1　寝室，観察室，診察室，病室，ほふく室，相談室，調理室，浴室及び便所を設けること。
　　2　寝室の面積は，乳幼児1人につき2.47平方メートル以上であること。
　　3　観察室の面積は，乳児1人につき1.65平方メートル以上であること。
（職員）
第21条　乳児院（乳幼児10人未満を入所させる乳児院を除く。）には，小児科の診療に相当の経験を有する医師又は嘱託医，看護師，個別対応職員，家庭支援専門相談員，栄養士及び調理員を置かなければならない。ただし，調理業務の全部を委託する施設にあつては調理員を置かないことができる。
　2　家庭支援専門相談員は，社会福祉士若しくは精神保健福祉士の資格を有する者，乳児院において乳幼児の養育に5年以上従事した者又は法第13条第3項各号のいずれかに該当する者でなければならない。
　3　心理療法を行う必要があると認められる乳幼児又はその保護者10人以上に心理療法を行う場合には，心理療法担当職員を置かなければならない。
　4　心理療法担当職員は，学校教育法の規定による大学の学部で，心理学を専修する学科若しくはこれに相当する課程を修めて卒業した者であつて，個人及び集団心理療法の技術を有するもの又はこれと同等以上の能力を有すると認められる者でなければならない。
　5　看護師の数は，乳児及び満2歳に満たない幼児おおむね1.6人につき1人以上，満2歳以上満3歳に満たない幼児おおむね2人につき1人以上，満3歳以上の幼児おおむね4人につき1人以上（これらの合計数が7人未満であるときは，7人以上）とする。
　6　看護師は，保育士〈中略〉又は児童指導員（児童の生活指導を行う者をいう。以下同じ。）をもつてこれに代えることができる。ただし，乳幼児10人の乳児院には2人以上，乳幼児が10人を超える場合は，おおむね10人増すごとに1人以上看護師を置かなければならない。
　7　前項に規定する保育士のほか，乳幼児20人以下を入所させる施設には，保育士を1人以上置かなければならない。

第5章　保育所
（設備の基準）
第32条　保育所の設備の基準は，次のとおりとする。
　　1　乳児又は満2歳に満たない幼児を入所させる保育所には，乳児室又はほふく室，医務室，調理室及び便所を設けること。
　　2　乳児室の面積は，乳児又は前号の幼児1人につき1.65平方メートル以上であること。
　　3　ほふく室の面積は，乳児又は第1号の幼児1人につき3.3平方メートル以上であること。
　　4　乳児室又はほふく室には，保育に必要な用具を備えること。
　　5　満2歳以上の幼児を入所させる保育所には，保育室又は遊戯室，屋外遊戯場（保育所の付近にある屋外遊戯場に代わるべき場所を含む。次号において同じ。），調理室及び便所を設けること。
　　6　保育室又は遊戯室の面積は，前号の幼児1人につき1.98平方メートル以上，屋外遊戯場の面積は，前号の幼児1人につき3.3平方メートル以上であること。
　　7　保育室又は遊戯室には，保育に必要な用具を備えること。
　　8　〈略〉
（職員）
第33条　保育所には，保育士〈中略〉，嘱託医及び調理員を置かなければならない。ただし，調理業務の全部を委託する施設にあつては，調理員を置かないことができる。
　2　保育士の数は，乳児おおむね3人につき1人以上，満1歳以上満3歳に満たない幼児おおむね6人につき1人以上，満3歳以上満4歳に満たない幼児おおむね20人につき1人以上，満4歳以上の幼児おおむね30人につき1人以上とする。ただし，保育所1につき2人を下ることはできない。
（保育時間）
第34条　保育所における保育時間は，1日につき8時間を原則とし，その地方における乳幼児の保護者の労働時間その他家庭の状況等を考慮して，保育所の長がこれを定める。
（保育の内容）
第35条　保育所における保育は，養護及び教育を一体的に行うことをその特性とし，その内容については，厚生労働大臣が定める指針に従う。

● **家庭的保育事業等の設備及び運営に関する基準（抜）**

（平成26年厚生労働省令第61号）

第1章 総則
（保育所等との連携）
第6条 家庭的保育事業者等は，利用乳幼児に対する保育が適正かつ確実に行われ，及び，家庭的保育事業者等による保育の提供の終了後も満3歳以上の児童に対して必要な教育又は保育が継続的に提供されるよう，次に掲げる事項に係る連携協力を行う保育所，幼稚園又は認定こども園を適切に確保しなければならない。〈中略〉
 1　利用乳幼児に集団保育を体験させるための機会の設定，保育の適切な提供に必要な家庭的保育事業者等に対する相談，助言その他の保育の内容に関する支援を行うこと。
 2　必要に応じて，代替保育を提供すること。
 3　当該家庭的保育事業者等により保育の提供を受けていた利用乳幼児を，当該保育の提供の終了に際して，当該利用乳幼児に係る保護者の希望に基づき，引き続き当該連携施設において受け入れて教育又は保育を提供すること。

第2章　家庭的保育事業
（設備の基準）
第22条　家庭的保育事業は，次条第2項に規定する家庭的保育者の居宅その他の場所であって，次の各号に掲げる要件を満たすものとして，市町村長が適当と認める場所で実施するものとする。
 1　乳幼児の保育を行う専用の部屋を設けること。
 2　前号に掲げる専用の部屋の面積は，9.9平方メートル（保育する乳幼児が3人を超える場合は，9.9平方メートルに3人を超える人数1人につき3.3平方メートルを加えた面積）以上であること。
 3　乳幼児の保健衛生上必要な採光，照明及び換気の設備を有すること。
 4　衛生的な調理設備及び便所を設けること。
 5　同一の敷地内に乳幼児の屋外における遊戯等に適した広さの庭（付近にあるこれに代わるべき場所を含む。次号において同じ。）があること。
 6　前号に掲げる庭の面積は，満2歳以上の幼児1人につき，3.3平方メートル以上であること。
 7　火災報知器及び消火器を設置するとともに，消火訓練及び避難訓練を定期的に実施すること。
（職員）
第23条　家庭的保育事業を行う場所には，次項に規定する家庭的保育者，嘱託医及び調理員を置かなければならない。ただし，次の各号のいずれかに該当する場合には，調理員を置かないことができる。
 1　調理業務の全部を委託する場合
 2　第16条第1項の規定により搬入施設から食事を搬入する場合
 2　家庭的保育者は，市町村長が行う研修を修了した保育士又は保育士と同等以上の知識及び経験を有すると市町村長が認める者であって，次の各号のいずれにも該当する者とする。
 1　保育を行っている乳幼児の保育に専念できる者
 2　法第18条の5各号及び法第34条の20第1項第4号のいずれにも該当しない者
 3　家庭的保育者1人が保育することができる乳幼児の数は，3人以下とする。ただし，家庭的保育者が，家庭的保育補助者とともに保育する場合には，5人以下とする。

第3章　小規模保育事業
　第1節　通則
（小規模保育事業の区分）
第27条　小規模保育事業は，小規模保育事業A型，小規模保育事業B型及び小規模保育事業C型とする。
　第2節　小規模保育事業A型
（設備の基準）
第28条　小規模保育事業A型を行う事業所（以下「小規模保育事業所A型」という。）の設備の基準は，次のとおりとする。
 1　乳児又は満2歳に満たない幼児を利用させる小規模保育事業所A型には，乳児室又はほふく室，調理設備及び便所を設けること。
 2　乳児室又はほふく室の面積は，乳児又は前号の幼児1人につき3.3平方メートル以上であること。

> 3 乳児室又はほふく室には，保育に必要な用具を備えること。
> 4 満2歳以上の幼児を利用させる小規模保育事業所A型には，保育室又は遊戯室，屋外遊戯場（当該事業所の付近にある屋外遊戯場に代わるべき場所を含む。），調理設備及び便所を設けること。
> 5 保育室又は遊戯室の面積は，前号の幼児1人につき1.98平方メートル以上，屋外遊戯場の面積は，前号の幼児1人につき3.3平方メートル以上であること。
> 6 保育室又は遊戯室には，保育に必要な用具を備えること。
> 7 乳児室，ほふく室，保育室又は遊戯室を2階に設ける建物は，次のイ，ロ及びへの要件に，保育室等を3階以上に設ける建物は，次の各号に掲げる要件に該当するものであること。〈略〉
>
> （職員）
> 第29条 小規模保育事業所A型には，保育士，嘱託医及び調理員を置かなければならない。ただし，調理業務の全部を委託する小規模保育事業所A型又は第16条第1項の規定により搬入施設から食事を搬入する小規模保育事業所A型にあっては，調理員を置かないことができる。
> 2 保育士の数は，次の各号に掲げる区分に応じ，当該各号に定める数の合計数に1を加えた数以上とする。
>   1 乳児　おおむね3人につき1人
>   2 満1歳以上満3歳に満たない幼児　おおむね6人につき1人
>   3 満3歳以上満4歳に満たない児童　おおむね20人につき1人
>   4 満4歳以上の児童　おおむね30人につき1人
> 3 前項に規定する保育士の数の算定に当たっては，当該小規模保育事業所A型に勤務する保健師，看護師又は准看護師を，1人に限り，保育士とみなすことができる。〈略〉
> 第3節　小規模保育事業B型〈略〉
> 第4節　小規模保育事業C型〈略〉
>
> 第4章　居宅訪問型保育事業　〈略〉
> 第5章　事業所内保育事業　〈略〉

## 3 乳児保育需要と待機児童

　保育園に申し込んでも空きがなく「待機」させられる待機児童問題が続いている。

　2018年4月時点で，保育所等（保育所，認定こども園，地域型保育事業）の利用定員は280万人で前年比9万7千人増加している。待機児童対策として保育所等が増設された結果であり，図2－4は保育所等が増え，定員と利用児童数が増えていることをしめしている。増加の内容は「等」の部分であり，保育所はむしろ減っている。こうした中で表2－7にみるように保育を受ける3歳未満児が増え，特に1・2歳児は半数近くが保育所等に通っている。

　しかし，保育所等の不足は続いており，保育園に申し込んでも入園できない「待機児童」が2018年も19,895人となっている。待機児童の年齢別をみると，3歳未満児17,626人（0歳2,868人，1・2歳14,758人）で3歳未満が88.6%である。待機児童問題は乳児保育の不足問題といってよいだろう。また，地域別の状況をみると，首都圏，近畿圏の待機児数が全体の7割であり，地域による差がある。こうした状況を考慮し，有効な待機児童

解消策をとっていかなければならない。

そして、保育の場を適切に増やしつつ、その質を維持増進させていくことを忘れてはならない。こどもが、安全に安心して過ごし、楽しい経験のなかで豊かに成長できる場をつくっていかなければならない。保育の質を軽視し、収容の場の拡大だけをすすめれば、後に禍根をのこすものとなるだろう。

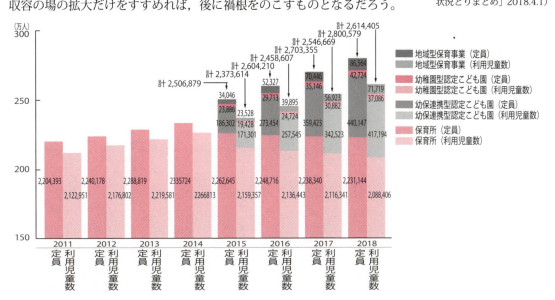

図2-4
保育所等定員数及び利用児童数の推移

(厚生労働省「保育所等関連状況とりまとめ」2018.4.1)

|  | 児童数（人） | 保育所等利用児童数と割合（％） |  |
|---|---|---|---|
| 3歳未満児（0～2歳） | 2,923,000 | 1,071,261 | 36.6 |
| うち0歳児 | 963,000 | 149,948 | 15.6 |
| うち1・2歳児 | 1,960,000 | 921,313 | 47.0 |
| 3歳以上児 | 3,003,000 | 1,543,144 | 51.4 |
| 全就学前児童 | 5,926,000 | 2,614,405 | 44.1 |

注：厚生労働省「保育所等関連状況とりまとめ（平成30年4月1日）」により作成
当該年齢の児童数は人口統計年報（2017年10月1日）

表2-7
保育所等利用児童の割合

（2018年）

（松本）

> **やってみよう**
>
> ❶ 乳児の健やかな成長のためには、どのような環境、保育制度が必要か話し合い、自分の考えをレポートにまとめてみよう。

# 第3章
## 乳児保育の実際

### 1  保育所における乳児保育

　保育園が開園している時間は11時間，12時間と長い。なかでも長時間の保育を受ける子どもは低年齢児といわれる0，1，2歳児に多い。目覚ましい発育発達をするこの時期の子どもに，保育園の人的環境，物的環境は多くの影響を与えている。

　子どもの「今」を，これまでの育ちとこれから育っていく道筋をみすえて，家庭と連携をとりながら，適切な育ちへの援助と，生活の質への配慮を十分にした一日一日でありたい。

　ここでは，ある保育園の5月末頃の保育の様子を見てみることとする。

#### 1　登　　園

　保育園の朝。保育室の前での受け入れも，他のクラスと共通の玄関での受け入れでも，子どもの様子はその時々で違う。登園時は，大勢の子どもが同時に登園することも多くあり，保育士は受け入れ時の健康観察を短時間のうちに行う必要がある。子どもを送ってきた人（多くは保護者）から昨日の降園から今朝までの間のことや，子どもの体調に関するこ

●登　園

とを聞き，同時に子どもを抱きながら熱感など，その日の体調を保育士の五感で受け止める。また，引っ掻き傷や打ち身など目にした傷についても聞いている。そして，仕事上での移動が多い保護者には今日の仕事先を確認。さらに，子どもの健康に不安が残る場合は，仕事の休み時間に保育園に電話を入れるようにしてもらうこともある。

　このようにして保育士は，保育を必要とする子どもに，養護と教育が一体となった保育所の保育を責任をもって行っている。

### ❷　朝の自由遊び

●朝の自由遊び

　保育室は朝の清掃で気持ちのよい状態になっている。保育士の側に行く子，おもちゃに向かう子，ゴロンと寝転ぶ子とさまざまである。どの子も自分の心や体の状態を素直に表現している。保育士は子どもの様子から必要な援助を行う。たとえば，本を読む，"たかいたかい"をする，おもちゃのやり取り遊びなど。そして"ゴロンゴロン"の子どもには優しいまなざしで体に触れたりしている。

　「さー，ブーブーのご本みようかなー」保育士の一言に子どもが集まる。K子はおもちゃを持って。手放したくないのだ。おもちゃで遊びながら時々絵本を見る。先生のひざで見るY子，S子。「知ってる，知ってる！」そう言っているようなN子の指さし。

### ❸　朝のおやつ

●朝のおやつ

　遊んでいないおもちゃは片ずけられ，おやつになる。「おいしいでしょ」保育士の語りかけに「ハイ！」（美味しいわ，どうぞ召し上がれという意味か）と保育士におやつを差し出すしぐさをする子もいる。友達の食べる様子を見ている子もいる。

　目で話しているような0歳児，1歳児のおやつの時間は静かである。

### ❹　排　　　泄

　保育室にはおむつの子ども，パンツの子どもがいる。
　おむつの取り替え方，替える時に必要な物はなにか，またパンツの脱ぎ方，はき方をお互いに見て学習している。トイレでおしっこがでた子が保育士に拍手されている姿も見ている。このことが子どもの排泄の自立に果たす意味は大きい。「○○ちゃん，うんちでたの」「そう，おなかスッキリいい気持ち。ね，○○ちゃん」便の状態はさまざまで，コロコロ便や長い便，下痢便など，

いろいろある。便を子どもと一緒に確認しながら、「今日はコロちゃんね」「あらバナナみたいね」と子どもに自分の便を意識させたい。排泄物は体の状態を伝える大事な情報である。保育士のかかわり方や子どもとの会話の中に健康教育（排泄教育）がある。

## 5　遊　び

### ❶　0，1歳児

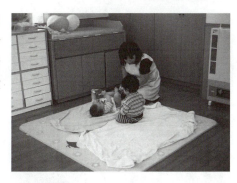
●排　泄

0，1歳児はこの日、保育室続きのテラスで遊んだ。保護者からの連絡や朝からの子どもの様子から判断し、体調がよく外遊びができる子に声をかける。「テラスで遊ぶ？」と聞くとすぐにハイハイをしたり歩いて出口に向かう。行動で「嬉しい、お外大好き」と言っている。靴を履こうとしたり、履かせてもらったりしながらも心はテラスへ向かう。先に出た保育士は子どもが遊ぶことが予測される場所でスタンバイ。

テラスには汽車の大型遊具、功技台、自動車、水がないプールなどがある。汽車に乗りたくて上体でもがき頑張っているH男は、保育士にお尻を押してもらって汽車の人になることができてヤレヤレ顔。功技台は小さな車のトンネルになったり、保育士に手を引かれてソロリソロリと歩いたり、また保育士が功技台をジャンプする姿を見て手をたたいて喜んでいる。保育士を仲立ちに、0歳児のK子と遊んであげているつもりの1歳児のY男。自動車に座っているS男に「S君向こうの方まで行ってみる？」と話しかける。保育士はS男の足に気をつけながら「ブーブー、次は○○でーす」と言い、S男に笑顔を向ける。J子が入っているプールに入りたいT男は、小さな体でもてる力のすべてを使ってまたいで中に入り、ホッとした顔。保育士が「T君スゴイ！」と拍手すると笑う。保育士に抱いてもらって他児が遊ぶ様子を見ているM子。飛行機の音にいっせいに空を見る。「飛行機　ブーンブーンて行ったのね　雲もあるね」

●0，1歳児の遊び

このテラスの遊びには、またいだり、手と足でよじ登ったり、押したり、潜ったり、這ったり、四つんばいで歩いたりと、身体をさまざまに使う遊びがあった。また、保育室の中では見ることができない、保育士の大きな動きを見たり、空の広さに気づいたり、園庭で遊ぶ他児を見たりと子どもの育ちに必要なものがあった。

## 2　2歳児

●大きい子と遊ぶ
（2歳児）

　2歳児担当のS保育士は遊びを探している様子のB子に「Bちゃんおしっこしてからお外へ行こうか」B子は頷きトイレへ走る。それを聞いてH子もS子もトイレへ走る。T男は車で遊んでいたが，他児の様子に慌ててトイレへ。トイレをすませた子は帽子のかごからクラスカラーのピンクの帽子を取り出してかぶる。保育士は厚着の子には衣服の調節を，靴を履く子の側では見守ったり，手伝ったりしている。支度を終えた子は他児を待つ間，階下の園庭での遊びを見ている。5，6人が揃ったところで「お待たせしました。お庭へ行きましょう」「階段はゆーっくりね，ゆーっくり，ゆーっくり」と言いながら子どもの側で一人一人の階段の降り方を確認し，危険がないように援助している。

　園庭では3，4，5歳児が遊んでいる。このK保育園は年齢別保育を基本にしているが，活動によっては縦割り保育を取り入れている。

　5～6人の5歳児が保育士とボール投げ。3歳児が中心のグループは玉入れ遊びやシートを敷いてのごっこあそび，木陰での○○ごっこ，そして砂場では砂場遊び。2歳児は砂場で遊ぶ子が多かったが，4，5人の子はそれぞれの遊びの側で立ち止まり，面白そうだと思うと入って遊ぶ。玉入れではH子とT男はしばらく紅白玉を触ったり，落としたり，転がしたりしてから大きい子がしているように玉を投げていた。ケーキ屋さんでは，黒砂と白砂を混ぜたり，空けたりと大きい子の中で遊び，ホッと一息つきたい時には担任の保育士のところに戻っていた。汗をかいて体が痒くなった子どもが，保育士に汗を拭いてもらっている様子をじっと見ていたり「ここは○○だからこっちで遊ぼうね」と教えられている子の姿を見たり，自分も年長児に「あぶないよ」と注意されたりと，大きい子との園庭での遊びもまた刺激的で楽しい。

## 6　食　　　事

### 1　0　歳

　哺乳期，離乳食期の子どもは一人一人の子どもにあったものが与えられている。抱かれての哺乳，座れる子は食卓付きの椅子にかけて離乳食を食べる。

　離乳食は乳以外のものを食べるということであり，味覚が育つ時期でもあるので食品が混ざらないように，スプーンは食品ごとに使用している。自分で食べたがる子にはその子が扱いやすいものを用意している。顔中おかゆだ

らけにして，何度目かで一口のおかゆを自分で食べた喜びは大きい。保育士も「おいしいね」とともに喜んでいる。

### 6　1，2歳児

●食　事

食欲の波，好き嫌い，咀嚼ができない等，この後も食生活の上で問題になることが離乳食の時期から始まる。特に，食物アレルギーは家庭と連携をとりながら細心の注意と最新の情報から学び続けることが保育士に求められている。K保育園では食物アレルギーのある子へは代替食，除去食の対応をしている。

保育士だけではなく栄養士も食事の介助者として子どもとかかわっている。Jには栄養士さんが「ホラホラ，Jちゃんこぼれちゃうわよ」と優しい声と手でJの気持ちを食事に向かわせている。

### 7　午　睡

●午　睡

食事が終わってから午睡までの時間は保育士にとって慌ただしい時間になることが多い。食事の後片づけ，排泄の世話，パジャマに着替えさせる，寝具の準備をするなど，どれも保育士がかかわらなければならないことである。このK保育園では食事のときに衣服が汚れていなければパジャマに着替えることはしない。子どもは自分のふとんに横になり一人で眠る子，保育士に"トントン"してもらって眠る子さまざまである。皆おなじ方向を向いて寝ている。部屋が暗くなるようにカーテンを引くことはしていない。これは災害等が発生した場合に，子どもをよりスムーズに避難させることができるようにするための配慮であり，子どもが眠っている間もその様子を観察できるようにするためである。特に生後6か月未満の乳児の重大な死亡原因である  SIDS を未然に防ぐことにつながる。この年齢の子どもはベッドにあお向けで寝かせている。

SIDS：
第8章（p.149）参照

子どもが眠っている時間，保育士は子どもの午睡の様子を観察する人，記録を担当する人と役割を分担している。今日これまでの一人一人の子どもについて気づいたことや家庭に知らせる必要があることを精査して記録している。また，必要な連絡もここで行う。

### 8　目　覚　め

目覚めた子どもに「○○ちゃんおはよう」と保育士の優しい声と笑顔。

子どもは保育士に抱かれ，心地よくよりハッキリと覚醒する。おむつ交換，トイレで排泄。保育士は子どもに触れながらその健康状態を確認している。

汗で衣服が濡れた子や，おねしょの子はシャワーできれいにして着替えをし，サッパリしたところで遊ぶ。まだ眠っている子がいるときには，静かに遊んだり，午睡をしない年長のクラスを訪問したりする。

### 9　午後のおやつ

調理室では，夕方のお迎えまで空腹を感じなくてもすむように，午前のおやつよりもボリュウムのある蒸かしイモや蒸しパン，焼きうどんなど，手づくりのおやつを用意することが多い。

子どもたちが掘ってきたサツマイモが使われるときには，自分がどのようにして掘ったかをジェスチャー交じりで話す子，イモ掘りよりも虫の幼虫を見つけたことを得意げに話す子もいる。午後のおやつはゆったりした時間の中でとられている。

毎日の給食やおやつは月毎の献立表で各家庭へ伝えるとともに，保護者が目にしやすい場所にサンプル展示し，写真でも知らせている。お迎えの時の親子の会話は給食やおやつに関することが多い。

●献立のサンプル

### 10　遊　　び

午睡とおやつで元気をもらった子どもは落ち着いて遊ぶ。午睡前に保育士に読んでもらった本を手にとってじっくりと自分のペースで見ている子，保育士と一緒に年長組へお出かけする子と，さまざま。年長児からは「〇〇ちゃんだ」と大歓迎。保育士が「りんどう組さんで遊ぶ？」と聞くと，頷いて部屋の入り口から中の遊びを見ている。興味をもったものはじっと見ているので，年長児が「これほしいの？」と聞いてくれる。よその組での遊びも楽しい。

●遊　び

### 11　延長保育（夕方の遊び，おやつ，排泄）・順次降園

延長保育の子どもを確認する。ここでは友達を見送り続ける子どもがいることに配慮する。保育士と個別のかかわりを多くもったり，ふれあい遊びを意識的に取り入れている。また，夕方の異年齢，少人数でのおやつでは，保育士はゆったりとあたたかい雰囲気を醸し出したいと，日中とはエプロンを変えたりしている。大勢を前にして一人で歌をうたうことが苦手なR君も，この時間には歌を聞かせてくれたりと，子どもの違った一面を見ることもある。

お迎えがきて嬉しそうに降園。

●降　園

（伊藤）

| 時　間 | 0, 1 歳児童 | | 2, 3 歳児童 | | 4, 5 歳児童 |
|---|---|---|---|---|---|
| | 0 歳児 | 1 歳児 | 2 歳児 | 3 歳児 | |
| 7:15 ～ 8:30 | 順次登園（早朝保育）視診・触診・順次排泄など | | 順次登園（早朝保育）視診・触診・順次排泄など | | 順次登園（早朝保育）視診・触診・順次排泄など |
| 8:30 | 普通登園 | | 普通登園 | | 普通登園 |
| 9:15 | おやつ　遊　び　排　泄 | | おやつ　遊　び　排　泄 | 遊び（時には幼児の活動に参加したり，園外に出かけたりする） | 各年齢の発達段階に応じた教育と養護　各年齢での活動 |
| 10:30 | 離乳食 | | | | |
| 11:00 | 普通食児童の食事 | | 11:15　　食　事 | | |
| 11:30 | 月齢児午睡 | | | | |
| 12:00 | | 1 歳児午睡 | 12:15　　午　睡 | | |
| | | | | | 食事準備 |
| | | | | | 12:45 ～　　食事終了 |
| | | | | | 13:15 食後の休息で静的な活動 |
| 14:00 ～ 14:30 | 目覚め・検温・視診・触診・排泄 | | 目覚め・検温・視診・触診・排泄 | | 13:30 ～　各年齢の発達段階に応 14:30　　じた教育と養護 |
| | 離乳食 | | 主として年齢別での生活 | | 各年齢の発達段階に応じた教育と養護 |
| 15:00 | おやつ | | おやつ | おやつ（行事などによっては少し遅くなる場合あり） | おやつ（行事などによっては少し遅くなる場合あり） |
| 16:45 | 延長保育児童の確認 | | 夕方の遊び | | ～ 16:45　　活　動　　夕方の遊び |
| | 順次降園 | | 延長保育児童の確認　順次降園 | | 延長保育児童の確認　順次降園 |
| 18:00 ～ 19:00 | おやつ　排　泄 | | 18:15　　おやつ | | おやつ |

最終児童が少なくなった場合は全年齢共に生活する

・年間の中で多少変化していくこともあります。また，幼児の場合は行事などにより生活時間が変化することもあります。
・月齢児の授乳は 10 時・14 時くらいを目安にしています。

表 3 - 1
ある保育園の 1 日

（上溝保育園・ディリープログラム）

## 2　乳児院における乳児保育

乳児院に入所している子どもたちは保護者と離れ，家庭から離れて24時間そこで生活している。ここでは乳児院についてどのような子どもたちが入所しているかを明らかにしながら，一日の流れを追って，乳児院における**養育**について考えていきたい。

**養育：**
保育所保育と区別するために，乳児院では「養育」という表現を使う事が多くなっている。これは「養護＋保育看護」を意味するものである。
「保育看護」については❸保育看護（p.39）参照

### 1　入所児の状況

#### 1　在籍時の年齢

| | 2003年 | 2008年 | 2013年 |
|---|---|---|---|
| 総　数 | 3,023 | 3,299 | 3,147 |
| 0歳 | 971 | 790 | 875 |
| 1歳 | 1,294 | 1,222 | 1,118 |
| 2歳 | 683 | 931 | 783 |
| 3歳 | 62 | 276 | 268 |
| 4歳 | 5 | 62 | 77 |
| 5歳 | 7 | 16 | 20 |
| 6歳 | 1 | 1 | 5 |
| 7歳 |  |  | 1 |

(人)

表3－2
年齢別在籍児数の推移

（厚生労働省「児童養護施設入所児童等調査結果（2003年，2008年，2013年）より作成）

厚生労働省による2013年2月現在の調査では，乳児院在籍児童数は3,147人とされる。その内訳は表3－2に見られるように1歳児の占める割合が最も多く，2歳以上就学前までの年齢の子どもたちが全体を占める割合も30％以上となっている。

最新の入所児童総数は2008年と比較すると3,299人から3,147人と減っているが，同じ調査では，里親委託児は3,611人から4,534人に増えている。乳児院在籍児童数の減少は，3歳までの乳幼児の里親委託数が増えているためと考えられる。

#### 2　入　所　理　由

児童養護施設の入所児童等の状況に関しては，厚生労働省が5年毎に実態調査を行っており，2003年，2008年，2013年度の乳児院入所理由は表3－3のとおりである。2013年の入所理由では，母の精神疾患等686人（21.8％），母の放任・怠だ340人（10.8％），両親の未婚195人（6.2％）の割合が高いが，一般的に「虐待」とされる「放任・怠だ」「虐待・酷使」「棄児」「養育拒否」を合計すると，852人（27％）と最も高い割合を示す。

さらに2013年の入所児童に対する虐待等の状況については，表3－4のとおりであり，前回調査時と比べて「虐待経験あり」の割合が増えている。

表3-3 乳児院への入所理由

| 入所理由 | 2003年度 数 | 2003年度 % | 2008年度 数 | 2008年度 % | 2013年度 数 | 2013年度 % |
|---|---|---|---|---|---|---|
| 父の死亡 | 5 | 0.17 | 2 | 0.06 | 2 | 0.06 |
| 母の死亡 | 28 | 0.93 | 35 | 1.06 | 24 | 0.76 |
| 父の行方不明 | 24 | 0.79 | 8 | 0.24 | 4 | 0.13 |
| 母の行方不明 | 156 | 5.16 | 136 | 4.12 | 79 | 2.51 |
| 父母の離婚 | 128 | 4.23 | 82 | 2.49 | 56 | 1.78 |
| 両親の未婚 | 364 | 12.04 | 260 | 7.88 | 195 | 6.2 |
| 父母の不和 | 36 | 1.19 | 42 | 1.27 | 41 | 1.3 |
| 父の拘禁 | 36 | 1.19 | 30 | 0.91 | 18 | 0.57 |
| 母の拘禁 | 100 | 3.31 | 146 | 4.43 | 121 | 3.84 |
| 父の入院 | 9 | 0.3 | 5 | 0.15 | 7 | 0.22 |
| 母の入院 | 154 | 5.09 | 122 | 3.7 | 96 | 3.05 |
| 家族の疾病の付き添 | 20 | 0.66 | 14 | 0.42 | 11 | 0.35 |
| 次子出産 | 18 | 0.6 | 22 | 0.67 | 19 | 0.6 |
| 父の就労 | 32 | 1.06 | 24 | 0.73 | 11 | 0.35 |
| 母の就労 | 183 | 6.05 | 221 | 6.7 | 123 | 3.91 |
| 父の精神疾患等 | 10 | 0.33 | 7 | 0.2 | 13 | 0.41 |
| 母の精神疾患等 | 440 | 14.56 | 622 | 18.85 | 686 | 21.8 |
| 父の放任・怠だ | 6 | 0.2 | 13 | 0.39 | 9 | 0.3 |
| 母の放任・怠だ | 175 | 5.79 | 276 | 8.37 | 340 | 10.8 |
| 父の虐待・酷使 | 51 | 1.69 | 119 | 3.61 | 82 | 2.61 |
| 母の虐待・酷使 | 88 | 2.9 | 184 | 5.58 | 186 | 5.91 |
| 棄児 | 67 | 2.22 | 50 | 1.52 | 18 | 0.57 |
| 養育拒否 | 232 | 7.67 | 256 | 7.76 | 217 | 6.9 |
| 破産等の経済的理由 | 234 | 7.74 | 188 | 5.7 | 146 | 4.64 |
| 児童の問題による監護困難 | 9 | 0.3 | 21 | 0.64 | 19 | 0.6 |
| その他 | 322 | 10.65 | 353 | 10.7 | 547 | 17.38 |
| 不詳 | 96 | 3.18 | 61 | 1.85 | 77 | 2.45 |
| 合計 | 3,023 | 100.0 | 3,299 | 100.0 | 3,147 | 100.0 |

(厚生労働省「児童養護施設入所児童等調査結果（2003年, 2008年, 2013年）」より作成)

表3-4 乳児院児の被虐待経験の有無および虐待の種類

| 総数 | 虐待経験あり | 虐待の種類（複数回答） | | | | 虐待経験なし | 不明 |
|---|---|---|---|---|---|---|---|
| | | 身体的虐待 | 性的虐待 | ネグレクト | 心理的虐待 | | |
| 3,147 | 1,117 | 287 | 1 | 825 | 94 | 1,942 | 85 |
| 100.0% | 35.5% | 25.7% | 0.1% | 73.9% | 8.4% | 61.7% | 2.7% |

(厚生労働省「児童養護施設入所児童調査結果（2013年2月1日現在）」より)

## 2 乳児院における養育

### 1 担当養育制

　乳幼児期は人の生涯にわたる生きる力の基礎が培われる大切な時期である。また最も発達が著しく，環境の影響を受けやすい時期でもあるため，養育者をはじめとする周囲の人々の豊かな愛情と応答的で継続的なかかわりが必要とされる。そうしたかかわりを通して，大人や世界に対する絶対的な信頼を獲得し，安全で安心できる安定した生活の中で，初めて一人一人の子どもの持つ育つ力が発揮され，発達を遂げていくことができる。

　しかし，昨今増加している乳幼児への虐待によって，安全や安心はおろか，

(次頁) 児童福祉施設の設備及び運営に関する基準：
第2章／（p.24）参照

●担当保育士がくると喜んで,近寄ろうとする。担当保育士が去ろうとすると「ン〜」とべそをかくような声をあげる。

●見知らぬ人を見て,泣いて担当保育士にしがみつく

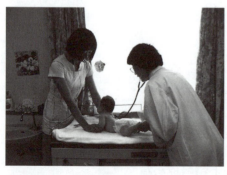
●医師の診察(この乳児院では週2日医師の診察が行なわれ,診療室には薬を備え,急な疾病への対応が迅速に行われる。)

時には死に至る危険にさらされ,その心身に及ぼす影響はその後の人格形成に深刻な影響を与えているケースは少なくない。乳児院では心身を傷つけられた子どもたちを暖かく迎え,その安全を確保し,子どもたちが日々の生活の中で「自分は守られている。」という安心感を持つことによって,安定した発育・発達につながっていくように保育者が受け持つ子どもを決める担当養育制をとっている。いつもそばにいてかかわってくれる担当養育者との間には緊密な関係を築きやすく,子どもは担当養育者との間に愛着(アタッチメント)を形成し,甘え,後追い,見知らぬ人への人見知りといった愛着行動を見せるようになる。

## ❷ 乳児院の職員構成及び勤務体制

乳児院では,児童福祉施設の設備及び運営に関する基準で規定された医師又は嘱託医,看護師,個別対応職員,家庭支援専門相談員,栄養士及び調理員の他,2006年4月より心理療法担当職員の常勤職員の配置が国の予算として認められ,現在多くの乳児院に配置されている。また乳児院はこれまで里親と深くつながってきた歴史があるが,行政による里親委託推進が推し進められる中,2012年より里親支援専門相談員が配置され,これまで行ってきた里親支援が,制度として行えるようになった。

入所してくる乳児の月齢の内訳をみると「生後7日以内の入所は2008年度178人(5.7%),1か月未満では385人(12.2%)に上っている。6か月未満の総数は1,365人(43,4%),1歳未満の総数は1,921人(61.2%)である。」(今田義夫,2010)とされ,乳児院によっては病虚弱児や障害を持つ子どもの入所も多い。

こうした子どもたちが24時間生活する場として,夜間にも就寝後の子どもたちの状態を見回り,授乳,おむつ交換などの対応や体調の変化に備えなければならない。24時間を絶えず複数の職員で養育できるように,看護師や保育士の勤務は交代制勤務となっている。

表3-5 勤務対応表(N乳児院)

## ❸ 保育看護

　乳児院では「保育看護」という言葉が使われるが，前項でも触れたように乳児院入所児には保育所では預からない新生児や病虚弱児，障害のある子どもの割合も多い（表3-6）。乳児院によっては医療的ケアの必要な乳幼児揺さぶられ症候群（**SBS**）等重い障がいのある乳幼児や1000g以下の超低出生体重児を受け入れているところもある。

表3-6 乳児院児の心身の状況

（乳児院児の心身の状況（厚生労働省「児童養護施設入所児童等調査（2013年2月1日現在）より」）

| 総数 | 障害等あり | 障害等あり　内訳（重複回答） | | | | | | | | | |
|---|---|---|---|---|---|---|---|---|---|---|---|
| | | 身体虚弱 | 肢体不自由 | 視聴覚障害 | 言語障害 | 知的障害 | てんかん | ADHD | LD | 広汎性発達障害 | その他の障害等 |
| 3,147 | 889 | 526 | 90 | 87 | 83 | 182 | 67 | 5 | 1 | 41 | 235 |
| 100.0% | 28.2% | 16.7% | 2.9% | 2.8% | 2.6% | 5.8% | 2.1% | 0.2% | 0.0% | 1.3% | 7.5% |

　そのために子どもの健康と安全に留意し，乳児の子どもの養育にあたる職員として勤務する保育士には，保育の専門性に加えて，保育に関連した生理的特性や病気，看護についての充分な理解が不可欠であり，一方養育の場に勤務する看護師にも看護の専門性に加えて，養育計画の立案・評価・遊びの展開など保育面についての理解が不可欠である。「保育看護」という言葉はこうした乳児院の専門性を表している。

SBS（Shaken Baby Syndrome：乳幼児揺さぶられ症候群）硬膜下血腫，脳損傷，失明，視力障害等を引き起こす原因となる。
「『乳幼児揺さぶられ症候群』というのは，まわりから見れば『あんなことをしたら，子どもが危険だ』と誰もが思うほどに激しく，乳幼児が揺さぶられたときに起こる重症の頭部損傷です。赤ちゃんというのは頭が重たくて頸の筋肉を弱いので，

揺さぶられたときに頭を自分の力で支える事ができません。その結果、早く強く揺さぶられると、頭蓋骨の内側に脳が何度も打ちつけられて脳に損傷を受けるのです。」（日本小児科学会監訳パンフレット「赤ちゃんを揺さぶらないで～乳幼児揺さぶられ症候群（SBS）を予防しましょう」より引用）

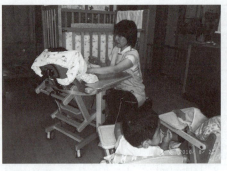 

### 4　小グループの養育

家庭や保護者から離れて生活する乳幼児にとって、本来は1対1の関わりのとれる里親制度の利用が望ましいが、わが国では里親の数は少なく、また子どもや保護者の状態から里親制度の利用が適切ではない場合もある。この為、できるだけ小人数の小グループを編成し、普通の家庭に近い環境の中で生活する取り組みを行っている乳児院もある。

- ●天気の良い日には布団やシーツ、洗濯物をベランダに干し、普通の家のように見える
- ●家の中では、台所で調理する様子がそばで遊ぶ子どもの目に触れる。

**里親制度：**
児童福祉法第6条の3によれば、「里親とは保護者のない児童又は保護者に看護させることが不適当であると認められる児童（以下「要保護児童」という）を養育することを希望する者であって、都道府県知事が適当と認めるものをいう。」

### 3　乳児院の一日の生活の流れ

乳児期には授乳・食事・睡眠・排泄といった生活リズムは定まっておらず、日によってその時刻は変わってくる。また発達も個人差が大きく、一人一人の子どもの発達や要求にそった自律生活を送るためには子どもの発達状態の違いを考慮した柔軟な日課が望ましい。

### 1　起　床

乳児の場合は睡眠リズムが異なる為、一人一人の状態に合わせて、一日が始まるが、幼児は起床後、パジャマから着がえて一日が始まる。調乳室ではミルクの準備、調理室では朝食が準備される。

## 2　検　温

　乳児院において，子どもの健康管理は養育者としての責務である。日々の子どもの健康状態を把握し，ちょっとした様子の変化も見逃さずに健康で楽しい生活を送れるよう，必要に応じて医師の指示に従って与薬をも行う。

## 3　食　事

　離乳食の乳児は発育状態に合わせて進めていく。毎日の食事は栄養士・調理士が1か月のメニューを考え，院内調理室で調理される。授乳は個々の乳児によって哺乳量，授乳間隔が異なるため，それぞれに応じた細かな対応が必要となる。特に障がいのある乳児の場合には一回の哺乳量がとても少ない上に，授乳に非常に時間がかかることがある。保育者が優しく見つめて話しかけ，乳児の呼吸に合わせてゆったりと授乳することで，それに応えるかのように少しずつミルクを飲んでくれる。

　また乳児院で暮らす子どもたちにとって，目の前の食事がどのような食材でどのように調理されて出てくるのかまたその食材はどこからくるのかを実際に見る機会を意識して作り出す必要がある。そこで，食事の前に実物の食材や調理場面を見せたり，時には調理を手伝ってもらうことで，家庭での食の経験の不足を補っている。

## 4　引き継ぎ

　夜勤職員から日勤職員へと勤務が交代するため，子どもたちの体温，便の状態，ミルクの摂取量など健康状態や与薬状況に総合観察記録を加えた引継ぎ事項を伝える。

## 5　散歩・外気浴（遊び）

　乳児は天気の良い日には外気浴に出かけ，幼児は施設の外の自然や社会に触れる機会を設ける。ある乳児院では月1回，バスや電車を利用して動物園や水族館に遠足に出かけている。

　また夏の水遊びや外遊びを通して，主体的で楽しい活動体験を積み重ねることは心身の発達を促す。

| 乳　児 | | 幼　児 |
|---|---|---|
| 起床，検温 | 6：00 | 起床，更衣<br>検温 |
| 離乳食 | 7：20 | 朝食 |
| | 8：30 | 引き継ぎ |
| | 9：00 | 散歩 |
| 外気浴<br>沐浴 | 10：00 | おやつ |
| 離乳食 | 11：30 | 昼食<br>午睡 |
| | 14：45 | 検温<br>おやつ |
| 授乳・おむつ<br>交換・午睡・<br>就寝は適宜 | 16：00 | 入浴 |
| | 17：00 | 夕食<br>更衣 |
| | 18：30 | テレビ等<br>歯磨き |
| | 19：30 | 絵本<br>就寝 |

表3-7
一日の生活の流れ（D乳児院）

●引継ぎの時でも抱っこを求めてくる子どもを抱えて，片時も目を離すことができない。

●最初は泥がつくのを嫌がっていた子どもたちもドロドロべたべたの感触を楽しみ，水と戯れる。

● 水遊びの後，木陰にシートを敷いて皆で座っておやつを食べる。まだ言葉の出ない1歳児はおやつのラムネを食べてしまうともっと欲しいと「ン，ン」と手を出す。言葉は出なくても発声や身振りに保育者は「ラムネ好きなのね。もっと欲しいの。」とその要求を受け止めて言葉で返す。

● 乳児にとって沐浴は担当養育者と時間をかけてゆっくり触れ合う機会でもある。保育者の「気持ちがいいね。」との声かけにしっかりとその顔を見つめ，心地良い安心感を与えてくれている相手の顔を確かめているかのようである。

● シャワーの後に服をかえてさっぱりしてから昼食の準備ができるまでの間，保育者の見せるパネルシアターを見る。1歳7か月のAは歌に合わせて手を動かし，保育者が救急車の絵を見せて「これは何？」と尋ねると「きゅうきゅうちゃ」ダンプカーには「ダ〜ダ〜」と答えて保育者とのやりとりを楽しむ。

## ６　朝のおやつ

散歩や外遊び，外気浴の後は充分な水分補給が必要である。ゆっくりくつろいで友達と一緒に食べるおやつは楽しい一時である。

## ７　沐　浴

新陳代謝の旺盛な乳児にとって毎日の沐浴は欠かせない。また幼児は外遊びの後は汗をかき，泥んこになるため，夏はシャワーを浴びて清潔を保ち，服を着替えてさっぱりとした気持ちの良い感覚を身につける良い機会である。

## ８　昼　食

1歳を過ぎて1人で食べられるようになった子どもたちは片手にフォークやスプーンを持ちながらももう一方の手で食べ物をつかんで口に運ぶ。机や床に食べ物が多少こぼれても，自分で食べようとする意欲は大切にしたい。

## ９　午　睡

昼食後は絵本を読んだり，静かに遊びながら眠くなった子どもから順番にベッドの中に入って眠るが，食事や遊びの途中で眠くなってしまう子どもも多い。

一人一人の発達や状態によって，午睡の時間も異なるため，一斉に午睡に入るのではなく，自然な生活のリズムが身につき，次の活動に向かえるための充分な休息がとれるように静かな時間を確保する。

## 10　午睡後の検温

午睡から目覚めた子どもから一人ずつ体温を計り，体調の変化や疲れなど子どもの様子をチェックする。

## 11　午後のおやつ

午睡から目覚めた子どもたちは室内でそれぞれに自由に遊び始め，おやつが用意される。乳児院によって季節に合った手作りのおやつが調理室で作られる。

## 12　入　浴

幼児にとって入浴は大人とのスキンシップがとれ、楽しい経験の場の一つとなる。また食事の前に汗を流して、気持ち良く夜の睡眠を迎えるという一日の基本的な生活リズムができてくる。

## 13　夕食以降

子どもたちは夕食後、それぞれにテレビを見たり、好きな遊びに向かい、パジャマに着替えて歯を磨くと、ベッドに入る。保育者は静かに絵本の読み聞かせなどしながら、子どもたちを眠りに誘う。

子どもたちの一日が終わる頃、日勤職員から夜勤職員への引き継ぎが行われる。夜勤職員は朝を迎えるまで定期的に子どもの様子を見回り、深夜の授乳、夜泣きや体調の悪い乳幼児への対応と夜間も子どもたちの健康と安全を見守っている。　　　　　　　　　　　　　　　　（大村）

● いつまでも眠くならないB（10か月）は区切られていない広い部屋の中を1人でどこまでもハイハイして進んでいく。安全な広い空間はBの探索の場所である。

---

#### やってみよう

❶ 保育所での保育と乳児院での養育との違いについて考えてみよう。
❷ 乳児院の保育士に求められる役割について話し合ってみよう。

---

#### 引用・参考文献

● 改訂新版　乳児院養育指針　全国乳児福祉協議会　2015
● 平成21年度　児童関連サービス調査研究事業報告書「乳児院の養育体制・機能に関する調査研究」主任研究者　今田義夫　こども未来財団　2010

● おやつの後に遊んでいる子どもたちの前で、外に干してあった洗濯物をたたんで整理する。「Cちゃんのお洋服あるかな？」にCは自分のTシャツを持ちあげて見せる。「あったね！」家庭の日常生活で見られるような光景がここでも目にされ、ホッとする一時である。

## 3　家庭的保育における乳児保育

### 1　家庭的保育の一日の生活の流れ

　ここである家庭的保育の一日をみることとする。
　5月下旬のよく晴れた朝7時，S保育室を訪ねた。横浜の私鉄沿線の住宅街にある保育室はゆるやかな坂道の中腹にあり，朝のひかりの中でその白い家は光っていた。
　フェンスの内側にはビオトープがあり，トクサ，アサザ，シバヨシ，セリ，ホテイアオイ等々数種類の水生植物があり，それらを棲家としてメダカやタニシ，ザリガニが飼われている。鉢植えには，ユズ，キンカン，レモン，ハナミズキ，カランコエ，などがあった。(❶)

▶❶

　めだかが孵化するころには子どもも大人も皆めだかの赤ちゃんの誕生を心待ちにしたと言う。かんきつ類にくるアゲハチョウ，折々に咲く花や実も保育を豊かにする装置となっているようだった。この保育室を運営しているS家にビオトープを趣味にして人がいるということであったが，植物，動物，地上，水生の生物が身近にいることで四季の変化に気づき四季の変化を楽しめる環境になっていた。
　保育室の壁には動物の切りえが貼ってあり，避難袋，外遊びグッズが掛けてあった。そして保育室は子ども自身がおもちゃを出し入れできるような高さの棚が用意され，出し入れしやすいように，かた付けやすいように，かごや缶には入っているおもちゃの絵が描かれていた。絵本は背表紙を見て選ぶようになっている。子どもの指で引き出せるようにゆるみをもった置き方になっていた。お目当ての本を取り出した時の子どもは大変誇らしげな顔をするということだった。

■　7時30分

　Y男が母親とこの保育室から認可保育園に移った兄と登園。Y男は母親とS保育室の運営と保育士として保育を担当しているSさんが話をしている間に保育室に入ってきたが，見知らぬ大人がいることに気づき戸惑っている様子でしばらく保育室や廊下を歩いていた。母親とのやりとりが

終わったSさんに「Yちゃん，ままごとしようか」と声をかけられるとニコッとして小走りで保育室へ行った。Y男はSさんと一緒に母親と兄に「いってらっしゃい」をして遊びだした。（❷）

しばらくしてR子が母親と登園。母親が連絡帳を書いている間，母親の側からY男とSさんが遊ぶ様子を興味津々で見ていた。ほどなくしてK子が登園する。Sさんが「ご本を読もうね」と言ってR子を膝にして読み始めるとK子は自分が好きな絵本を持ってきて，Sさんの声を聞きながらも目は自分が持ってきた絵本を見ていた。やっぱりみんなの側がいいらしい。（❸）

▶❷

### ■ 8時30分

家庭的保育補助者として保育者Iさんが出勤。Sさんと一言，二言ことばを交わし保育に入る。R男，E子と登園してきてN子が欠席のほか今日のメンバーは揃った。R男リックを背負って「学校」と歩いたりY男とままごとコーナーで遊び始める。やがてE子がハンカチを顔に当てお化けになったつもりで遊びだすと，それを怖がる振りをしてY男，R男が笑いながら逃げる。K子は小さなかごをもってその様子を見ている。R子もつかまり立ちして3人が遊ぶ姿を目で追っている。

子どもの遊びを見守りながら排泄の援助。おむつ換えの子，おまるに座る子，トイレを使う子と子どもの育ちにあわせて誘っている。E子がおまるで排泄するとSさんとそばで見ていたK子が手を叩いて喜んでいた。E子も満足気であった。

▶❸

絵本を読みながらの検温がすみ，体操となった。体操のレパートリーは10曲ほどあるとのこと，今日は「はとぽっぽ体操」。Y男，R男，E子K子はSさんの動きを目で追いながら身体を動かしている。一方，歩くまでにあと一歩のR子はIさんの膝でリズムに乗って笑いながら身体を動かしていた。（❹）

### ■ 9時30分

体操の後，牛乳パックで作った長いすに腰を掛け朝の会となる。名前を呼ばれると手を上げ，返事をしていた。見

▶❹

▶❺

学者がいたことでいつもより声が小さかった子，大きかった子がいたことだろう。Ⅰさんの柔らかい声と笑顔，オーバーなゼスチャーの手遊び「とんとんとんとんひげじいさん」が始まると子どもの表情がほころび，保育室は一気に緊張がとれた雰囲気になった。(❺)

絵本を読んでもらい，おやつとなる。今日のおやつはおせんべいとお茶。おかわりをする子はいなかった。

水曜日は近隣のT保育園が園庭解放をしている。そこで「今日はT保育園へ遊びに行こうね」といい，おやつがすんだ子から排泄へと声をかける。排泄のあと子どもは散歩の支度として帽子をかぶったり，靴を履こうとしたりと早く出かけたい気持を表していた。

### 9時50分

保育室に帰ってからの手洗いやお弁当の準備をして出発。R子はベビーカーで他児は歩いて行った。T保育園に着くと「こんにちは，いらっしゃい」と迎えられた。

園庭では，T保育園の子がすでに遊んでいた。S保育室の子どもは，まず園庭全体を見渡していた。「今日は何をして遊ぼうか」と考えているようだった。K子は砂場に向かい，R男，Y男は三輪車，E子は鉄棒へ，そしてR子は好きな砂遊びを立ってできる台の所で遊んでいた。ほどなくE子も砂場に移動し，K子とE子は砂場で型抜き遊びや山を作って遊ぶ。R男とY男はSさんが園庭に引いた線を線路に見立てて三輪車を走らせていた。(❻)

▶❻

園庭で遊んでいるT保育園の2，3歳児にとってS保育室の子どもが庭で遊んでいることはごく普通のことと思っているのか，自分たちの遊びに夢中で積極的にかかわってくる子がいない中，M男はR子の側に来て「かわいいね，だれ」と言う。Ⅰさんが「R子ちゃんよ」というと「R子ちゃん？」とかわいいなという表情をしていた。M男はS保育室からこのT保育園に移ってきた子だった。S保育室の先生，そこでの楽しい思い出がありこのかかわりになったものと思われる。(❼)

▶❼

このT保育園の園庭解放日に遊びに来ることは子どもにとって広い場所で動きの大きな戸外遊びができること，年が上の子どもの遊びを見ることができること，異年齢児

との交流の機会がもてること等，子どもにとって得がたい遊び場になっている。一方，保育者にとってはS保育室からT保育園へ移った子どもの様子を見る機会になるし，その子どもがよりよい保育を受けるための情報の交換ができる。またT保育園の保育士にとっては保育室からくる子どのも様子をかなり自然な形で長期間みることができる等々考えられる。そしてなにより保育者にとっては相互に保育実践を学びあう機会になっていると思われる。

■ 10時50分

　園庭で遊んでいたT保育園の子どもが保育室に入ることになり，S保育室の子も園庭での遊びを終えて「ありがとう」「さようなら」と挨拶をして保育室に戻った。うがい，手洗い，おむつ換えなどをして食事となる。(❽)

▶❽

■ 11時30分

　食事。小さな弁当箱に入ったお弁当は栄養面だけではなく子どもが食べやすい大きさになっていて見た目もきれいだった。「ママが作ってくれたのねー。おいしそう！」と声をかけながら子どもの食べる様子をみてスプーンを持つ手に手を添えたり，おかずが口に運びやすいように集めてあげたりの援助をしていた。食事中に子どもはおしゃべりを楽しむわけではないが，他児が食べる様子を見たり保育者が他児とかかわる様子をじっと見ていた。ここでも「見ること」が学ぶことになっていた。

　食事が終わった子から歯を磨く。保育者に点検磨きをしてもらいパジャマに着替える。着替えるときに保育者の「ボタンのほうが前よ」という言葉はよく覚えているようで，子ども自身気にしていて着替えてから確認していた。(❾)

　R子は眠くなり，お迎えに来ていた祖母の腕の中で寝入り降園する。

▶❾

■ 12時

　排泄をすませ，絵本を読んでもらい眠る。どの子もすぐに眠りについた。Iさんが記録を書いて明日の確認をしているところに午後から家庭的保育補助者として保育者のHさん出勤。IさんはSさんHさんと笑顔をかわして帰宅す

る。Hさんは午睡の様子を見ながら連絡帳を読んだり，午前中の子どもの様子を確認していた。(⓾)

S保育室の連絡帳は複写式になっていて子どもの育ちを家庭と保育室で共有している。保育室ではそれを保育の記録として保管している。また，休日の家庭での様子も書いてもらうようお願いしているということだった。その後Hさんは今日のおやつのバナナ入りホットケーキを焼いた。よい香りが保育室に漂ってきた。

■ 14時30分

カーテンを開け，目覚めた子から着替えをする。Hさんは4人の中では早く目覚めたK子の髪をきれいに結びなおしていた。Hさんの表情やしぐさからK子をいとおしいと思っている気持ちが溢れているように感じた。(⓫)

■ 15時

おやつ。ホットケーキは形，大きさ共にさまざまであった。子どもが自分のおなかに合わせておかわりができるようにとの配慮である。給食ではないので午前，午後のおやつは皆で同じものを食べるいい機会でもある。(⓬)

■ 16時

保育室の近くのそぞろ歩きを楽しむ。近くに住む通りがかりの人が「こんにちわ，いいわね」と声をかけてくれる。子どもも「こんにちわ」と応えていた。子どもは小さな隣人であり，地域の人からも見守られているという実感を持てることは，うれしいことである。

■ 16時30分

保育室に戻り玩具で遊ぶ。(⓭)何れも試行錯誤しながらもなんとか自分で完成させたい子どもの意欲とそれを支えるかのようにじっと見守っている子どもの姿があった。日々のかかわりの中で互いの気持ちや持ち味に気づき始めているようにも思えた。

K子，E子はお迎えがあり降園。Hさんは勤務が終わり帰宅。しばらくしてR男の母が小学1年生の兄とお迎えに来た。兄はS保育室に通っていたという。保育室でSさ

んとゲームをしたり，R男，Y男と人形劇で遊んだりしていた。SさんもR男の母も帰りを急がせることなく子どもと遊んだり，その遊ぶ姿を見守っていた。

18時頃にSさんが滑り台を出した。Y男とR男はしばらく腰を下ろして滑っていたが，やがてY男が立って降り，両足で着地をした。私はY男が滑り台に立った時点でやめさせたかったが，Y男の今日一日の動きから大丈夫かもしれないと考えハラハラしながら，いざという時には胸で受け止めようと身構えていた。ところがY男は見事な着地をした。見ていたR男，私は驚いたが本人もまた驚いた顔をしていた。

次にR男がチャレンジ。滑り台に立って下を見た時，怖いと感じたようで2回くらいは腰を下ろして滑ったがY男の立って下りる技が滑らかになっていくのを見て「よし！」と思ったよう真剣な顔で立って下りた。どうやらできたという感じであった。この後R男は回を重ねる毎に安定した立ち下りができるようになり，当人も自信をもったようだった。子ども同士互いに刺激しあいながら新しい遊びを生み出していく姿であり，自分の有能感をひとつ溜め込む体験となったようだった。（❶）

▶❶

### ■ 18時30分

Y男がお迎えとなる。みんなで片付けをして「さようなら，また明日」Y男，R男，お迎えの人みなゆったりと家路に着いた。

Sさんは戸締りをしながら，今日一日の保育を振り返っているようであった。私は夕暮れの街を歩きながらS保育室の保育実践をもう一度なぞってみた。大きな声が聞こえることなく，落ち着いた環境の中で一人ひとりの子どもの育ちが大切にされ，母親（子どもの家族）から厚く信頼されている保育，そこに保育の原点を見た思いを深くして家路についた。

（伊藤）

---

**引用・参考文献**

● 家庭的保育研究会『家庭的保育の基本と実践』福村出版 2009

デイリープログラム（横浜市・S保育室）

| 時間 | 1日の流れ | 準　備 |
|---|---|---|
| 7：35 | 登園 | ・登園してくる保護者や子ども一人ひとりと言葉をかわし笑顔でうけ入れる。<br>・健康観察<br>・送迎者に保育中の留意事項がないか，聞いたり，こちらから伝えたりする。 |
|  | 視　診 | ・視診で機嫌，顔色，体の感じ，傷，湿疹など確認する |
| 8：30 | 自由遊び（おむつ換え）排泄<br>検温<br>おままごと　かるた遊び動物あてっこ遊び | ・一人一人の遊びを大切にしながら皆で楽しく遊べるよう暖かい言葉をかけながら見守る。<br>・子どものやりたい気持ちを大切にしながら，一つ一つの遊びに丁寧に関わっていく。 |
|  | 体　操 | 用　意 |
| 9：30 | ●朝の会　＊おやつ | ・簡単なおせんべいと水分補給 |
| 9：40 | ●排泄<br>　散歩の支度，帽子，靴下，遊び着など身支度を整える。<br>●服装が外遊びにふさわしいか，靴がちゃんとはけているか確認してから外にでる。<br>●帰園後は子どもの支度に時間がかかるので，手があいているスタッフは，昼食の準備をできるところまでしておく。 | ・うがい・手洗いのタオル，ハンドソープお散歩グッズ：水分袋（麦茶の補給），着替え袋，手洗い袋の3点セット<br>・お砂場道具，ボール2個，縄など |
| 10：00 | 午前の散歩出発 | ・車の往来など，安全に気をつけ交通ルールを守って歩く。<br>・砂場道具，ボールなどはベビーカーに乗せて運ぶ。<br>・地域の子どもと仲良く遊べるよう遊び道具は余分に持っていく。玩具の貸し借りなど保育者が言葉がけをし，仲立ちとなって一緒に遊ぶ。 |
| 10：15 | 公園遊び | ・外遊びを充分する。<br>・予測できない行為，衝動的な行為が多くなってきたので，常に子どもから目を離さない。<br>（水分補給） |
| 11：00 | 帰る準備をする。 |  |
| 11：20 | うがい，手洗い，おむつ替え，昼食準備 | ・外遊びから戻った時は，ハンドソープを使って手を洗う。うがい，手洗いの習慣をつける。<br>・洗った後は手をよく拭く事を教える。 |
| 11：30 | お弁当<br>（手伝ってもらいながら自分で食べてみる） | ・一人一人のその日の体調に気をつけながら食事を進める。嫌いな物でも少しずつ繰り返して食べる経験が大切なので，一口でも食べるように励ます。<br>・自分から食べる場面を見たら充分褒める。 |
| 12：00 | 絵本の読み聞かせ | ・昼寝前に絵本や紙芝居を読み聞かせ，読書の習慣をつける。 |
|  | 歯磨き，午睡準備，おむつ換え，排泄 | ・食事の後に歯を磨く習慣をつける。<br>・「気持ちがいいね」「さっぱりしたね」と歯みがきする事で，口の中がきれいになる気持ちよさを伝える。<br>・歯ブラシの衛生と安全に配慮する。<br>・歯ブラシは血液がつくものなので，1本1本独立して管理し，一緒に持ち歩かない。 |
| 12：20 | お昼ね<br>連絡ノート，年間計画案の作成，日誌記帳等 | ・子ども達が寝ている様子を確認する<br>・SIDSのチェックを5分間隔でする。 |
| 14：30 | （目覚める）おむつ換え，お着替え，検温（朝の検温で平熱より高い子どものみ検温する） | ・体調に変化のない子どもはカーテンを開けて，目覚めに誘う。<br>・目を覚ました順に，着替え，体調をみる。 |
| 15：00 | おやつ | ・捕食としてのおやつの目的を大事に考え，おやつを用意する。<br>・食事とは異なる様々な食感や食べ方を楽しめる様にする。 |
|  | 自由遊び・散歩の支度<br>（水分補給）（おむつ換え）排泄 | 午後の散歩は，地域の施設を利用してプレイルームで遊ぶ，図書館へ行く，駅前で電車を見るなど，その日の天気や午前中の遊びを配慮して，臨機応変に決める。 |
| 16：00 | 帰宅までの準備 | ・帰宅時の衣服の清潔を点検し，身支度を整える。<br>・保護者に連絡帳を渡し，1日の子どもの様子を伝える。 |
| 16：30 | お迎えの順に降園 | ・連絡事項の確認をする。 |
| 19：00 | 保育終了後 | ・保育室の整理整頓，各種の記帳に目を通す。<br>・内外の清掃，汚れ物の洗濯。 |

# 第4章
## 3歳未満児の発育・発達をふまえた保育

　0, 1, 2歳の頃は，人の一生のうちで最も目覚ましい心身の発達を遂げる時期である。この発達の基盤が形成される上できわめて重要な時期に，保育者は保護者と共に「育てる者」として，その発育，発達や心の育ちを理解した上で，一人一人の子どもの自ら持つ力を充分に伸ばしていけるように必要な環境を整え，適切な援助をしていくことが大切である。特に子どもからの様々な発信に対して，保育者がその発信を受け止め，日々温かいまなざしとともに応答的かかわりを繰り返していくことは，子どもが安定してその世界を広げていくためにとても重要である。この章では0, 1, 2歳児の発育・発達を理解し，保育の場の写真や事例を参考に日々の保育の中でどのように環境を整え，生活や遊びを通して保育者がかかわることで乳幼児の持つ「育つ力」をいかに伸ばしていくかを考えていきたい。

> **0, 1, 2歳児：**
> 子どもの発達には個人差が大きいため，表示された月齢ははっきりと「何か月になったらこういうことができる」という均一的な基準を表すものではなく，一人一人の発達過程の目安とするものである。保育の場では一人一人異なる育つ力を認めながら，その発達過程や心身の状態に応じた適切な援助，環境構成ができることが大切である。

### 1　3歳未満児の生活と環境

　3歳未満児にとって，保育所は，家庭を離れ，一日のほとんどの時間を過ごす生活と遊びの場である。主に1対1でかかわれる家庭と異なり，保育者一人で多ければ0歳児3人，1, 2歳児では，6人もの子どもを保育している。こうした集団保育の中でも3歳未満の子どもが長時間安心して，心身共に満たされ，健やかな成長，発達を遂げていくためには，まず第一に保育

者が愛情をこめて応答的にかかわること，そして清潔で安全に守られ，落ち着いて過ごせる保育環境をつくりあげることが重要である。

保育所の保育環境には，主に送迎する保護者や保育者・調理員・看護師など保育所内の職員，子ども，地域の人々などの人的環境，保育室やトイレ，ホール，ベランダ等の保育施設の設備や玩具，絵本，園庭，固定遊具，砂場などの物的環境，四季折々に見たり，感じたり触れたりすることのできる身近な自然や乳児が生活している身近な地域などを含む社会的環境がある。日々安心して生活し，遊びや様々な活動を通して「子どもが現在を最も良く生き，望ましい未来をつくり出す力の基礎を培う」ためには，これらの保育環境を計画的に構成し，工夫して保育を行うことが大切である。

### 1　0歳児の生活と環境

#### 1　安心して落ち着いて過ごせる環境

❶｜❷

この写真（❶❷）の保育園では2階に0，1，2歳児のクラスを配置し，0歳児クラスの部屋は天井が高く，天窓を設け，照明は間接照明で，柔らかい光が射しこんでいる。さらに段差のない木のデッキづくりのベランダに出ると，青い空，白い雲，遠くの外の景色が目に入り，外気が気持ち良く肌をさす。母親から離れる時に泣く乳児が保育者に優しく声をかけられ，抱かれてこのデッキに出ると，自宅から外を眺めているような錯覚に陥る。ここは部屋の中の集団の場から切り離され，静かな落ち着ける場所となっている。

4月〜5月頃の0歳児入園当初はほとんどの子どもたちが初めての環境の変化を敏感に感じ取り，泣く事が多い。個々の子どものその時の発達の状態，それまでの家庭環境，育ちの背景について，入園時に保護者から必要な情報を聞き取り，充分に把握した上で，この時期は，担当保育者を決め，一人一人の子どもからの発信に応え，ゆっくりと落ち着いて個別的にかかわり，子どもが安心して園での生活になじんでいけるようにしていきたい。

保育に従事する者は，一人一人の子どもが安心し，情緒が安定して生活していくために，人的環境としての保育者の果たす役割が大きいということを絶えず心にとめておかなくてはならない。保育者の温かなまなざしと応答的

かかわりの中で人への基本的信頼感や自己肯定感を育み，落ちついて探索活動に向かうことができる。保育者の援助やかかわりについては第4節で詳しく触れる。

**睡眠：**
午睡の環境については，第8章 ❸ 「眠る」参照

### ❷　個々の生活リズムに対応できる環境

発達の差の大きいこの時期に，生活リズムの異なる子どもたちが心地よく安心して過ごせるよう，「食べる」「寝る」「遊ぶ」「清潔」という4つの生活ゾーンを工夫してうまく区切り，それぞれの子どもたちに対応できるような環境にすることが必要である。例えば，安全に静かに休息や**睡眠**をとるために，ベッドの位置や配置を工夫したり，一段高くしたスペースを設けている保育園もある。また保育者が室内の子どもたちの動きをしっかり観察できるように低く設置した棚やついたてで「食事」と「遊び」のスペースを仕切り，子どもたちが落ち着いて食事や遊びに集中できるように工夫している保育園も多く見られる。（❸）

❸

### ❸　衛生的な環境

体を清潔に保つための沐浴室やおむつ交換，着替えを行うスペースは，必要な時にスムーズに対応できるよう保育者の動線を考慮した配置を考えることが必要である。また感染防止のため，排泄物の処理，手洗い，消毒など衛生面を考え，用意する備品や置く場所についても配慮が必要である。（❹❺❻❼）

## 2 1・2歳児の生活と環境

### 1 生活リズムがとりやすい環境

1歳児は，個人差も大きく，長い時間元気に活動している子どももいれば，途中で疲れて休みたがる子どももいる。それぞれの子どものペースで園生活を過ごすことができるよう保育室の中に動き回れる場と疲れたときに休息がとれる場や空間が分けてあることが望ましい。(❽)

❽

### 2 清潔の習慣を身につける環境

1歳を過ぎると尿意を自覚できるようになり，日中の排泄間隔が長くなってくるため，おむつが汚れていないときに，便器に座らせてみると反射的に出ることがある。この時，明るく開放的な雰囲気で子どもたちの身長に見あった大きさや高さで清潔に保たれた気持ちの良いトイレの環境は，トイレに行くことへのとまどいや抵抗を和らげる。(❾)。

保育園では，3歳以上の子どもたちのトイレは，保育室の外に個室を設けることが多いが，1・2歳児では，保育室の中に保育者も付き添えるオープンスペースのトイレを設けている。(❿)(2歳児トイレ)(8章 2「排泄する」参照)

また，排泄後，園庭で遊んだ後，散歩から帰ってきた時，そして食事の前と感染症を予防し，清潔に保つ手洗いの習慣を身につけていくためには，整備された環境が必要である。子どもの身長に合った手洗い場の設置や石けんの用意，1歳児クラスでは，ペーパータオル(⓫)，2歳児クラスでは手を拭く個人のタオルがすぐ近くにかけてある(⓬)など年齢に合わせた対応がなされている園もある。ちょっとした配慮で基本的生活習慣を身につけていけるようにしたい。

| ❾ | ❿ |
|---|---|
| ⓫ | ⓬ |

## ❸　主体的に自らの生活をつくり出す環境

1歳半を過ぎる頃から、スプーンを使って食事をしようとする、歯ブラシで歯を磨こうとする、パンツや靴を自分で履こうとするなどの姿が見られる。こうした「ジブンデ」という気持を受けとめ、保育園では、様々な環境の工夫をしている。ある保育園では、食事の時に1歳児の両足が床につかずに安定しないため、椅子に手づくりの足台をつけて安定して食事ができるようにしている。(⓭) また背の低い子どもが利用できるよう同じ足台のついた椅子を洗面台の前に置いている。(⓮)

⓭｜⓮

また着替えの場所には、自分で出し入れできるよう収納された衣類かご、を置くなど意欲をもって取り組めるような工夫がなされている。(⓯) 自分の持ち物や場所がわかるように一人一人の名前と共にマークなどを靴入れや上着かけなどに貼っておくことも自立を進めていくための工夫である。(⓰⓱)

⓰｜⓯
⓱

## ❹　様々な体験のできる環境

子どもたちは、身近な動植物を実際に見たり、触ったりすることで、それらに親しみや興味をもつことができる。保育園に隣接したグラウンドの大きなプラタナスやドングリの木は、秋になると実を落とす。子どもたちは、それを拾って遊び、夏には草むらで跳ねるバッタを追いかける。自然一杯の環境は、子どもたちにとって良い遊び場となる。(⓲⓳⓴㉑)。

また別の保育園では、2歳児が散歩の途中で、食育のために育てているゴーヤを手にして「これゴーヤ」と教えてくれる。(**22**) 保育者や調理員から名前を教えてもらったのだろうか。苦くて子どもが好んで食べるものとは思われないが、このように身近なところで目にして触ることができると、その形や色、手触りなど体の感覚を伴う体験を通して関心をもち、しっかり記憶されることだろう。

散歩の途中で自分の家族や保育園の職員以外の地域の人々と挨拶を交わせることも、子どもの世界を広げていく良い体験である。(**23**)

## 2　3歳未満児の遊びと環境

### ❶　0歳児の遊びと環境

保育所保育指針の「乳児保育に関わるねらい及び内容」には，「健康な心と体を育て，自ら健康で安全な生活をつくり出す力の基盤を培う」と記載されている。健康で安全な生活をつくり出す基盤となるのは，まず自分の身の回りにある様々な環境に働きかけると変化が起きるという発見と喜びから始まる。

例えば，目覚めている時間が長くなる生後3か月頃から，あおむけの姿勢の時に少し持ち上げられるようになった自分の手を眺め，手を発見する。その手で触れたり，握ったりしながら人やものの感触の違いを感覚的にとらえる。さらに保育者から優しく言葉をかけられ，抱かれることで心身の快適さを感じることができ，身体感覚も育まれていく。こうして自分の働きかけを通して心地良い環境を味わう経験を重ねていくことによって，周りの人やものに自分からかかわりを求めて自分の身体を動かそうとする。この時に安心して伸び伸びと身体を動かせる環境は，探索活動を促し，心身共に発達していく生活をつくり出していく。

0歳児では，個人差や月齢の違いによって発達に大きな差が出る。全ての子どもが満足いく探索活動を行うためには，一人一人の子どもについて，今，どの発達過程にあり，何に興味を持っているのかを保育者がしっかり把握しておかなければならない。そしてこれまでの生活や遊びの中での経験を通して子どもが身につけてきたことを頭に置いて，この先どのように発達していくのかといった見通しをもって，適切な玩具を選び，遊びの場の工夫をしていきたい。子どもの視野に合わせた玩具は，近づいて触りたいという好奇心を誘う。（❷）

音や目で見た動きを楽しむ，（❷）自分でなめたり触ったりしながら感触を確かめる，（❷）自分の動きに合わせて音がしたり，ものが変化するのを楽しむなど子どもの発達過程によって用意する玩具も異なる。ハイハイを始める時期になったら，十分に動き回れる広いほふくスペースが

> 保育所保育指針：
> 第2章保育の内容　2
> 1歳以上3歳未満児の保育に関わるねらい及び内容

❷

❷

❷

必要である。玩具も手づくりのものを含め，一人一人にあわせてどのようなものを用意したらよいかを考えることが必要である。発達にそくした玩具に関しては，7章 **2** 表7－2「手指の動作の発達と玩具」を参考にすると良い。

### **2**　1歳児の遊びと環境

1歳になると運動機能が発達し，興味・関心のあるものには自ら近寄り，多少傾斜がある場所でもしっかりと脚を踏みしめ，手をうまく使ってよじ登る事ができる。このように室内でもマットの坂で全身を使った安全で楽しい遊びが展開する。(㉗)。

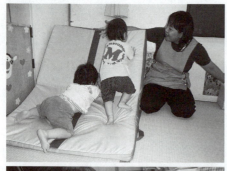

また1歳児では，ものの名前がわかり，大人に絵本を読んでもらっている時に知っているものの絵を見つけ，指さして伝える。「かめさんのあかちゃんがいるね。」と絵本を指さすと同じところを指さす。(㉘)。

絵本は，こうした大人とやりとりを通して言葉や自分の世界を広げていく大切な環境のひとつとなる。

㉗
㉘

### **3**　2歳児の遊びと環境

語彙が急激に増え，行動範囲が広がり，象徴機能の発達により，簡単なごっこ遊びを楽しむ時期である。「見立て遊び」や「ごっこ遊び」が楽しめるようおままごとコーナーを設け，使いやすく見立てやすい素材や道具の準備や工夫をすることで，子どもたちは想像力をふくらませ，日常生活を再現した見立てやごっこ遊びを展開する。新しい玩具や備品の購入が難しい園でも，リサイクルや手づくりのものを利用するなど工夫することで環境を整えることができる。(㉙)。そして玩具は子ども自身で出し入れしやすいように設定し，片付けやすいようにかごで分類したり，イラストや写真を貼ったり，収納の仕方を工夫すると良い。(㉚)。

またこの時期には走る，跳ぶ，登る，押す，引っ張るなど様々に身体を動かす体験するための環境構成も必要である。園庭での追いかけっこや少し高い所から飛び降りる，トンネルをくぐるなど地形や遊具などを利用しながら子どもの興味や関心に合わせて全身を使ういろいろな遊びを一緒に楽しみたい。

㉙
㉚

## 3　3歳以上児の保育に移行する時期の保育

　3歳を過ぎると，運動機能がますます発達し，遊びの幅が広がり，活発に遊ぶようになる。また基本的な生活習慣もほぼ自立できるようになり，一日の保育施設での生活の流れを見通して，食事の前や排泄の後に手を洗うなどの行動を自分から進んで行えるようになる。理解できる語彙の数が急に増え，知的興味や関心も高まってくる。仲間と遊ぶことが楽しくなり，仲間意識が芽生え，集団で遊んだり，力を合わせて一つのことをやり遂げようとする姿が見られるようになってくる。この時期には，子ども一人一人の自我の育ちを支えながら，集団として活動の充実が図れるような保育者の援助が必要である。

### ❶　個別指導計画からクラスの集団生活での計画へ

　年齢別にクラスを編成する保育所等においては，2歳児クラスも3～4期（9月～翌年3月）になると多くの子どもたちが3歳のお誕生日を迎える。そうするとこれまで作成していた個別の指導計画に代わって，主にクラスの集団生活での計画が中心になる。移行期には新しい環境の変化に不安を感じる気持ちに寄り添い，安心して過ごせるよう配慮が必要である。

> 指導計画：
> 指導計画に関しては，第5章／❸全体的な計画と指導計画の作成（p.87）参照

### ❷　自我の育ちと自律の芽生えを支える

　子どもは2歳頃には自我が育ち，自己主張が強くなる。「～する？」という誘いかけにも「イヤッ」，「これでおしまいね。」と伝えても「モット」と言って聞かない。また「ジブンデ」と自分で何でもやってみたいけれど思い通りにいかずに泣いたり，怒ったりすることも多く見られ，対応が難しい。

　泣いた時に「泣かないの！」と言ったり，怒った時に「そんなに怒らないの！」と子どもたちの感情を抑制しないことが大切である。混乱し，葛藤の中にある子どもの気持になって「泣きたいときには泣けばいい。」と温かく支え，見守ることも必要である。子どもに力が育っていれば，自分で感情を沈め，気持ちをきりかえられることができるようになる。困難にあっても自分を支えてくれる信頼できる人がそばにいることで，立ち直れるようになっていく。自分の気持に寄り添い，悲しみも喜びも一緒に共有してくれる大人との信頼関係をしっかりつくることが葛藤を乗り越えていく原動力となる。子どもはほめられることで自信につながり，自尊感情をもてる。この時期，保育者は子ども一人一人の思いを大切に，小さなつぶやきに耳を傾けながら子どもの自我の育ちと自律の芽生えを支え，丁寧にかかわらなくてはいけない。

> 自我の育ち：
> 自我の育ちに関しては，第9章／❷人とかかわる／❶対人関係の発達の概要／❸1歳半～2歳半－自我の拡大期（p.182），❹2歳後半～3歳前半－自我の核ができる（p.185）参照

## 4　3歳未満児の発育・発達を踏まえた援助や関わり

### 1　0～4か月

　乳児は妊娠から母親の胎内で約40週を経て成長し、体重約3kg、身長50cmで生まれてくる。出生前の発育も生まれてくる乳児にとっては非常に重要である。近年、超音波画像による胎児の胎内での様子が観察できるようになり、胎児期からの発達と胎内環境が胎児に及ぼす影響についても一般に知られるようになってきている。乳児保育を行う場においては、周産期（妊娠22週から出生後7日未満までの期間）の状態もしっかり把握しておくことが必要である。

　新生児（生後4週間）はまだ脳の機能が未発達で、原始反射が見られ、自分の意志で身体を動かすことができず、授乳とおむつ替えの時以外は一日のほとんどの時間を眠って過ごしている。生まれて間もない乳児は養育者からの保護や世話を受けなければ生命を保持することができないが、発達していくための力を持っている。泣く事で養育者に不快を知らせ、また新生児が見せる微笑み（生理的微笑）は養育者に思わず微笑みや声かけを誘う。この生理的微笑は2か月以降、あやすと笑う社会的微笑へとかわっていく。また生まれたばかりの新生児の視力は0.02位とされるが、これは養育者の胸に抱かれた時に眼前20～30ｃmの距離に養育者の顔が見える視力である。授乳の時に養育者に抱かれ、顔を見つめ、優しい声を聞きながら心地良い時間を過ごすうちに次第に養育者を判別できるようになっていく。

　新生児期を過ぎると乳児は目覚めて機嫌の良い時には泣き声以外の声を出すようになり、養育者がその声に応えることを繰り返し、まるで会話しているかの様なやりとりが行われる。こうした乳児期初期からの泣きや笑い、声に養育者が応え、乳児が心地良い体験を積み重ねていくことが、その後の発達の基盤を築く。

　3か月頃までの乳児は首がぐらぐらして不安定なため、ひじに乳児の頭を乗せて、首を支えるようにして横抱きすると安定して、保育者と乳児の双方の顔が合いやすく、アイコンタクトがとりやすい。乳児には抱く人の不安な気持ちが伝わるため、授乳に際してはゆとりを持って、落ち着いた雰囲気の中で優しく声をかけながらゆったりと行うことが望まれる。

　乳児期初期の頃は、授乳、排泄、睡眠の生活のリズムが定まらず、眠っている時間が非常に長いため安心して眠り、落ち着いて乳が飲める環境は大切である。不快を感じた時には泣いて訴えるため、保育者はこの泣きに優しく応え、話しかけながら泣きの原因を探り、乳児の思いを受け止めるつもりで

---

**胎児期からの発達：**
❶運動の発達―妊娠9週目くらいからようやく人間とわかる形へと近づき、「胎児」と呼ばれる。すでにこの頃から母親の胎内で動き始めているが、母親が胎児の動きを感じるようになるのは妊娠16～20週頃である。
❷聴覚の発達―受精から5～6週目、ほとんどの女性が妊娠に気づかない時期に、すでに胎児の身体に耳の基となる穴ができ、脳の形成と共に耳を作る準備が始まっている。20～21週頃にはこの穴を通して入ってきた刺激を音として伝える聴神経が脳と結ばれる。そして24週頃には聴覚器官が一応完成し、外からの家族の声やテレビの音などが母親の腹壁を通して胎児の耳に入り、また母親の体内から直接伝わる心臓の鼓動や血液が流れる音も聞こえるようになる。
❸視覚の発達―胎齢14週頃の胎児はまぶたを閉じたまま眼球を動かし、24週頃には閉じていたまぶたが開くようになり、明暗が感じられるようである。胎内でも光を感じることができ、視覚が発達する準備が始まっている。

**胎内環境：**
胎児は母親の胎盤を通して酸素、栄養素など生存に必要なものの供給を受けている。そのため、母親が風疹などの感染症にかかると先天的な障害を残す可能性があるとされ、過去にはある種の薬剤を常飲したために胎児の発育や身体の発育に重大な影響を与えた例もある。また妊婦のアルコール摂取による影響は様々な発育障害を引き起こし、妊婦の喫煙は低出生体重児が生まれる頻度を上げ、また乳幼児突然死症候群による死亡率を高めるとされている。妊娠期に母子共に健康である為の環境は大切である。

抱きあげることで安心感が伝わる。ミルクを飲ませたり，おむつを替えることは単に生命維持のための世話をするというだけではなく，乳児が安心してまた心地良い眠りにつき，情緒が安定するための保育者との大切な触れ合いの時間である。

　新生児期を過ぎると，乳児は目覚めて機嫌の良い時には，泣き声以外の「ア〜」「ウ〜」といった声（**クーイング**）を出す。こうした声に保育者が笑顔で同じような声を出したり，話しかけて応えることで，まるで会話しているかの様なやりとりが行われる。生まれて間もない時期から乳児には人の表情や感情を感じとる力があり，言葉になる前の乳児からのこうした発信に丁寧にかかわり，応えていくことで，人とのかかわりや情緒，言葉の発達の基礎が築かれていく。

　3か月を過ぎる頃には，首が安定してきて，手足の動きも活発になる。動くものを目で追い，あやすと声を出して笑うようになり，保育者と乳児双方の間に共有できる気持ちの交流が実感できる。目覚めて機嫌の良い時に一人で自分の手を眺めたり，なめたり，周囲の玩具を見つめたり，周囲のものに興味や関心を持ち始める。このとき保育者が乳児の様子を見ながら，関心の向く玩具を用意し，相手をすることで乳児の世界を広げていく手助けとなる。

（前頁）原始反射：
第7章（p.102）参照

（前頁）生理的微笑・社会的微笑：
第9章（p.178）参照

（前頁）アイコンタクト：
第9章（p.178）参照

（前頁）睡眠の生活のリズム：
第8章／図8－10（p.148）参照

クーイング：
第9章（p.188）参照

### 2　4か月〜6か月未満

　4か月になると首が安定して，腹ばいの姿勢をとらせると自分で頭を持ち上げた姿勢をしばらくとっていられるようになり，5か月頃からは仰向けで寝ている状態から腹這いの姿勢に，腹這いから仰向けへと寝返りをうてるようになる。またしっかりと両腕を伸ばして手のひらで身体を支え，頭を持ちあげられるようになり（❸❶），腹這いのまま目の前の玩具を口に持っていって舐める。

　この頃からは動きが活発になり，目覚めている時間も長くなってくる。目で見たものに自分から手を伸ばしてとることができるようになると，手と口を使って触ったり，なめたりする探索活動が活発になる。安全で清潔に保てる様々な感触の異なる玩具を用意して探索活動を充実させていくことが必要である。ハイハイの姿勢だけではなく，5か月頃には両手の指を広げ，手を開いて物をつかもうとするため，両手を用いて遊べるように支えのある椅子に座らせる等様々な活動を支える環境を整えたい（❸❷）。

　この頃には，支えに寄りかかって座る姿勢もとれるようになり，あやされて声を出すだけでなく，呼ぶような声を

❸❶

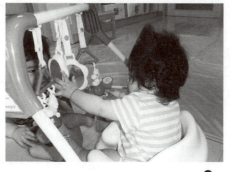
❸❷

発し，親しい人の顔がわかって自分から微笑みかける。

> ●事例4－1　かまってほしい（0歳児クラス）
>
> 　夏の一日，保育園の保育士に交じって，一日保育参加した。朝9：00過ぎ，早くから登園してきているA（5か月）がぐずり始め，プレイジムの前に座らせて気分をかえようとしても泣いて反り返る。肩にもたれるように縦抱きすると，その肩をしきりに吸う。担当保育士がミルク200ccを飲ませると，落ち着いてベッドで眠る。眠りから覚め，外気浴に出て帰ってくると床の上でしばらく腹ばいになって玩具で遊んでいたが，月齢の高い子どもたちが順番に昼食を食べ始める頃になると，再び泣き始め，そばに寄るとこちらの顔を見ながら訴えるように激しく泣く。抱きあげて膝の上に立たせると泣きやんで脚を突っ張り，周囲の子どもや明るい窓の外の方に目を向ける。顔を見ながら「Aちゃん，もうお腹すいたのかな？もう少し遊んでようね。」と声をかけ，Aをのせた膝を軽く上から下に下がるように「ヒュードン」と言って動かすと，口に指を入れたまま声をたてて笑う。

　この頃の乳児はまだ泣く事で自分の欲求や意思を伝えようとする。泣きの中にはいろいろな気持ちが込められ，この気持ちを汲んで保育者が応え，心地よい体験を積み重ねていくことで，乳児は自己肯定感を築くことができ，生涯にわたる人間関係の基礎を培い，健康な心身の発達に結び付けていく事ができる。0歳児のクラスでは，月齢によって，また個々の子どもの持つ気質，家庭状況によって，その発達の状態は異なり，一人一人の状態に合わせた応答的な保育が必要となる。事例Aでは「かまってほしい」と訴えて泣き，その泣きに応えることで次の行動に移ることができた。

　児童福祉施設の設備及び運営に関する基準において，保育士の数は乳児おおむね3人につき1人以上と定められているが，食事の支度に忙しい時，寝てほしい時にぐずって泣く乳児も多く，実際には複数の要求に対してすぐに応えることは難しいだろう。しかし保育者には，いかなる状況においても子どもからの発信をキャッチできるゆとりとその泣きが何故起こるのか原因を探り，対応できる力が求められている。中には，大人しくあまり泣いて訴えることをせず，手がかからないと思われがちな乳児がいる。手がかからないと思ってそのままにせず，タイミングをみて声をかけ，表情や仕草や動きを見ながらスキンシップの時間を取り，必ずかかわりをとるようにすることが大切である。

### 3　6か月～1歳未満

　6か月頃からは日頃自分の世話をしてくれる人，いつも声をかけてくれる人と見慣れない人の区別がついてきて，愛情をこめて自分を無条件で受け入れ，かかわってくれる保育者との間に形成された愛着関係が強まる。

　この頃から保育者には「マンマン」「アブアブ」といった喃語をさかんに

発して関わりを求め，動作を真似たり，保育者とのかかわりを楽しむようになる。(❸❸)

一方，知らない人に対しては不安そうな顔をしたり，声をかけられると泣いたりする。生後6カ月を過ぎると背中を伸ばして安定したお座りができるようになり，腕や手先を自分の思い通りに動かせるようになるため，いろいろなおもちゃを両手で持って操り，食べ物を片手でつかんで口に持っていくことができるようになる。(❸❹)。

周囲の人や物に対する興味，関心が高まり，個人差はあるが，8か月頃からは興味がある物を見つけると，そこに向かって手のひらと膝で身体を支えてハイハイをしていく。(❸❺)。

この頃，ほふくスペースに腹這いの姿勢をとらせ，手の届きそうな少し離れた場所に玩具を置いたり，そこで保育者が動かしたりすると，子どもはそれを目指して這って行ってつかもうとする。つかんだ玩具を振ったり，床に打ちつけたり，ボールのように転がっていくものならば，追いかけていくようになる。こうしてものとの新たなかかわりの発見やものを打ちつけた時に聞こえた音や感触，ものの性質による変化などを楽しみ，認知機能の発達とともに子どもなりに遊びを発展させていくことができる。(❸❻)。

9か月頃には手を使わなくてもしっかりしたお座りの姿勢を保つことができ，座ったまま両手を自由に伸ばして物をつかむ。また片手に物を持ちながら，もう一方の手を離して別の物に手を伸ばしてつかむこともできるようになる。

●事例4－2 （0歳児クラス　8月）

保育観察に訪れた保育園で、園庭に置かれたぬるいお湯を張ったベビーバスに座り、水面に浮かべられたおもちゃで遊ぼうとしていたB（9か月）は、見慣れない来訪者が側に近付くと、顔をじっと見て泣き出す。担当の保育士がBの正面に顔を近づけ「Bちゃん、大丈夫。」と言って優しく体を支えて相手をすると泣きやみ、再び水面に浮かんだ魚のおもちゃをつかもうと夢中になり、その後は後ろから見ている来訪者の方は振り向きもせず、遊び始める。㊲

　6か月を過ぎると見知らぬ人に対して、不安な表情を見せるようになるが、事例でもBは日頃から泣きに応え、かかわってくれる保育者といつもは見かけない人をはっきり識別して泣いた。この時のBにとって、見知らぬ人が近寄ることは不安だったのだろう。保育者が声をかけ、体を支えて安心させたことで、不安な気持ちが受け止められ、保育者を安全基地としてまた活動に戻っている。

　手指や運動機能が発達し、周囲の物や人に対して関心が広がっていく時期、乳児が安心して楽しい自由な探索活動が行えるように安全に配慮しながら環境を整え、保育者は乳児が求める時にすぐに手を差し伸べられるようにその主体的な活動を見守る姿勢が大切である。

　個人差があるが、1歳頃までには多くの子どもがハイハイやつかまり立ち、つたい歩きを始める。周囲の人や物に対する興味、関心は一層高まり、手指の機能が発達して10か月頃からは一本の指と他の指とが別々の動きをすることが可能になり、親指と人さし指で小さな物をつまむ、指先でスイッチを押す、ビンの蓋をねじって開けるなど身近にあるものの操作を試みる。またこの頃から大人から向けられた気持ちや簡単な言葉が分かり、自分の意思や欲求を指差しや身振りで伝えようとする。散歩の時に車が見えて、子どもが指さしたなら、「ブーブ見えたね。」と指さした対象のものをことばに出して伝えることで、「ブーブ」という音声と目にした車とが結びついて、このことが言葉の獲得につながっていく。

　乳児同士でも自分と同じような子どもの存在に気付き、興味を示す姿が見られる。㊳。同じ場にいて同じ遊具を手にしたり、ものを介したやり取りも見られるようになってくる。この時保育者が声をかけて仲立ちし、一緒に楽しく遊ぶ体験を重ねていくことで、その後の子ども同士のかかわり合い

の育ちにつながっていく。

### 4　1歳〜1歳6か月

歩けるようになった子どもたちは，活動の場が広がり，友だちのしていることに興味を持って，同じことをやろうとしたり，持っているものを欲しがったりする。指先は単に物をつまめるだけではなく，うまくコントロールできるようになり，容器に物を入れたり，積み木をいくつも重ねたりする。(㊴)。このとき，こどもの興味，関心に合わせて，てづくりのものを含め，様々な玩具を用意することが必要である。食事の場面では1歳頃からコップを自分で持って飲む，フォークやスプーンを使って食べようとするなど次第に自分でやろうとすることが増えてくるため，この自分でやってみようという気持ちを大切にして，「できた！」という喜びがもてるよう援助することが必要である。言える単語の数が次第に増え，絵本を指さして物の名前を言ったり，絵本を読んでもらうことを喜ぶようになる。

㊴

---

●**事例4−3　かして（1歳児クラス　7月）**

　この夏，保育園での初めての水遊びの日。大きなたらいにはぬるいお湯が張られ，水遊びの玩具が用意されている。C（1歳4か月）がたらいの中の玩具を取ろうとしたところD（1歳11か月）が先に手を出してその玩具を取ってしまったため，CはDがつかんだ玩具を取ろうとその玩具に手をかけ，二人の間で取り合いになる。そばにいた保育士がすかさずCに「Cちゃん，（Dちゃんに）かしてって」と声をかけると，まだ「かして」の言葉が言えないCは保育士に教えられた手のひらを上に重ね合わせて，軽くたたく仕草でDに「ちょうだい。」のサインを送る。するとサインを送られたDは「どうど」と片方の手に持っていたおもちゃをCに差し出す。（㊵）

---

　1歳を過ぎてもまだ言葉でうまく自分の要求や思いを言葉にすることが出来ない子どもたちの遊びの場では，すぐに手が出て，物の取りあいになることが多い。しかし，1歳3か月を過ぎる頃には大人の言うことを理解し，物のやり取りができるようになり，物の取り合いも保育者がかかわることで集団の中でのルールを知り，友達と楽しく遊ぶためにどうすればよいかを身につけていく機会となる。

　この事例では，保育者が日頃から取り合いになった時に言葉で意思を伝えられない子どもにも相手に意思を伝えることができる共通のサインを教え，言葉をかけたことでうまくコミュニケーションをとることができている。この頃の子どもたちには自我の育ちを見守り，その気持ちを受け止めるととも

に，保育士等が仲立ちとなって，友達の気持ちや友達との関わり方を丁寧に伝えていくことが大切である。

> **●事例4－4 （0歳児クラス　8月）**
>
> 　この日の昼ご飯は冷やし中華，0歳児クラスの子どもたちはフォークで懸命にすくっては口の中に入れようとするが，なかなかうまく入らない。1歳になったEも左手でフォークを下から握り持ちしてすくい，わずかにひっかかった麺を口に運んでいたが，最後はお椀の中に右手を入れて手づかみで食べ始める。

　0歳児クラスでもすでに1歳を過ぎ，幼児食になっている子どもたちは年長児たちと同じメニューの食事になるが，この頃の子どもたちにとって，まだスプーンやフォークを使って食べる事は難しい。調理の段階で麺は扱いやすく，口に入れやすいように短くカットしてあるが，それでも麺をフォークの間にはさんですくい，それをうまく口の中に入れて食べることは至難の業である。しかしそれぞれの子どもたちは麺をうまくすくえなくても，一生懸命それぞれの発達に応じた持ち方でフォークを持って，口に運ぼうとする。最後は手づかみで食べても，食事に付き添う保育者は子どもたちが自分で食べようとする様子を大切にそっと見守っている。そして子どもたちが必要とした時にそっと手を添えて介助している。

　保育者から離乳食を食べさせてもらっていた月齢から幼児食を自分で食べるまでに成長した子どもたちにとって，身の回りにある全ての物に関心があり，自分でやってみたいという気持ちで一杯である。健康，安全に配慮しながら，この意欲を大切に育てていきたい。

### 5　1歳7か月～2歳未満

　この頃から片言の言葉を使って保育者とのやりとりが楽しめるようになる。保育者が子どもの発する言葉に耳を傾け，丁寧に応答し，やりとりを重ねていくことは，子どもが自分の気持や思いを相手に伝えようとする意欲を育むことにつながる。日常の挨拶から生活，遊びの中で丁寧に温かく言葉をかけながら関わるよう心がけなければならない。子どもが言葉に出せなくても表情や態度などで表した気持ちを丁寧に受け止め，応えていける保育者でありたい。

　また絵本は，子どもに新たな言葉との出会いをつくり，言葉の感覚や語彙を豊かにし，イメージの世界を広げる。この時期の子どもは，物語よりも言葉そのもの音やリズムの響きがもつ面白さを楽しみ，保育者に繰り返し読んでもらうことで耳にした言葉を自分の中に取り込み，その言葉を使うことを楽しむようになる。保育者は，子どもが興味や関心をもって言葉に親しめる

ように適切な絵本を選び，読み聞かせの時間を大切にしてほしい。

　２歳近くになると活動が活発になり，様々な遊びを展開し，友だちどうしのやりとりが見られるようになってくる。集団生活の中でこそ体験できる子どもたちの主体的で楽しい活動がうまく展開できるように配慮しなければならない。

●事例４−５　水って楽しい！（１歳児クラス　８月）

　プールの中に入らず，水道のそばにやってきたＦ（２歳）が上に向いた蛇口をひねると勢い良く水が噴き出してくる。Ｆは噴水のように高く噴き出してきた水が落ちて地面で水しぶきとなって跳ね返る様子を面白そうに眺める。そのうちにシャワーと別の水道栓の方に移動して，蛇口を全部ひねって，水が勢いよく上から落ちてくるのを楽しむ。するとプールに入っていた他の１歳児クラスの子どもたちが集まってきて，同じように自分たちで蛇口をひねっては出てくる水を手に受けて楽しむ。（㊶）

　回す，ねじる等指先の力の入れ方をコントロールできるようになった１歳児クラスの子どもたちにとって，これまで大人である保育者だけが使っていたシャワーや水道栓を自分たちがひねったことで水が噴き出してくるという喜びは大きい。またプールの中の水と違って，勢い良く流れる水を手に受けてその感触を楽しみ，シャワーのホースを使って雨のように上から落ちてくる水を操るという経験はとても楽しいことである。家庭ではこのように大勢で噴水や雨になるように水道栓を思いっきり開けて遊ぶということはなかなかできないであろう。保育園でのこうした水と思いっきり戯れる経験は大切である。

●事例４−６　私もやりたい！（１歳児クラス　８月）

　プールで遊んでいた１歳児クラスの子どもたちが，水道栓やシャワーの所で遊び始めるが，シャワーのホースを誰が持つかで取り合いになる。ところが，水道のそばにいた子どもがいきなり蛇口をひねったために勢い良くシャワーの水が噴き出し，「キャー！」と歓声があがって，皆で一緒に持って遊び始める。（㊷）

物への関心が高まり、2歳近くなると自我が育ち、要求が強くなるため、「これがほしい。」「これがしたい。」と同じ要求をめぐって物の取り合いも見られる。保育者が子どもたちを見守り、楽しい環境を用意することで、仲間と一緒に遊ぶことの楽しさが体験として残る。

### 6　2　歳

2歳を過ぎると走ったり、高さのある所から跳び下りたりできるようになり、行動範囲が広がる。指先の機能が発達し、保育者の指先の動作を真似て、折り紙を折ろうとしたり、食事も着替えも自分でしようとする。また排泄の自立のための身体的機能も整ってくる。一人でできることが増えてもまだまだ保育者に甘えたい時期である。大勢の子どもたちのいる集団保育の場であっても一人一人の子どもたちの気持ちを保育者が大切に受け止め、子どもたちが自分の気持ちを安心して表すことができるようにすることが大切である。語彙が急激に増え、単語を2語つなげた2語文でさかんにおしゃべりし、3歳近くなると保育者とは話題にそったやりとりが続くようになる。

2歳後半では「大きい、小さい」「長い、短い」といった比較がわかるようになり、自分の意思や欲求を言葉で表出できるようになる。保育園の外の

❹❹

自然や人にも関心を向け、行動範囲が広がり探索活動が盛んになる中、自我の育ちの表れとして、強く自己主張する姿が見られる。盛んに模倣し、物事の間の共通性を見いだすことができるようになるとともに、象徴機能の発達により、大人と一緒に簡単なごっこ遊びを楽しむようになる。保育者が様々な素材やごっこ遊びが出来る環境を用意し、充実した遊びが展開できるよう工夫することが大切である。(❹❹)

●この日の2歳児は寒天で固め、赤や青の着色料で染めた柔らかい素材をプラスチックのナイフやヘラを使ってお料理を作る遊びが始まる。丁寧に刻むこども、切ったものをお皿やカップに一つ一つ丁寧に入れる子ども、それぞれが真剣に作っている。

2歳になると指先の機能が発達し、自分の思う通りに道具を操る事が上手になってくる。家庭での生活の中で母親がお料理を作る姿を目にしたり、少しお手伝いしたりすることで、それを模倣し、素材を使った見たて遊びが展開できるようになる。この保育園では、こうした日常生活につながる内容を意識しながら遊びを通して自分達で作る喜びを味わってもらおうとしている。

2歳半頃からは保育園での日常生活の流れやルールがわかって、一人でできることが増え、保育者の手をかりずに何でもひとりでしようとする。(❹❹)

また友だちを遊びに誘い，一緒に遊ぶようになるが，「自分はこうしたい。」という思いが先に立って，集団でのルールが守れなかったり，うまく言葉で伝えられないためにぶつかり合いが起きる。まだ自分たちで解決できないため，保育者の助けが必要である。

㊺ ㊻

## 5　3歳未満児の発育・発達を踏まえた保育における配慮

### ❶　0歳児の保育における配慮

#### 1　事　故　予　防

　0歳児の保育内容においては養護の割合が大きく，子どもの24時間を視野においた保育を考えなくてはならない。そのためには，朝の受け入れ時に保護者から前日家庭ではどのような状態で過ごしていたのかを聞き取りながら，機嫌，顔色，皮膚の状態，体温，泣き声，全身の状態など通常の健康状態と比べて変わった様子はないかどうかをしっかり視診することが必要である。

　特に **SIDS**（乳幼児突然死症候群）の発症や**睡眠**中の死亡事故は0歳児に最も多く見られる。そのため，睡眠中は室温，湿度に注意しながら，子どもの顔色，呼吸の状態などをきめ細かく観察できる明るさを保ち，定期的に子どもの状態を確認することが大切である。各園では，睡眠時チェック表（図4-1）を用意し，月齢によって5〜10分毎に呼吸，一人一人の顔色，身体の向き，寝具の状態等を確認している。

　また，乳児期初期からひとりあるきができる1歳頃までは，様々な事故の危険が考えられる。図4-2は子どもの運動機能の発達の目安と起こりやすい事故について表にしたものである。

SIDS：
第8章／❸眠る❷保育園における午睡（p.149）参照

睡眠：
第8章／❸眠る❷保育園における午睡（p.148）参照

図4−1
午睡チェック表

　授乳の後には，保育者が必ずゲップをさせてから横向きで寝かせること，寝返りを始めたら，ベビーベッドの柵と敷布団の間にはさまってしまう隙間がないように気をつけ，寝かせる時は必ず柵を上げ，動いたときに首まわりが締め付けられる危険のあるよだれかけのひもは外しておくこと。
　また，腹ばいになって好きなおもちゃをつかんで遊べるようになると何でも口に入れようとするため，小さな玩具，ボタンなど口に入りやすいものが手の届くところにないように注意すること。3歳の子どもが口を開けた時の最大口径は39mm（トイレットペーパーの芯の筒直径位）で，のどの奥までは約51mmある，箸，歯ブラシなど51mm以上あるものはのみこめないが，太さ39mm以下で口に入るため，口腔内を傷つけたり，刺したりするので危険である。
　ハイハイを始める頃になると，ポットやヒーターなどを触ってやけどをする事故が起こりやすい。ポットは手の届かない所へ，暖房器具は必ず安全柵で囲うこと。つかまり立ちをする頃になると，高い所の物まで手が届くようになり，更に注意が必要である。
　つかまり立ちや伝い歩きを始めた乳児は，まだ不安定で，転んでテーブルや椅子の角に頭をぶつけたりしやすいため，そばについて注意すること。また5cmの深さでもたまっている水に顔がつかって溺れてしまうため，バケツや子ども用プールに水をためて放置することは絶対に避け，水遊びの時には，そばについて決して目を離さないこと。さらに図表4-2では，「抱いていた乳児を落としてしまう」ことは3か月位までの乳児に起こりやすい事故とされているが，実際の保育の場では，保育者が3か月未満の乳児から1歳

第4章 3歳未満児の発育・発達をふまえた保育 71

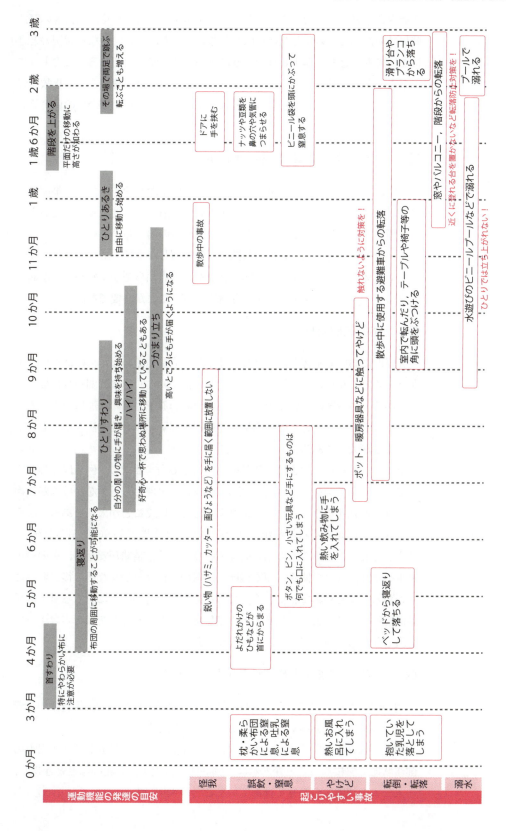

図4-2 子どもの運動機能の発達の目安と起こりやすい事故

(ウェブ版 国民生活 2012.10「子どもの発達と事故例(始まる次期)」を基に大村かが加筆修正 (2018年12月13日閲覧))

を過ぎた子どもまでを抱き上げたり，おんぶする機会は多く，災害等の緊急時にはおんぶして避難しなければならないこともある。いかなる状況のときにおいても子どもが落下しないように細心の注意が必要である。このように子どもの発育・発達に即して安全で安心できる保育環境をつくり，事故や怪我のないよう細心の注意を払うことは，子どもの命を預かる全ての保育施設の責務である。

### ❷　適切な判断に基づく保健的対応

　乳児は，抵抗力が弱く，感染症などの病気にかかりやすいため，集団保育における衛生管理や感染症予防対策を徹底し，清潔で心地よく過ごせるよう日々環境を整えることが大切である。集団保育の場においても，一人一人の発育・発達の状態，通常の健康状態を十分把握した上で，機嫌・顔色・皮膚の状態・体温・泣き声・全身状態など様々な視点から細かく観察し，疾病や異常は早く発見し，速やかに適切な対応を行うことが必要である。

### ❸　応答的関わり

　乳児期において子どもが心身共に健やかに成長していくためには，保育士をはじめとした身近にいる特定の大人との継続的かつ応答的関わりが最も重要である。生育歴の違いによって，目の前にいる子どもの状態は一人一人異なるが，そこから子どもの生活や発達過程を理解し，必要な働きかけをしていくことが大切である。

　また，子どもが声や表情，仕草や動きなどで表す要求に，例えばお腹がすいている時間であれば，「お腹がすいたのね。」と優しく言葉をかけながら抱き上げ，授乳するなど，タイミングよく応えていくことが大切である。こうした発信に応えてくれるかかわりを心地よいと感じ，人への信頼感が育つ。こうして安心できる人との相互的な関わりの中で，情緒が安定し，ものや出来事の意味，人との関係，運動機能，感情の分化など様々なその後の発達にかかわる経験を積み重ねていく。このため，この時期に人に対する基本的信頼感を獲得することは，生きていく基盤となるということを保育者は十分に認識しながら保育していくことが大切である。

### ❹　職員間の連携と専門性を生かした対応

　朝の受け入れの視診から降園時の保護者への引き渡しまで，保育所の全職員がその専門性を発揮してかかわることが重要である。

　授乳や離乳については，一人一人摂取量や離乳の時期は異なる。子どもの健康状態で気になることがあれば，嘱託医や栄養士，看護師などと連携し，一人一人の状態に合わせて進めていくことが大切である。詳しくは第6章「職

員間の連携」で触れる。

### 5  保護者との連携と保護者への支援

　乳児保育は，24時間を視野に入れて保育することが必要であり，保護者との連携は大変重要である。著しい子どもの成長，発達の様子や日々の保育について詳しく伝えながら，この時期の生活や遊びの意味や大人の役割を伝えていくことは大切である。また子どもの状態を正しく理解する上で，保護者から家庭での生活状況や食事，排泄，睡眠の様子を細かく聴き取ることは，子どもの状態を正しく理解する上でも必要である。保護者の仕事と子育ての両立を支え，育児の悩みや不安を抱える保護者の気持を理解し，送迎時には，笑顔で気持ちの良い挨拶と温かい言葉で迎えられるよう心がけたい。保護者一人一人の状況は様々であるが，それぞれの状況を理解し，日々の関わりの中で信頼関係を築きながら，子どもの成長や発達の喜びを共に味わえるようにしていきたい。

### 6  担当の保育士が替わる場合の留意点

　年度替わりや年度途中で，それまで担当していた保育士が替わる場合には，これまでのかかわりや環境の変化に乳児が不安になることのないようしっかりした引継ぎをすることが肝心である。具体的には，生育歴や発達過程における個人差だけでなく，それまでの家庭や保育園における生活や遊びの中での子どもの様子，好きな遊びや玩具，絵本についてなど，一人一人についてのあらゆる情報を担当者間で引き継いでいくことが必要である。そして周囲の職員は子どもと新しい担当の保育士との間に信頼関係が築けるよう協力し，温かいまなざしで見守っていくことが大切である。

## 2  1・2歳児の保育における配慮

### 1  日常状態の十分な観察と適切な判断に基づく保健的対応

　この時期の子どもは感染症にかかりやすいため，集団保育においては，一人一人の子どものわずかな体調の変化を敏感に察知し，感染症の早期発見に努めなければならない。不機嫌な状態や食欲不振，急な発熱や嘔吐他，多量の水分を欲しがる，だるそうに生あくびが出る時には注意が必要である。症状によっては，他の子どもから離し，嘱託医や看護師の指導の下で，保護者と連携をとりながら対策を考える必要がある。また日頃から室温，湿度の管理，換気に注意し，うがい，手洗い，消毒，個人タオルの日々の持ち帰り，ペーパータオルの利用等衛生面にも十分注意を払い，予防に努めることが大切である。

午睡中の死亡は２歳になった子どもでも発生している。一時預かりなど日常の状態がわからない場合には，保護者から日頃の状態とその日の健康状態など丁寧に聞き取り，睡眠時のチェックを怠らないよう注意が必要である。

### ❷ 安全で活動しやすい環境整備と様々な遊びの工夫

歩行の開始に伴い子どもの行動範囲が広がり，探索活動が活発になる。この時期の子どもは思いがけない行動をとって，ハッとさせられることが多い。事故を防ぐために子どもの手の届く範囲に危険なものがないように気をつけ，安全な環境を確保することが必要である。（図４－２「子どもの発達と起こりやすい事故の予防」参照）十分に全身を動かして活動できるよう，動線を考え，子どもの興味，関心に沿った遊具をどこにどう置くか，空間をどう構成するか，子どもの人数に対して保育士をどう配置するか，発達に即して考えるとともに，保護者に子どもが動きやすい服装を準備してもらうよう伝えることも大切である。

また，この時期はかみつきやひっかきなどの行為が多く見られる。こうした行為が出る背景は様々であるが，保育者が食事や次の活動の準備のために子どもに十分注意を向けられずに忙しく動いているときに起こりやすい。保育者間の連携をうまく図り，こうした行為が防げるよう努めたい。

### ❸ 情緒の安定と子どもの自発的な活動

自我が育ち，自己主張する場面が多くなってくるが，思い通りにいかないことも多く，まだ言葉で自分の気持をうまく伝えることが難しいため，思わず手が出たり，泣いたりする。このような時には，保育者が子どもの気持を十分に受け止め，その時の気持に沿った触れ合いやことばかけをして情緒の安定を図ることが必要である。そして子どもの主張したい気持ちを汲み取り，代弁しながらどうすれば良いか保育者がモデルを示しながらわかりやすく伝えることが大切である。気持ちが安定すると，好奇心が高まり，新たな発見や自分でできたことを保育者に伝えに来ることが多い。このように成長していく子どもの姿を十分に認め，共に喜び，共感していくことが，子どもの自発的な活動を支えることになる。

### ❹ 担当の保育士が替わる場合の留意点

年度替わりに担当保育士が替わる場合には，乳児と同様に子どもが不安にならないよう職員間で子ども一人一人のそれまでの経験や発達の状態などに関する情報を共有し，かかわり方が大きく変わらないように注意することが大切である。身体機能やことばの発達など発達の過程における個人差が大きな時期であり，特に配慮を必要とする点やその対応については，事前に十分

話し合い，理解しておくことが必要である。またこれまで対応してくれていた担当が替わることで不安を感じる保護者もいる。保護者には担当が替わることを伝え，良く話を聴き，保護者に安心してもらえるよう十分配慮することが大切である。

　親子共に新しい保育者との関係を築くことができるよう，全職員で協力し，対応することが大切である。

（大村）

---

**やってみよう**

❶ あなたの周りにいる3歳未満の子どもの「遊びの場面」や「食事の場面」を観察し記録してみよう。
❷ 発達過程区分ごとに発達の様子をまとめ，それぞれの時期に必要な保育者の関わり，援助について，気づいたことを話し合ってみよう。

---

**引用・参考文献**

- 汐見稔幸・小西行郎・榊原洋一責任編集『乳児保育の基本』フレーベル館 2007
- 小西行郎『赤ちゃんと脳科学』（集英社新書）集英社 2003
- 生澤雅夫・松下裕・中瀬惇編著『新版 K 式発達検査 2001 実施手引書』京都国際社会センター 2002
- 柴崎正行編著『子どもが育つ　保育環境づくり』学研 2013
- 宮里暁美監修『子どもの「やりたい！」が発揮される保育環境』学研 2018
- 今井和子監修『育ちの理解と指導計画』小学館 2014
- 「保育所保育指針」（2017年告示）
- 「保育所保育指針解説」厚生労働省 2008
- 汐見稔幸・無藤隆監修『保育所保育指針　幼稚園教育要領　幼保こども園教育・保育要領　解説とポイント』ミネルヴァ書房 2018

# 第5章
## 乳児保育における計画・記録・評価

　保育園における子どもの生活は，適切な日課により，遊びと休息，睡眠・食事・排泄などの健康な生活リズムが作られる時，楽しく安定したものとなり，健やかな成長が保障される。そのために保育園では保育の基本となる「全体的な計画」の編成とそれを具体化した長期，短期の「指導計画」を作成することになっている。さらに毎日保育の記録をとることにより日々，保育の質の向上をめざす事がもとめられる。とりわけ乳児保育においては家庭との相互の連絡を通して家庭と保育園が共に子どもを育てるという姿勢が保育の鍵となる。ここでは，これらのことについて考えていきたい。

　「全体的な計画」は，各保育所の保育の方針や目標に基づき，子どもの発達過程を見通し，それぞれの時期にふさわしい具体的なねらいと内容を組織・配列した保育園における養護・教育計画の全体である。すなわち全体的な計画は，保育目標（理想とする子ども像）に向けて0歳から就学までの各年齢の子どもの発達や家庭支援をも視野に入れた体系的な保育のアウトラインといえる（表5－1）。

　「指導計画」は，全体的な計画に基づいて，保育目標や保育方針を具体化する実践計画である。指導計画は個人またはクラスを単位として年間，月間，週，日など，さまざまある。指導計画は各クラスの担任の手で作成されるため，担任が子どもの実態をどのように把握し，理解しているかがポイントの一つになる。保育園や地域の環境，季節などを背景に保育の具体的なねらい

表5-1　全体的な計画（例）

| | | 保育内容 | | |
|---|---|---|---|---|
| 保育理念 | | | | |
| 保育方針 | | | | |
| 保育目標 | | | | |
| | | 0歳児 | 1歳児 | 2歳児 |
| 保育のポイント | | | | |
| 養護 | 生命の保持 | | | |
| | 情緒の安定 | | | |
| 教育 | 健康 | | | |
| | 人間関係 | | | |
| | 環境 | | | |
| | 言葉 | | | |
| | 表現 | | | |
| 環境・衛生管理 | | | | |
| 安全対策 事故防止 | | | | |

と内容，環境構成，保育士の援助など，担任として責任をもってクラス運営をするうえで必要な項目を入れている。乳児は一人一人の発育・発達や生活リズムが異なる場合が多いので，個別的な配慮に重点をおき，柔軟でかつきめ細やかな環境構成や育ちへの配慮が望まれる。

次にまず全体的な計画，指導計画の作成にあたって乳児保育として確認しておく必要があることを述べる。

## 1 生活リズムと保育園の日課

### 1 気持ちのよい生活

私たちの生活は，四季の変化や昼夜の移行が周期的に繰り返されるという自然界のリズムに沿って営まれている。日常生活でも活動の後には休息を求めるし，睡眠・食事・排泄などの生理的欲求も一定のリズムによって繰り返されている。大人にとっても子どもにとっても規則的なリズムのある生活は心地よく，健康の維持や増進のために基本となる大切な要素である。したがって，人が健康で気持ちよく生活していくためには，乳児期から毎日くり返される生活を，成長や発達段階に見合った体内リズムに沿って規則的なものにしていくことが重要になってくる。

### 2 保育園の日課

保育園では，乳児のうちからこのような日常の生活リズムをその子に合った形で確立していくことを重要な保育内容としてとらえている。そのためにまず，睡眠・食事・排泄などの生理的なリズムをベースにして登園から降園までの生活の流れを構想する。これを日課とよんでいる。

日課は「デイリープログラム」ともいい，通常，登園から降園までをプログラム化して示すことが多い。表5－2（p.82）に示したものは0歳児の日課の一例である。これをみても分かるように日課は子どもの月齢・状態により変わってくる。途中入園の子どもの場合など，個人別の日課を作る必要がある。また，日課をつくる際には当然のことながら，家庭と保育園という二つの場における子どもの生活の連続性が十分に配慮されなければならない。子どもの発育・発達にかなった日課によって生活リズムが作られるとき，子どもは楽しく安定した生活の中で健やかに育つことができるのである。

表5－3（p.80－81）は1歳児のデイリープログラムである。この表が出来た背景には，当時，園児の中に情緒が不安定な子どもが目に付くようになり，保育士は自分たちの保育を根本から見直すことを始めた。保育観も経験もさまざまな保育士が意見を交換し，出てきた結果をデイリープログラム

表5－3　1歳児デイリープログラム

1歳児　デイリープログラム

| 子どもの一日 | 安定して一日を過ごすための配慮 | 保育のポイント | 保育士の動き・準備 |
|---|---|---|---|
| 順次登園 | ☆一日のスタートが気持ち良く始まるように保育士は身支度をし、気持ちを整える。<br>・保育士は明るく温かい雰囲気を作り、登園してくる子どもたちに笑顔と快い挨拶で迎える。<br>・玩具の内容、位置、清潔、安全など、子どもが安心して遊び、生活できる環境を整える。<br>☆保育士は子どもの家庭での過ごし方を参考にし、心地よく無理のない生活にスムーズに入るよう心がける。<br>☆長時間保育と日中保育がスムーズにつながるように、保育士と福祉員で連絡を十分に取り合う。<br>・入室してくる子ども一人ひとりを「今日の機嫌はどうかな」としっかり見ながら、「今日も楽しく遊ぼうね」と思いを込めて受け入れる。 | 室内外の環境の確認<br>・安全、室温、換気、湿度<br>・身近な生活用具、玩具の確認<br>（大きさ、色、形、音質、素材）<br>・安全、清潔<br>健康観察<br>・機嫌、顔色、顔つき、傷、<br>全身状態、体温確認<br>送迎者との連絡<br>連絡ノートとの確認 | 保育士の手洗い・室内外の整頓<br>床清拭、玩具の配慮<br>玩具準備（絵本、布、紙、等）<br>清拭<br>子どもの様子を十分に捉る<br>長時間保育より引き継ぐ<br>出席簿にて人数確認・人数報告<br>連絡ノートよりの子どもの状態を把握 |
| あそび | ☆遊びの場面では子どもの要求を見極め、一人ひとりの遊びを大切にしながら、全員に目と心を配り、温かく見守り、機嫌良く過ごすよう配慮する。<br>・ともに遊びながら、甘えや依存を十分受けとめ、子ども一人ひとりの体調、機嫌などを確認しつつ、情緒の安定を心がける。 | 子どもの姿の把握<br>・表情、反応、好奇心、欲求、要求の表現 | ともに遊ぶ、子どもの様子を見る |
| おやつ(適宜) | ☆落ちついた雰囲気の中で「おいしいね」「たべたいな」という気持ちがわくような語りかけをする。 | 清潔な環境<br>摂取状況の把握<br>・食べるときの表情 | 保育士の手洗い、身支度<br>おやつ準備（おしぼり、エプロン等）<br>おやつ援助、後片付け、清掃 |
| 排泄 | ☆排泄は個人差が大きいので、一人ひとりの排泄リズムを大切にする。<br>☆排泄機能の発達を見極め、促しながら、子ども自らがトイレで排泄しようとする気持ちを育てる。<br>・汚れたパンツやおむつをかえ、不快感を取り除き、心地よさを感じるよう保育士はゆったりと接し、子どもも自ら気持ち良く排泄に向かえるようにする。 | ・尿、便の色、回数、形状<br>・お尻などの皮膚の状況、清潔<br>休息への配慮 | オマルの準備<br>おむつ、パンツをかえる<br>おむつの始末、記録<br>保育士の手洗い |
| あそび | ☆一人ひとりの発達を大切にし、豊かな遊びが十分展開できるよう働きかける。<br>・子どもの空間認知の範囲は狭いので、安全確保に留意する。<br>・戸外で十分体を動かし、自然とのふれあいを多くし、子どもと喜びをともにする。<br>・子ども一人ひとりの欲求、要求を見逃さず、温かく受け入れ、子どもの位置、目の高さ、心に合わせて対応する。<br>・保育士とのふれあいを通し、周りの子どもへの関心を広げられるようにする。<br>・室内外での遊び、散歩の行き先、所要時間など、子どもの健康状態、クラス状況などを把握し、保育士間で確認しての行動する。 | 月間指導計画に基づく<br>戸外での安全確保<br>機嫌、顔色、体温、水分補給<br>紫外線対策<br>保育士間の連携<br>散歩先での人数確認、安全確保 | ともに遊ぶ、様子を見る<br>一人一人と全体の様子を見る<br>子ども相互の関わりに十分注意する<br>散歩に必要な携帯品 |

# 第5章 乳児保育における計画・記録・評価

| 活動 | 配慮事項 | 観察・把握 | 保育士の動き・準備 |
|---|---|---|---|
| 食事 | ・子どもの成長を喜びとして受けとめ、子どもの行動、語り、思いなどに温かく応答しながら落ち着いた雰囲気を大事にする。<br>☆遊びから食事へと移る時はゆとりを持ち、落ち着いた雰囲気で食事に誘うようにする。<br>☆午前のおやつに準じた配慮を行う<br>・一人一人の食べる姿（喫食量、好食量）を把握する。<br>・カミカミゴックン等、一緒に噛むまねをして見せたり、噛むことの大切さが身につくようにする。<br>・自分でしようとする気持ちを大切にしながら、椅子の座り方、スプーンの使用、茶碗に手を添えるなどを知らせていく。<br>・一人一人の発達にあった調理方法を考え、調理担当者と連絡を取り合いながらすすめる。 | 体調確認：食欲、食べ方、摂取量<br>　　　　　咀嚼、眠気<br>調理状態：温度、味付け、刻み方<br>　　　　　時間<br>清　潔：顔、手、足、衣類の汚れ<br>　　　　　衣類の調節 | 入室時の準備（足洗い、手洗い、シャワー等、エプロン、着替え）<br>保育士の手洗い、身支度<br>食事の準備（おしぼり、椅子等、机、配膳<br>食事援助<br>後片付け、清掃 |
| 歯みがき | ☆保育士のひざで体を横たえるなど、みがく場所を決め歌やさしい語りかけをしながら、一人一人、丁寧にみがく。<br>☆「気持ちがいいね」「さっぱりしたね」と歯みがきをしてもらうことで、口の中がきれいになる気持ち良さを伝える。 | 歯ブラシの衛生と安全に配慮<br>・個別管理 | 室内環境を整える<br>睡眠準備 |
| 着替え | ☆着替えようとする子どもの気持ちに添い、その気持ちを大切にしながら援助する。 | 十分な休息への配慮 | 眠りに誘う |
| 午睡 | ☆子どもの体調を把握し、一人一人の状態に合わせて睡眠へと誘う。<br>・子ども心も安定した状態で眠りに入れるように、静かに語りかける。<br>・優しい子守歌や、トントンされる快い響き、優しい温もりの中で安心して気持ち良く入眠できるようにする。<br>・保育士は一人一人の眠りの状態を常に観察し、適切な対応を速やかに行うようにする。 | ・環境条件：室温、温度、通風<br>　　　　　衣類、寝具<br>・体調確認：疲労度、発汗、呼吸<br>　　　　　咳、いびき、寝る姿勢<br>　　　　　くせ、前日の睡眠状況 | 睡眠中の状態の観察と対応<br>日誌、連絡ノート記入 |
| 目覚め | ☆明るく気持ちの良い言葉がけで目覚めを誘う。 | 目覚めの観察：機嫌、顔色、動き<br>体温 | 目覚めを誘う<br>布団の片付け |
| 排泄 | ・布団の中でのまどろみを大事にしながら、気分良く目覚め、排泄に誘う。 | | |
| 着替え | ☆汗をかいたり汚れた時は衣類を着がえに取りかえ、清潔にする心地よさを感じ、快適な生活が送れるようにする。 | 衣服の汚れ、衣類の調節、清潔<br>全身状態の把握 | 着替え援助 |
| おやつ | ・午前のおやつに準じた配慮を行う。 | | 午前のおやつの準備参照<br>おやつの援助、後片付け、掃除 |
| 順次降園 | ☆一日生活した満足感とともに、身体的疲労度も高くなっているので、怪我その他の事故に十分注意し、家庭的な雰囲気の中で落ち着いて過ごせるようにする。<br>・生活のリズムを大切にし、園生活がそのまま家庭へとつながるように、一日の生活の様子を伝え、保育士と福祉員で連絡を十分に取り合う。<br>☆長時間保育と日中の保育がスムーズにつながるように、保育士と福祉員で引き継ぎ合う。<br>・子どもの一日を振りかえり、「いっぱい遊んで楽しかったね」「また遊ぼうね」という気持ちでできるようにする。 | 健康観察：顔色、顔つき、全身状態<br>機嫌、傷、湿疹<br>一日の生活の様子を伝え、確認しあう<br>玩具<br>安全点検<br>室内環境整備 | ともに遊びながら迎えの人に一日の様子を伝える<br>出席簿にて人数確認<br>長時間保育に引き継ぐ<br>（引き継ぎ事項確認）<br>玩具の清拭、室内外清掃<br>ガス、電気、施錠の確認 |

（「よこはまの保育」横浜市福祉局保育運営課 2002）

表5－2
0歳児クラス・デイリープログラム

（高城義太郎他編『指導計画の作成と展開例』チャイルド本社　1991）

| 時間 | | 月齢 | 0か月～3か月 | 4か月～10か月 | 11か月以降 |
|---|---|---|---|---|---|
| A.M. | 7：30～9：30 | | ○登園（保護者が検温，園用のおむつ交換をする）<br>○視診（顔つき，泣き方，機嫌，便性の良否を確認）<br>○保護者との連絡<br>○保育者は連絡帳を見る<br>○遊び<br>○睡眠 | ○登園（検温，おむつの交換）<br>○視診（顔の表情，泣き方，機嫌，便性の良否を確認）<br>○保護者との連絡<br>○保育者は連絡帳を見る<br>○遊び | ○登園（検温，おむつの交換）<br>○視診（顔の表情，泣き方，機嫌，便性の良否を確認）<br>○保護者との連絡<br>○保育者は連絡帳を見る<br>○遊び |
| | 10：00 | | ○授乳 | ○離乳食　授乳 | ○おやつ<br>○遊び |
| | 11：00 | | ○睡眠<br>○遊び | ○遊び<br>○睡眠 | ○乳児食 |
| | 12：00～ | | ○水分補給<br>○遊び<br>○睡眠 | ○果汁，スライスしたリンゴ等，そして水分補給<br>○遊び | ○パジャマに着替え，午睡準備 |
| P.M. | 2：00<br>3：00<br>4：00～ | | ○授乳<br>○検温<br>○順次降園，保護者への連絡，保育者間の連絡事項の伝達その他 | ○離乳食，授乳<br>○検温<br>○順次降園，保護者への連絡，保育者間の連絡事項の伝達その他 | ○睡眠<br>○おやつ　○検温<br>○順次降園，保護者への連絡，保育者間の連絡事項の伝達その他 |
| | 6：30 | | ○遊び　○睡眠 | ○遊び　○睡眠 | ○遊び |

○以上は一日のおおよその流れである。
○睡眠，おむつ交換は，一人一人に合わせて随時行う。
○6月がすぎると，12時から2時の間に沐浴がはいることもある。
○5時から延長保育にはいる。5時30分ごろ，ミルクまたはおやつを与える。担任以外の保育者が保育にあたるので，申し送りをきちんとする。
○担任間での伝達を綿密に日々行う。

の中に保育士の配慮として入れることにした。毎日の生活の中で実践していくことこそが，子どもの情緒の安定を図る上で大切なことと考えたからであった。

表の中から保育士の行為の奥にある受容や共感の心，保育の専門家としての深い配慮などを丁寧に読みとっていきたい。そこには幼い子どもへのあふれるような愛情と，保育士としての責任と自負が感じられる。

### 3　健康管理

どの年齢の保育にも共通していることではあるが，特に3歳までの乳児保育においては，その心身の発達から健康と安全には十分な配慮が必要である。したがって，乳児の指導計画作成の際は健康増進・保健管理と安全確保が重要な柱となる。たとえば，保育園の日課の中で必要な睡眠の確保，離乳食の進行などは一人一人の発達状況に合わせて綿密に調整していかなければならない。空気浴・外気浴・マッサージなどの皮膚の鍛錬は，衣服の着替えや散歩の機会に少しずつ取り入れ習慣化していく。赤ちゃん体操なども遊びの一つとして無理なく楽しみながらすすめていきたい。

しかし，年齢が小さければ小さいほど体の諸機能の未熟性があり，体調の急変も起こりやすいことから，健康であるかどうかの見極めが常に必要である。そのために，日ごろから子どもとかかわりながら体重増加，呼吸，体温，食欲，表情，皮膚や便の状態などポイントを押さえた観察をしていくことが大切になる。

また，体の動きが活発になるにつれ，誤飲，落下など思わぬ事故に見舞われることがあるので，常に十分な注意が必要である。

## 2 記録・保育日誌・家庭との連絡

次に，全体的な計画や指導計画作成の前提となる記録の作成方法について述べる。

保育者による保育の記録には保育中の記録，保育日誌，連絡帳，保育経過記録などさまざまな種類がある。どれも必要なものであるが，単に記録として残しておくだけでは不十分である。それらは次の保育に生かすために記録するのであり，生かすための工夫や努力も不可欠である。

### ❶ 保育中の記録

乳児はことばを発することが少なく，発しても意味がわからないことが多い。したがって，子どもの欲求や異変は保育者自身の観察によってはじめて受けとめられることとなる。このことから考えても，保育者による日々の記録はその乳児理解を広げ深めるために必要不可欠といえよう。

> ●コラム 5 − 1　家庭の生活リズムと保育園の生活
>
> 「Kちゃんの朝はゴロゴロから始まるのネェー」と0歳児担任のM保育士。Sちゃんをひざにのせてちゃんと遊びながら側で寝転がっているKちゃんを時々ゴロゴロと揺すっている。Kちゃんは気持ちよさそうに笑う。
> 　生活が夜型に移行しているといわれて久しい。3歳未満児は自分で生活をつくりあげることができないだけに，大人の生活リズムの影響を受ける。朝，爽快な気分で登園する子はそう多くない。Kちゃんのようにしばらくゴロゴロしてから遊び始める子，睡眠不足や空腹，家族に情緒的に受け入れてもらっていない不満などが重なって自分の気持ちをもてあましているような子どももいる。それぞれの子どもの状態を適確に把握して受容的に対応していきたいものだ。その上で，家庭の生活と保育園の生活が子どもにとってともに心地よく過ごせるような連続性を求める努力が，保育園，父母に求められている。

### ❶ 備忘録（びぼうろく）として

子どもとかかわる生活のなかで，感動や驚きなど心が揺さぶられることや疑問などが浮かぶことは多くある。この感動を忘れるはずがないと思ってい

備忘録：
メモ。忘れた時に備えて，要点を書きとめておくための手帳。

ても，いつの間にか忘れていく。すぐにメモしておけば，保育日誌や連絡帳に正確で具体的な記述が可能となる。

## ❷　保育の質の向上のために

また，メモを元に，記憶が薄れる前に時間をみつけて事実を丁寧に思い起こし記録しておくと，子どものことばや行為の解釈の中に，自分の子ども理解や価値観，子どもとのかかわり方の問題などが浮かび，自分の保育を見直す機会となる。その際はぜひとも「なぜメモをとろうと思ったのか」，その理由を書きとめておきたい。そうすれば，メモを記録化しながら，単なる事実の羅列や主観的な感想ではなく，保育を意識的にとらえた実践記録が書けるようになる。その記録を，同じクラスを担当している保育者との担当者会議に，あるいは園の研究会などの場に検討課題として積極的に出してみよう。内容によってはそれを園全体の問題として全員で解決に向けて動き，結果として保育園全体における保育の質の向上につながっていくことになる。

## ❸　指導計画の中に生かす

指導計画を立てる手順から考えてみよう。

まず，子どもの姿から出発し，子どもの姿を基に指導計画を作成する。保育では目の前の子どもに合わせて自分の予想や環境構成を必要なら適宜修正していく。そして保育の終了後，その計画や実際の保育が子どもの実態を正確にとらえたものであったかどうか，子どもの発達を援助するのにふさわしいものであったかどうかを検討していく。このサイクルを考えると子どもの姿を記録することの意味がおのずと理解できるであろう。（図5－1）書き方としては先に書いたものと後から修正したものや書き加えたものが一目で判別できるように色分けしたり書き込み欄を作ったりしておくとよい。

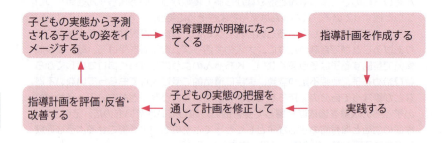

図5－1
指導計画を立てる手順

## ❷　保　育　日　誌

保育日誌は，保育者がその日の保育内容を記録するものである。したがって，そこには保育の実践の様子や反省，評価などが書かれる。その他一般的には子どもの出欠，健康，安全について，家庭との連絡など，保育の背景に

なることを記録している。保育日誌は公簿的に取り扱うことも多く、その場合は一定期間保存することになる。保育日誌について大場幸夫（1989）は「保育者の感性とか視点、子どもの見方といったことが、経験の中だけで助言され、経験の中で処理されるのではなく、記録を介在させていくことで、少なくとも園内の共通の財産になる可能性がある」と述べている。保育日誌は公簿として残ることを超えて、その活用こそが保育をする者にとって課題であるといえる。

### 3　家庭との連絡

1日の生活の大半を過ごす保育園では、それぞれの子どもの家庭における睡眠時間や排泄の時間や量、便の状態あるいは授乳や食事の内容、量、健康状態などを基に生活の組み立てを行っている。

したがって、家庭における子どもの基本的な生活の様子を知るために、家庭との連絡を十分に行う必要がある。また、当然のことながら、保育園での様子を家庭に連絡することも大切なことである。この相互の連絡を通して、家庭と保育園が一緒に子どもを育てるという姿勢をもちたいものである。

#### 1　登・降園時の連絡

短い時間に多くの子どもが登降園するこの時間帯は、一人一人の保護者とじっくり話をする時間はとりにくいが、連絡帳など文字で表現しにくい部分をできるだけポイントを押さえて聞くようにする。また、0歳児の場合など保護者から子どもを預かる時、保育者はぜひ子どもを抱いて機嫌や顔色、皮膚、目、体温、体の緊張など、子どもからのメッセージを受けとることをしたい。このことは、子どもの立場に立てば、保育者の抱き方や語りかけを通して「今日も元気に楽しく遊びましょうね」というメッセージを受け取ることになる。それと共に、登降園時の様子や育児行動を通してことばや文字ではわからない送迎者（多くは母親である）の状況を推し量ることができる。また、緊急時の連絡先の変更、送迎者の変更など、保護者から子どもを託された責任を果たすために必要な事項は、きちんと把握しておかなければならない。

#### 2　連絡帳

0歳の子どもを入園させる保護者の中には血縁地縁のない所に住み、核家族の中での初めての子育てにとまどいや不安を抱いている人は多い。したがって保育園からの連絡は子どもの具体的な姿の中から発育発達の現況を伝え、共によろこび合い、やがてくる次のステップの方向性を示していくようにしたい。そのことで親は子どもの成長に見通しがもてるようになる。

次の文章はある市内の保護者が連絡帳についてどのように受け止めているかを書いてくれたものの一部である。連絡帳が乳児の間だけでなく，年長になってからも親と子と保育者の架け橋になっていることがよくわかる。

> ●保護者が連絡帳について感じていること
>
> - 日ごろ，どんな遊びをしているのか，具体的に記してくださるので，家でその遊びをしている最中も，子どもとの会話がはずむ。
> - 自分の知らない子どもの良い点や，友達と接する様子をお知らせしていただけると，家族のなかでも話題になったりして，家族の団らんのひとときが，盛り上がります。
> - 第1子を保育園へ預けたときは，出席ノートのほかに小さな大学ノートが連絡帳として使われていました。こちらから家での様子，気にかかることなど記入すると，担任の保育士の方が保育園での様子やアドバイスなど細かく返信してくださり，初めての子育てにとても助かりました。
> - 勤めていると，先生と話せる時間も限られるので，ひと言でも嬉しいです。
> - 園の送迎は祖母に頼んでいるので，先生からの詳細な情報は，園での子どもの様子や友人との交わり方などがわかり，とても助かります。

　いまや保育園にとって連絡帳は，子どもの24時間を視野に入れて保育する上で必要なだけではなく，核家族の育児支援の強力なツールにもなっているので，有効な活用を心がけたい。

### 3　アルバムやおたよりの活用

　乳児の保護者は育児経験が浅い親が多いし，子どもと離れている時間帯の様子がつかみにくかったりして，子育てに対し不安と緊張を抱えている例が少なくない。

　最近はデジタルカメラやカメラ機能付携帯電話も普及している。子どもの様子を日常的にカメラに収めプリントアウトして掲示したり，アルバムを作って展示したりすると親たちは文字だけではわかりにくい情報も手軽に手に入れることができ，子どもや保育への関心を高めることになる。また，育児のちょっとしたヒントやエピソード，その月の保育のねらいなどをお便りにして配布することで，まとまった情報の提供となり，親がひとりよがりにならないように援助することができる。これらはいずれも形式的になったり惰性に流されないよう無理なくすすめることが大事である。

## 3 全体的な計画と指導計画の作成

### ❶ 乳児期からの見通しをもった全体的な計画の作成

本章の冒頭に述べたように，乳児の全体的な計画は保育園全体の計画として入園から卒園までを見通した一貫性のある計画として作成する。したがって，保育園の全職員が乳児の生活と発達の実際について十分な情報と見通しをもっている必要がある。そのためには，乳児を担当している職員は，保育園の職員全体に対して，このような乳児の生活や発達の実情について十分な情報の提供や収集，問題提起を常に行っていく必要がある。

### ❷ 乳児のための指導計画作成の視点

#### ❶ 保育目標の明確化

各クラスの指導計画は全体的な計画の保育目標が示す方向に向かわなくてはならない。それには園の子どもと全体的な計画の保育目標をつなげて考える手立てが必要になる。そこで園の子どもの姿をどう考えるか，折りにふれ，具体的な事例を通して職員全体で考えることで抽象的になりがちな保育目標を明確にしておくことが大切になる。

#### ❷ 一人一人の乳児の発達を理解し，発達課題をふまえる

まず，子どもについての情報を集めることから始める。ここで前項の記録がおおいに役立つことになる。前年度からの継続児の場合は，指導計画，保育日誌，連絡帳など視点を決めて通して読んでみる。そこには申し送りにはなかった子どもの姿が浮かびあがってくる。新入園児に関しては，入園前の面談の際，今まで保育をしていた人（多くは母親）から生活リズム，遊び，基本的な生活などについて聞いておく。そのための質問項目などのリストを保育園全体で協議してつくっておくとよい。もちろん担当するクラスと同年齢の前年度の指導計画も丁寧に読み，参考にする。これらのことを通して乳児の発達や発達課題が見えてくるのである。

#### ❸ 月齢や年齢に応じた生活リズムを考える

生活リズムが異なる子どもたちの生活を保障していくためには，一人一人の生活リズムを大切にしていくことが前提であるが，実際には難しいこともある。そこで，発達の近い子をグルーピングして計画を立てたり，保育室に異なる生活の場を同時につくり，平行してすすめていくなど方法を工夫して

いく。

　落ちついた生活を作り出すために、保育者が複数担任の場合それぞれの役割を明確にしておく。

　生活の流れのなかで区切りを明確にする環境づくりの工夫をする。たとえば、今ある施設の物の配置がえやついたての使用などで、遊びの場、食事の場、午睡の場などをある程度固定しておく。活動によっては場を換えたり、目で見てすぐそれとわかる設定をしてから子どもを新たな活動に誘うなどの工夫をする。また、季節や子どもの興味にそった場づくりをして生活が単調にならないように工夫する。

### ❹　家庭との連携を大切にする

　父母と保育者は、子どもの側から見れば共通点が多い。しかし、決定的に異なることは、父母と子どもの親子関係は一生続くものであるのに対して、保育者と子どもが実際にかかわる部分は、卒園までの数年間であり、かかわる時間帯もほとんどの子どもが日中である。こう考えると、両者は共通点も多いがむしろかなり違うと考えた方が妥当である。一人の子どもを見る目も当然違ってくる。その視点の違いを出し合うことで互いの子ども理解を深め、その深まりがよりよい計画づくりにつながっていく。

　このように、一人の子どもに対して父母と保育者という複数の大人がそれぞれ異なる視点で向き合うことで保育の質的内容の豊かさを作り出していくところに保育所保育の利点がある。その利点を生かした全体的な計画・指導計画づくりが今後ますます重要になってくるだろう。

　子どもが一人一人違うように、父母もまたいずれも個性豊かである。保育者の目から見てほほえましく頼もしい保護者もいるが、ちょっとどうかと思う「気になる父母」もいるに違いない。しかし、どの父母もその子にとってはかけがえのない父母であり、父母もまた父母なりに精一杯育児に励んでいる。「気になる父母」であっても、まずは一人一人の父母を丁寧に受けとめ、言葉や態度の裏に見え隠れしているその思いや願いを汲み取る姿勢が大切である。どんな小さなことであれ、真摯に耳を傾けることから父母との信頼関係が生まれてくる。

　父母は多くの場合、保育園の近くに住む地域住民の一人である。地域の文化や特性あるいは流行している病気などについての、地域の情報源でもある。保育園の保育がその園の中だけで完結するのではなく、地域の自然や文化の恵みをもいただきながら展開することを考えると、父母がもっている情報をおおいに受けとって計画の中に生かしていきたいものである。

### 5　保育の場のチームワーク

　保育の場では多職種の人がその専門の目を通して一人一人の子どもの育ちに愛情をもって深くかかわっている。特に乳児保育では，看護師（あるいは保健師），栄養士，調理員，用務員等，さまざまな職種の人たちと健康管理面や離乳食，環境整備など多くの場面で連携プレーが必要になってくる。職員間のチームワークをスムーズにすすめるためには，それぞれの役割の明確化と共に，連携についても指導計画の中で具体的に記入する。そして，できれば職員の誰もがそれを目にすることができるようにすれば，より子どもが安心して生活できる状況をつくることができる。

### 3　年間指導計画

　年間指導計画は全体的な計画に基づいて作成する。したがって多くの保育園では0歳児，1歳児，2歳児と年齢別の計画を立てている。
　保育園によって期の分け方は異なるが，園の特色，行事や季節，地域性などを考えて計画することになる。（表5-4）

```
第1期（4, 5, 6月）………… 新しい環境になじむ時期
第2期（7, 8月）…………… 夏の遊びを中心に，一人一人が
                             集中して遊べる時期
第3期（9, 10, 11, 12月）… 遊びが充実する時期
第4期（1, 2, 3月）………… 安心して遊び，生活する中で次への
                             発展の時期。
```

　この0, 1, 2歳児期の子どもの発育，発達はめざましく，身体動作，言葉，人間関係，基本的生活習慣などの基礎を獲得していく時期である。しかも個人差が大きい時期でもある。個人差への配慮と，母子分離が難しい時期であること，進級児と新入園児がお互いの不安や緊張の中にあるという状況への対応など保育園全体の課題として取り組む必要がある。養護と教育が不可分であることが実感できるこの時期の保育は保護者との連携を基に，信頼関係の構築が大切でそのための工夫が望まれる。

表5-4　年間指導計画（例）

| 園目標 | | クラス目標 | | | |
|---|---|---|---|---|---|
| | | 1期（4月～6月） | 2期（7月～8月） | 3期（9月～12月） | 4期（1月～3月） |
| 期のねらい | | | | | |
| 養護 | 生命の保持 | | | | |
| | 情緒の安定 | | | | |
| 教育 | 健康 | | | | |
| | 人間関係 | | | | |
| | 環境 | | | | |
| | 言葉 | | | | |
| | 表現 | | | | |
| 環境構成・配慮 | | | | | |
| 職員間の連携 | | | | | |
| 保護者等への支援 | | | | | |
| 行事 | | | | | |

## 4  月間指導計画

全体的な計画，年間指導計画を視野に入れた上で，① 子どもを理解する。家庭状況や子どもの 24 時間をも認識した上で，一人一人の子どもを理解する。② いま，子どもにどのような経験が必要か，ねらいを考える。③ ねらいを達成するための環境構成を考える。

年齢が小さい子どもは月齢差，個人差が大きい。したがって個別の指導計画を立てたり，クラスの月案のなかに個別配慮を記入したり等，そのクラスの状況に合わせた計画になっている。

表 5 − 5
月間指導計画（例）

| 今月のねらい | 行事 | 子どもの様子 | | 家庭との連絡・保護者支援 | | | | | | | | | |
|---|---|---|---|---|---|---|---|---|---|---|---|---|---|
| | | 環境・構成 | 予想される子どもの活動 | 保育士の関わり・配慮 | | | | | | | | | |
| | | 生命 | 情緒 | 健康 | 人間関係 | 環境 | 言葉 | 表現 | 健康・安全 | 職員間の連携 | 自己評価 | | |
| | | 養護 | | 教育 | | | | | | | | | |

表5-6 個別計画表（例）

| 児童名 | | | 年　齢 | | |
|---|---|---|---|---|---|
| 子どもの姿 クラス担任 | | | ※ 子どもの姿 他の職員 | | |
| 月のねらい | | | 特記事項 | | |
| 保育内容 | 養　護 | | | | |
| | 教　育 | | | | |
| 援助・配慮 | | | | | |
| 保護者支援 | | | | | |
| 自己評価・反省 | | | | | |

※低年齢の子どもほど長時間の保育を受けている。保育園によっては延長保育を担当する保育士を固定している。延長保育時の子どもの様子を知ることは，平常の保育の計画を考える上で大切なことになる。

### 5 週案・日案

　月間指導計画を視野に入れて週案，日案は立てる。毎日活動を変えるようなことではなく，週の目安を踏まえながらゆるやかに考えていく。子どもの状態，保育園全体のながれ，気候など考慮して計画は立てる。子どもによって活動への参加の方法はさまざまである。子どもにとって必要な体験であればその子どもにあった方法を工夫することが保育士には求められている。担当者間の連携はもちろん，時に園長，主任等の保育参加を求めることもあるだろう。

### 6 計画の評価と反省

　計画を実践する中で，事前に考えていなかったことが起こることは多い。子ども理解が不十分であったのか，活動としてどうであったか，準備や手順に問題がなかったか，保育士間の連携がよくなかったのか等と様々に考える。一人一人の子どもにとって保育内容として育ったことはどのようなことであったか。保育が想定外の結果になった時こそ学ぶことは多い。保育の過程を記録することで，見えてくることがあり，自分の保育を省察する機会となる。その省察をいかして保育の質を高めることが大切である。

　また同じクラスの保育士と当日の保育について話し合ったり，保育の記録を共有することで，意識にのぼらなかった何気なくしたことが評価されたり，子どもの他の側面に気づかせてもらうこともできる。　　　　　　（伊藤）

---

**さらに学ぶための本**

- 宍戸健夫『実践の質を高める保育計画・保育カリキュラムの考え方』かもがわ出版　2003
- 今井和子『保育に生かす記録の書き方』ひとなる書房　1999

---

**引用・参考文献**

- 大場幸夫ほか「保育日誌を考える（座談会）」『保育研究』10.3　建帛社　1989.10
- 厚生労働省「保育所保育指針」2017年3月31日
- 厚生労働省「保育所保育指針」解説書　2008年5月13日

表5-7　週案（例）

| | | | | | | | | |
|---|---|---|---|---|---|---|---|---|
| 　　組　週案　（　／　～　／　）　保育日誌 | | | | | | | 園長㊞ | 主任㊞ | 立案者㊞ |
| 週案 経験や活動 | 子どもの姿 | | | ねらい | | | 家庭への連絡 | |
| | 活動 | 上記のねらい・内容を基に子どもの状況や季節などを考えて，この週に体験させたい経験や活動を書き準備しておく。この中から保育者は選択して当日の経験や活動欄に記入する | | | | | | |
| | | 月　日（月） | 月　日（火） | 月　日（水） | 月　日（木） | 月　日（金） | 月　日（土） | |
| 天候 | | 晴れ・曇り・雨・雪・（　） | 晴れ・曇り・雨・雪・（　） | 晴れ・曇り・雨・雪・（　） | 晴れ・曇り・雨・雪・（　） | 晴れ・曇り・雨・雪・（　） | 晴れ・曇り・雨・雪・（　） | |
| 記録者 | | | | | | | | |
| 出席人数 | | 人 | 人 | 人 | 人 | 人 | 人 | |
| 欠席児名 理由 | | | | | | | | |
| 環境設定 | | | | | | | | |
| 保育のねらい | | | | | | | | |
| 評価・反省 | | | | | | | | |
| 個人記録／特記事項 | | | | | | | | |
| A | | | | | | | | |
| B | | | | | | | | |
| C | | | | | | | | |
| D | | | | | | | | |
| E | | | | | | | | |
| F | | | | | | | | |
| G | | | | | | | | |
| H | | | | | | | | |
| I | | | | | | | | |
| J | | | | | | | | |
| K | | | | | | | | |
| L | | | | | | | | |
| M | | | | | | | | |
| N | | | | | | | | |

# 第6章
## 乳児保育における連携・協働

　乳児保育実施にあたっては，担任保育者のみですすめるのではなく，保育所等における職員間，保護者との，自治体や地域の関係機関との関係が大切であり，連携・協働が必要である。

### 1　職員間の連携・協働

　保育園においては，園長以下，保育士，看護師，調理員，栄養士等異なる職種の職員が，各々の職務内容に応じた専門性をもって保育に当たっている。日々の保育の中で，園長はじめすべての職員が一人ひとりの子どもについてのあらゆる情報を共有しておくことは，健康で安全な質の高い保育を行う上で重要である。

　子どもは一人ひとり生育歴や発達の状態，家庭状況など異なる。それぞれの子どもが安定した生活や様々な遊びを通して健康な心身の発達を遂げていけるよう環境を整え，援助していくために，保育士は，担当するクラスの子どもだけではなく，在籍するすべての子どもたちについてあらゆる情報を共有し，連携・協働しながら適切な保育を行うことが必要である。年度替わりあるいは年度途中で，担当の保育士が替わる場合，特に乳児保育では特定の保育士等との関わりが重要であることから，子どもが安定して過ごせるための細やかな配慮が大切である。そのためには，子どもの生育歴や発達過程等

における個人差だけでなく，それまでの家庭やクラスにおける生活や遊びの中での子どもの様子，好きな遊びや玩具，絵本など全て担当者間で引き継ぎ，子どもへの働きかけや対応が変わることのないよう職員間で協力し，全職員で見守る体制をとっておくことが大切である。

以下の❶～❹は特に連携・協働が必要な場合の対応である。

### ❶　食物アレルギーのある子どもへの対応

アレルギー疾患を有する子どもが年々増加傾向にあり，厚生労働省は2011年3月に「保育所におけるアレルギー対応ガイドライン」を作成している。特に食物アレルギーのある子どもが間違って，アレルゲンとなる食材を摂取した場合には，死に至る危険があることを全職員に周知しておかなければならない。まず保護者にアレルゲンとなる食材の確認を行い，その上でアレルゲンを除去した食事を提供する場合には，保育士と調理員が連携し，個別に用意されているものを確認すること。さらには，子どもに提供する前に他の保育士と声をかけ合い，間違いなく安全な食事をとれるよう細心の注意を払うことが必要である。

### ❷　疾病や傷害発生時の対応

前もってそれぞれの状況に活用できるマニュアルを作成し，全職員が対応できるよう基本的な対応や手順や内容等を明確にして，職員間の連携・協働がしっかり図れるようにしておくことが必要である。その際，一目でわかるよう必要な連絡先を掲示しておくと良い。

### ❸　虐待等が疑われる場合や気になるケースを発見した時の対応

それぞれの状況に活用できるマニュアルを作成して基本的な対応や手順や内容等を明確にし，職員間の連携・協働がしっかり図れるようにしておくことが必要である。特に児童虐待防止法が規定する通告義務は保育所や保育士等にも課せられている。虐待が疑われる場合には，担当保育者一人で抱え込まず，園長，主任はじめ全職員で情報を共有し，速やかに児童相談所や市区町村に通告し，関係機関と連携，協働することが求められる。また保護者に不適切な養育等が疑われる場合や保護者が何らかの困難を抱え，養育支援が必要だと考えられる場合にも，担当保育者から全職員に伝え，園全体の問題として考え，市区町村の関係機関と連携をとり，子どもの最善の利益を重視して支援を行うことが大切である。虐待対応に関しては，③自治体や地域の関係機関との連携の項でさらに説明を加える。

### ❹　災害発生時の対応

　近年発生している大きな地震や豪雨，台風等による災害の危険から乳幼児の命を守るためには，全職員が緊急時に協力し合って的確な避難，対応ができるよう万全の準備をしておくことが必須である。

　そのためには，火災や暴風雨，地震などの災害の発生に備え，緊急時の対応等に関するマニュアルを作成し，日頃から避難訓練を通して，絶えず確認しあい，それぞれの職種に応じた役割分担と協力体制の整備を図る必要がある。

## ２　保護者との連携・協働

　乳児保育に携る保育者は，保護者とともに子どもを「育てる者」として，一人ひとりの子どもの発達や心の育ちを知り，すべての子どもの自ら育つ力を充分に伸ばしていけるように環境を整え，適切な援助をしていかなければならない。しかし保護者自身も親として育っていく途上にあり，社会状況の様々な変化の中で，**子育て家庭に対する支援**の必要性が高まっている。

　そこで保護者との連携・協働のためには，日々の積み重ねの中で信頼関係を築き，保護者が子どもの成長に気づき子育ての喜びを感じられるように支えていくという視点を持たなければならない。また保育中に体調不良を起こした時などの緊急時の連絡に備え，平時から保護者の就労状況や家庭の事情を踏まえ，前もって**連絡体制**を確認しておくなど，様々な家庭の状況に配慮した適切な対応がとれるようにしておくことが必要である。

> 子育て家庭に対する支援：
> 第２章／❶子どもと家庭を取り巻く状況（p.15）参照

> 連絡体制：
> 具体的な内容については，第５章／❷記録・保育日誌・家庭との連絡／❸家庭との連絡（p.85）参照

## ３　自治体や地域の関係機関との連携・協働

　保育所等を利用している保護者に対する子育て支援を適切に行うためには，その役割や専門性を十分発揮した上で対応が困難な親子の支援を保育所のみで抱え込むことのないようにしたい。そのためには，日頃から関係機関にどのような専門職がいるのか把握し，その役割や機能を良く理解し，連携・協働しながら様々な社会資源をうまく活用することが大切である。さらに地域の保護者に対する子育て支援についても保育所には専門性を生かした子育て支援を積極的に行うことが求められている。（児童福祉法第48条の４）図６－１に示したように，保育所等を利用している保護者に対する支援や地域の保護者に対する子育て支援では，子どもの発達支援から地域の要保護児童への対応まで様々な社会資源が活用できる。

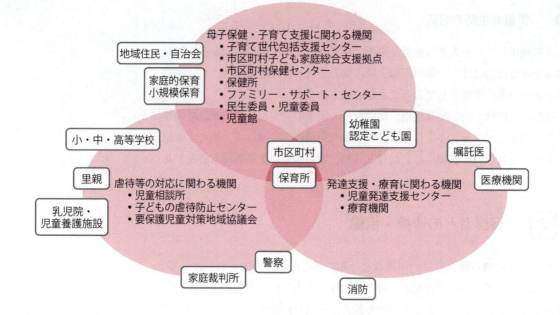

図6-1
地域の社会資源

（大村作成）

　図に表された各機関には，専門職が配置され，それぞれの専門性をもって支援に当たっている。地域によって名称や整備状況が異なるため，保育所がそれぞれの機関と連携を図るためには，まず市区町村の窓口に確認し，情報を得ておくことが必要である。

　母子保健法22条の改正が行われ，妊娠期から子育て期にわたる切れ目のない支援を行う「子育て世代包括支援センター（法律上の名称は「母子健康包括支援センター」）が新たに規定され，市町村は同センターを設置するように努めなければならないこととされた。（「子育て世代包括支援センター設置運営について（通知）」2017年3月31日（雇児発0331第5号）

　また同時期に子どもとその家庭及び妊産婦等を対象に，実情の把握，子ども等に関する相談全般から通所，在宅支援を中心としたより専門的な相談対応や必要な調査，訪問等による継続的なソーシャルワーク業務までを行う機能を担う拠点（市区町村子ども家庭総合支援拠点）の設置についても通知が出された。こうして一部の地域で整備が進み始めた「子育て世代包括支援センター」や「市区町村子ども家庭総合支援拠点」を全国的に広げていくことで，切れ目のない支援の仕組みを作って行こうとする動きが見られる。

　以下の❶〜❹は保育所等と自治体，地域の関係機関との連携が特に必要な場合の対応である。

### ❶　子どもに障がいや発達上の課題が見られる場合

　障がいの診断をすでに受け，医療機関に受診している場合や1歳半健診で

指摘を受けている場合には、かかりつけ医や保健センター等と連携し、児童発達支援センター等の専門機関からの助言を受ける。具体的に食事の摂取に際して介助の必要な場合に、一人ひとりの子どもの心身の状態、特に、咀嚼や嚥下の接触機能や手指の運動機能等の状態に応じた配慮に関して、児童発達センターや医療機関の専門職による指導、指示を受ける。

まだどの関係機関ともつながっていない場合や保護者から相談を受けた場合には、保護者を通して1歳6か月、3歳の乳幼児健診など、子どもの健康状態、発育や発達状態及び家庭状況を把握し、保健センターと連携を図って必要な支援に繋げていくことが必要である。

## ❷　食中毒やノロウィルス、インフルエンザ等の感染症その他の発生時

保育所内で食中毒が疑われる場合には、対象となる症状が認められる子どもを別室に隔離するとともに、嘱託医や保健所などの関係機関と連携し、迅速に対応することが必要である。

また、ノロウィルスやインフルエンザなどの感染症が発生した場合には、嘱託医の他に市区町村・保健所等関係機関と連携し、適切に対応し、感染を広めないよう保護者に迅速に知らせて協力体制をとることが重要である。

## ❸　災害発生時

災害発生時に連携や協力が必要な関係機関としては、消防、警察、医療機関、自治会等がある。特に津波の危険のある地域等では、避難できる場所の確保や協力を求めて、近隣の商店街や企業、集合住宅管理者等との連携も考えられる。こうした機関や関係者との連携については、市区町村の支援の下、日頃から連絡体制を整備し、地域の防災計画に関連した協力体制をしっかり築いておくことが重要である。定期的に避難訓練を行う際にも災害を想定し、地域の実態に応じて近隣住民や自治体などに対しても必要な協力が得られるようにして置くことが必要である。

## ❹　虐待等が疑われる場合や気になるケースを発見した場合の連携

保育の現場において、保護者が何らか困難を抱え、養育支援が必要だと思われる場合には、速やかに市区町村等の関係機関と連携を図る必要がある。特に虐待の疑いのある子どもを発見した時には、園長、主任等が家庭環境やこどもの様子、保護者の様子を把握し、児童相談所及び市区町村に通告し、早期に子どもの保護や保護者の対応にあたらなければならない。また地方自治体が設置する要保護児童対策地域協議会(子どもを守る地域ネットワーク)に保育所が積極的に参画し、協力することが求められている。

虐待に関しては，通告したら後は関係機関に任せれば良いというものではない。子どもが家庭に戻り，再び保育所に通うようになっても，再発防止のため，園内での子どもの様子，親子関係などを観察し，必要な援助を継続し，万一再び心配な状態が見られた場合には，即座に関係機関に通告，相談することが重要である。

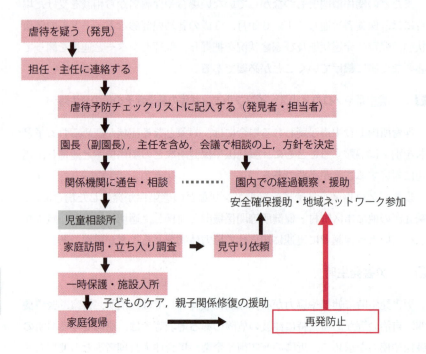

図6-2
虐待対応時のフローチャート

（大村）

### やってみよう

❶ 自分が居住する地域において，保育所等が活用できる社会資源にはどのようなものがあるだろうか。その名称と役割・機能について調べてみよう。

# 第7章
# 身体機能の発達と保育

　身体を動かす，手を使う，という身体機能の発達は人間の発達の基礎，基本である。保育者は単に発達の目安として運動発達を見守るだけでなく，乳児期から積極的に運動発達に働きかけ，その後の発達をさらに豊かにするような保育を心がける必要がある。しかし，それは大人による一方的な働きかけではなく，常に子どもの主体的な要求によって支えられるものでなければならない。

## 1 身体を動かす

### 1 運動機能の発達と保育の役割

#### ❶ 直立二足歩行の確立と人間の発達

　人間の子どもは，他の大型動物と違って，一見まったくたよりない能なしの状態で生まれてくる。ところが脳は他のどの動物よりも高度に発達しており，その特徴が人間の発達の特殊性と保育の重要性を私達に示唆してくれる。
　人間の最も基本的な特徴が直立二足歩行（地面にまっすぐ立って，足を交互に前に出して前進する）にあることは人類学の教えるところだが，それによれば直立二足歩行の獲得によって人間は脊柱がＳ字状に湾曲し，大きくな

った大脳を全身で支えられるようになった。足だけで安定した歩行ができるようになった結果，手がより自由になり，手を使って道具を操ることでさまざまな物を作りだし，それが文化を生み出すきっかけとなった。このような手足の分業は，同時に，気候の変化によって植生が変化し，その結果可能となった狩猟採集をさらに巧みにした。これによって栄養状態が著しく改善され，大脳はさらに増大した。直立二足歩行はいっそう完成が進み，顔の構造も変化して，言語を生み出す土台となったという。

　このような人類の数百万年にわたる進化の歴史を経て，今，人間は胎内で，さながら三十数億年といわれる生物の歴史を非常に圧縮した形で繰り返した後に胎外に生まれ出る。生まれると同時に自力呼吸を開始し，**口唇探索反射**や**吸啜反射**などの**原始反射**を発揮して乳を飲む。やがて頭を支え，手足を使って這い回ったのちに足で立ち上がり，歩き，走り，跳ぶなど，体を自由に移動させる能力を身につけていく。これが直立二足歩行を基礎とした全身運動といわれる人間の体の動きの基本であり，0，1，2歳の時期に獲得されていく。歩行の獲得は自分の力でどこへでも好きなところへ行くことを容易にし，子どもの好奇心を満たし，活動意欲を刺激する。探索や模倣が盛んになり，指さしが現れ，やがてことばが生まれてくる。このように全身運動は人間のもつさまざまな機能のなかで最も初期に発達する機能であり，その後に現れるあらゆる機能の土台となるものである。

## ❷　全身運動の発達と保育の視点

　全身運動の発達は人間の発達の基礎，基本であることから，以前より乳幼児期の発達のめやすとして重視されてきた。

　しかし，近年の脳神経生理学のめざましい発展は脳のくわしい発達過程をいっそう明らかにし，運動発達の意義をさらに広げつつある。たとえば，脳の成熟を意味するニューロンの成長は生後長期間持続するものの，機能の種類によってその期間に差があり，運動機能に関しては生後2年間でほぼ完成するという。さらに，通常，正常な脳は正常な行動を可能にする潜在的な能力をもっているが，それが生後一度も使われることがなければその能力は消滅してしまうという。

　このような事実を踏まえれば，保育者は単に発達のめやすとして運動発達を見守るだけでなく，乳児期より積極的に運動発達に働きかけ，その後の発達をさらに豊かにするような保育を心がける必要がある。しかし，その際，常に念頭においておきたいのは次の3点である。なぜならせっかくの働きかけも，それが部分的，一方的な訓練になったり画一的になったりしては保育の効果をあげることにはならないからである。保育者の意図的な働きかけの背景には，子どもの願いや喜びに心を寄せる保育者の姿勢を読みとることが

---

**口唇探索反射：**
口のあたりが物に触れると顔と舌を動かしてそれを口に入れようとする

**吸啜反射：**
口に入れたものを吸う

できる。

❶ 発達はその機能の活動だけによって引き起こされるわけではなく，常に子どもの全生活の結果として達成されること。
❷ 教育は大人による一方的な働きかけによって達成されるのではなく，常に子どもの主体的な要求によっても支えられていること。すなわち相互関係による成果であること。
❸ 発達の速さや伸び方には個人差や個性があること。

## 2 運動機能の発達の概要

### 1 生後6か月頃まで

生理学的に人間の特徴を最もよく表しているのは脳，特に大脳の発達としくみである。脳神経生理学の教えるところでは，人間の脳は胎児期から生後6年くらいまでにほぼその基礎を作り上げてしまうものであり，そのなかでも特に，生後6か月頃までの発達が著しいとされている。しかもその時期は，脳の発達が遺伝的プログラムだけでなく，栄養や刺激という外界からの影響にも大きく左右される，つまり可塑性の最も高い時期なのである。

出生間もない時期の子どもには自発的な意志や関心が育っておらず，活動は主として反射や感覚機能に依存している。新生児は**向光反射**，**モロー反射**，**把握反射**，**歩行反射**など，視覚・聴覚・触覚がすでにある程度発達していて，反射的な行動を可能にしている。

しかし，通常このような原始反射は2～4か月くらいで消失し，やがて自らの意志の力で自発的な行為を活発に行うようになる。たとえば，おもちゃ

**向光反射：**
光の方向に顔を向ける

**モロー反射：**
耳元で大きな音を出したり，急に体を落としたりすると手をぱっと持ち上げ，指を開いて空をつかむ

**把握反射：**
触れたものを握って離さない

**歩行反射：**
脇の下を支えて少し前かがみにして床の上に立たせると，交互に足を前に出す

表7-1
全身運動の発達

| 月　齢 | 全身運動の発達 | 保育上の配慮 |
|---|---|---|
| 出生 | 反射による運動 | |
| | | 腹ばいの機会を作る |
| 3か月 | 首の安定 | |
| | | 膝の上で腰を支え，おすわりの機会を作る |
| 6か月 | 寝返り | |
| 8か月 | おすわり | 手の運動をうながす機会を増やす |
| 10か月 | はいはい | 動きやすい服装や環境への配慮 |
| | つかまり立ち | |
| 1歳 | つたい歩き | 多様で安全な生活環境の確保 |
| 1歳3か月 | ひとり歩き | 遊びの中で積極的に体を動かす機会を増やす |
| 1歳6か月 | 走る | 体をより自由に動かすために生活習慣の自立への意欲を育てる |
| 2歳 | 両足とび | ことばによる表現で体の動きをコントロールする力を育てる |
| 2歳6か月 | 階段を上り下りする | 手をつないで歩いたり，リズムに合わせて体を動かすなどコミュニケーションをとりながら体を動かす機会を増やす |
| 3歳 | 三輪車をこぐ | ボールを投げる，受けとめるなど物に応じて体の動きをコントロールする機会を増やす |
| 3歳6か月 | 片足ケンケン | 物の操作，人とのコミュニケーションを同時に取りながら総合的に体の動きをコントロールする機会を増やす |

のガラガラを振ると泣きやむ，じっと見つめるなどの行為は生後1か月頃から現れ，3か月頃になると動くものを目で追ったり，大人のあやしかけに対して笑顔だけでなく手足をバタバタさせて応えたりなど意志的な行為が増えてくる。

抱いても首がぐらぐらしなくなると「首がすわった」といい，腹ばいの姿勢にしてやると少しの間自分で首を持ち上げるようになる。首がすわるとやがてあお向けから腹ばいへ，腹ばいからあお向けへと寝返りができるようになり，手の動きが活発になる。

## 2　6か月頃から1歳6か月頃まで

6か月を過ぎると，おすわりや腹ばいでのハイハイができるようになってくる。初めのころは両腕を同時に曲げたり伸ばしたりして移動することがあるが，やがて「右腕―左足」を前に出して床を押し体重を支え，そのとき同時に「左手―右足」を前に出す準備をする，次にその逆を繰り返すという交差パターンでハイハイをするようになる。また，初めはおなかを床につけ，足の親指で床を蹴って移動する（腹バイ，ベタバイなどと呼ぶ。呼び方は人によって多少異なっている。以下同じ）が，やがて両手と膝を床につけて移動する（四ツバイ）ようになり，斜面を上るときには手と足裏を床につけて移動する（高バイなど）ことができるようになる。

このころになると，おすわりの姿勢からしきりに立ち上がろうとしたり，つかまり立ちができるようになってくる。やがて自分の力で立ち上がり，しばらくは一人で立っていられるようになると，歩きだすのも間近である。

●保育士さんに支えてもらいながら遊具につかまって立とうとする

●お座りをして手におやつを持って食べる

●テーブルにつかまってひとりで立っていられる

（6か月頃から1歳6か月頃まで）

### 3　1歳6か月頃から2歳6か月頃まで

歩行開始の時期は非常に個人差が大きいが、通常、早い子どもで10か月前後、平均的には1歳から1歳3か月くらいの間に、遅くとも1歳6か月までにはほとんどの子どもが歩き始める。初めのうちは膝を少し外側に曲げ、腕を肩のあたりまで上げてバランスを取るようにして歩くが、やがてまっすぐの姿勢で、腕は下ろして振りながら、しっかりと足の親指で地面を蹴って歩くようになる。

このように歩行が安定してくると、手に何かを持って歩くこともできるようになり、また階段や斜面をハイハイでよじ登ったり、走ったり、ピョンピョン跳んだりすることもできるようになる。

●4歳児の獅子舞を真似て踊る

### 4　2歳6か月頃から3歳6か月頃まで

歩行はすっかり完成し、走ることも巧みになる。長時間歩き通せるようになり、走りながらカーブを曲がったり、声を掛けられると立ち止まったりすることもできるようになる。階段や斜面は上るだけでなく、下りることもできるようになるし、手をつかずに上り下りができるようになる。

## 3　保育者の援助

### 1　生後6か月頃まで

首がすわらないうちは、ほとんどの子どもはあお向けの姿勢で生活している。あお向けだと子どもの表情がつかみやすく、子どももいろいろな物が目に入りやすい、手を楽に動かすことができるという利点がある。しかし、うつ伏せの方が子どもにとっては自然な姿勢だという意見もある。うつ伏せ姿勢で顔を持ち上げ、手足を動かす運動がハイハイの練習になるからである。

一般にこの時期は家庭で過ごす場合が多いが、睡眠や哺乳のリズムはまだ完全には確立しておらず、排泄も頻繁である。これらは特に個人差が大きいので、乳を飲む力と体重の増加量、排泄や睡眠のリズムをよくつかんで、子どもが心地よく生活できるようにしたい。目覚めているときは抱いて話しかけたり、外気浴や日光浴をしながら外界のさまざまな物に目を向け、耳をすませられるようにしたりなど、積極的に働きかけることが必要である。しか

●石段をバランスよく左右交互に足を出して登る

（2歳6か月頃から3歳6か月頃まで）

し，このころはまだ一般に反応がゆっくりしているので，保育者もゆったりとした気分で話しかけたり，子どもの反応を確かめてから次の行為に移るなどの配慮を忘れないようにしたい。

特に注意を要するのは，からだの動きや感覚機能に異常が疑われる場合である。たとえば，もし先に述べたような原始反射が現れなかったり，あるいは4か月を過ぎても消えなかったり，強すぎたり弱すぎたり，また左右のバランスが崩れていたりした場合は，早期に専門医の診断を必要とするので，この時期には特に注意深い観察が必要である。

生後2,3か月頃から保育園に入園する例もある。事例7－1は初めて3か月児を担当することになった保育者の緊張感と新しい経験への意気込みが伝わってくるものである。乳児の発達は日を追うごとに変化するといってもよい。細かいことも見逃さないように，そのつど記録しておくことが大切である。

---

### ●事例7－1　M子と出会って

（前略）M子（1995年7月3日入園，生後3か月）は，抱っこが大好きで機嫌がよいが，あお向けに寝かされると，たちまち不機嫌になり，すぐに泣きだした。抱っこというコミュニケーションは，とても大切なことだと思う。しかし，広い場所で自由に手足を動かしたり周囲の物に触れたりすることも，同じように大切なことだと思う。そこで，なんとかあお向けにと思い，M子の興味を引くように配慮した。M子の近くでタオル地のボールやガラガラを振ったり，手に持たせたりして，一人で遊べるようにした。また，天井から風船やぬいぐるみなどをぶら下げ，ベッドで寝ころんでいても楽しく過ごすことができるようにした。すると，揺れる様子を目で追ったり，声を出して笑ったり，じっと見ながら指しゃぶりをしたり，両手両足を上げて触ろうとしたりして，機嫌よく遊ぶようになった。特に気に入ったのは，オルゴールメリーやガラガラなどの音の出る，動きのあるものだった。

7月後半には，ガラガラを振る音を聞いてその方向に顔や体を向けるようになった。補助をして寝返りを体験させると，腹ばいで頭を持ち上げた。自分で寝返りする日も近いのではと，その日が来るのをとても楽しみにしていた。

そして，とうとうその日がやって来た。8月9日，その日はとても感動した日だった。寝返りしたのを見て，思わず「M子ちゃん，スゴーイ！」と叫び，拍手をしてしまった。すると通じたのか，M子は声を出して笑っていた。右方向への寝返りだけだったが，M子の成長ぶりをとてもうれしく思った。

今度は，左方向への寝返りもできたらと思い，左方向に興味を引くおもちゃを置いたり，振ったり，音を出したりした。だが，体を横向きにしても寝返りには至らなかった。あせらず，あわてず，2週間ほど待った。そして8月21日，左へも右へも自由に寝返りをするようになった。

うつ伏せになると，頭をしっかり上げ，体を大きくそらすような格好をするようになった。そこで前に興味を引く物を置くと，それを取ろうと手を伸ばし，前に進もうと頑張っているようだった。まだ前進せず，少しだけ後退する状態だが，今後ハイハイすることにつながっていくのではと思い，今からその日が楽しみだ。

　（後略）　　　　　　　　　（富山県高岡市社会福祉法人伏木保育園・江幡郁美）

## ❷　6か月頃から1歳6か月頃まで

　このころから子どもは目覚めているときはおすわりの姿勢を好むようになる。手をつかなくてもおすわりができるようになると，さかんに手を振ったり物をつかんでは，いじったりなめたりする。さわりたい，いじりたいという要求を十分に満足させてやると，手の機能を高めるだけでなく，興味のある物のあるところまで移動して，それを手に入れたいという意欲が高まり，ハイハイへの動機づけになる。

　つかまり立ちや伝い歩きができるようになると，子どもはあまりハイハイをしたがらず，大人も歩行開始に関心が向きがちになるが，確かな歩行を準備するためにも，きちんとした交差パターンで長い距離を巧みにハイハイできるようになっているかどうか確認することが大切である。

　歩行が始まったら大人はあまり手を貸さず，子ども自身の力でできるように援助したい。その方がバランスの取り方を早く身につけることができるからである。初めのころは木の床や畳の上を素足で歩かせる。次にだんだんと転ばないで一定の距離を歩けるようになったら，素足で，または足を締め付けない靴を履かせて，平らな地面やゆるやかな坂，時には芝生や砂地など，いろいろな表面を歩く機会を多く作るようにする。この時期は特に適切な環境づくりに心をくだく必要がある。

●柵につかまって立ち上がろうとする

●近くの空地へ散歩

（6か月頃から1歳6か月頃まで）

## ❸　1歳6か月頃から2歳6か月頃まで

　このころになると，歩行はほとんど完成し，活動も急に活発になってくる。特に水のあるところが好きで，水遊び，どろんこ遊びなどを好むようになる。好きな遊びには集中して取り組むようになり，自我が育ってくるので，気にいらないと「イヤ」と言って拒否するようになる。子どもの思いをできるだけ満たしてやることで，歩けるようになった喜びを存分に味わわせてあげたい。

　しかし，活動範囲が広がると，子どもどうしがぶつかったり，物の取り合いなども頻繁になる。歩けるようになったということは主体的な生活が本格的にスタートしたということであるが，行動は不慣れなので，失敗も多い。けが

●園の近くの神社の境内で水たまりをみつけ，小石を入れたり水の中の石を拾って遊ぶ

（1歳6か月頃から2歳6か月頃まで）

●太鼓と保育士さんの声に応答して体でリズムを表現する

（1歳6か月頃から2歳6か月頃まで）

や事故に結びつかないよう常に十分気を配る必要がある。

　さらにことばがまだ十分でないので，自己表現は体によるものが中心となる。子どもの動きや表情，活動状況から子どもの要求や興味をよくくみ取って，適切な援助をする必要がある。事例7－2は1歳後半の子どもが初めて一人でパンツをはいた日，その感動を記録した保育者の実践記録である。大好きな水との戯れに夢中で保育者の誘いかけにも応じようとしない。「イヤ」ということは裏返せば「○○がしたい」という表現でもある。まだ時間の因果関係も十分把握できない子どもをことばで説得するのは至難のわざだが，行動や身体による表現からその行為の背景や意味をくみ取り，行動のリズムや気持ちの流れに添って活動の切れ目を提示してやれば，1歳児はすでに自分の力で気持ちを切り替え，行動に移すことができる。その際にはしばしばまわりの友達や大人の反応が具体的なきっかけとなる。

　手足を自由に動かせるようになった子どもは身体を交流の手段としてまわりの友達や大人とコミュニケーションを図り，彼らを模倣することで新しい動作や手段を獲得していく。したがって，さらに高度な身体運動を獲得していくためには運動の機会をつくるだけでなく，まわりの人間との具体的で相互的な接触の機会を増やしていく必要がある。

●事例7－2　5分が待てない

　戸外へ出ると，きまって「水出して」と要求してくるマサヒロ。ジョウロに水を汲んでは空け，空けては汲みをくり返している。水の感触が気持ち良くてたまらない様子。そして，トイレから出ても，パンツを脱いだまま，洗面台のところで，同じように出しっ放しにした水に手を当てて遊ぶこと5分。
「マーちゃん。お食事ですよ」の声もまるで耳に入らず，ひたすら水との戯れを続けている。いつもなら保育者が蛇口を締め，手を引いてきてパンツをはかせるところだが，あまりにも集中している様子なので，今日は「追い立てず，のんびり構えて見ていよう」と思い直す。
　すると，とっくに食事の準備ができている他の子どもたちの「いただきます」の声にハッとしたのか振り向き，「マーちゃんも食べる」とパンツとズボンを自分ではき（こんなことは初めてだが），エプロンを首に掛け，あわてて席に着いた。活動（遊び）に没頭しているときは，いくら揺さぶりをかけてもかえって逆効果だが，その欲求が十分に満たされ本人も納得した時に，やっとまわりの状況を受け入れようとするのがこの年齢なのかなと思う。それなのにその5分が待ちきれず，ついつい保育者が次の活動へと先導してしまいがちな日常を反省させられた。

（富山県射水市立堀岡保育園・石黒枝津子）

### 4　2歳6か月頃から3歳6か月頃まで

このころになると，子どもはかなり長く歩いても平気になる。走ったり跳んだりもさらに巧みになってくるので，しきりと高いところへ上りたがったり，段差のあるところからくり返し飛び降りたりする。走っている途中でパッと止まったり，くるりとすばやく向きを変えてまた走りだしたりなどができるようになるので，おいかけっこやかくれんぼが大好きになってくる。

このような遊びのなかで，行為や物を仲立ちとして友達とのかかわりはいっそう増えてくる。一緒に同じ行為を何度もくり返したり，互いに真似をしたり，時には反発したり，友達との交流は次第に複雑になり，身体表現だけでは自分の思いを十分に伝えられなくなることから，かんしゃくやぶつかりあいもいっそう激しさを増す。また，ルールを守って遊ぶことはまだ理解できず，苦手なので，保育者は遊びのリーダー的役割から，次第に子どもどうしの「つもり」や「思い」を伝えたり，つなげたりといった媒介者の役割をとっていく必要がある。

●しっかりと自由に歩けるようになり，狭い溝の中を進むこともできる。

（2歳6か月頃から3歳6か月頃ままで）

## 4　生活環境づくりと意図的取り組み

### 1　生活全体の中で

乳児用の保育室はぐっすり眠れる静かな部屋で，清潔で広いほふく（ハイハイ）コーナーがあることが望ましい。ただ広いだけでなく，つかまり立ちやよちよち歩きを助ける低くて安全な家具，子どもの興味を引きつける安全で魅力的なおもちゃ，上り下りできる段差や斜面のついた遊具などを用意して，子どもの自発的な運動を引き出すようにしたい。

できるだけ薄着にして体を動かしやすいように心配りする。食事はこぼしてもなるべく自分の手で食べられるように配慮することで，自分でやろうという意欲を育てる。

子どもはさまざまな場面での体の動き，身のこなし方を生活の場面で学んでいくので，モデルとなる保育者の行為はなるべくゆっくりと，一つ一つ丁寧に，段階を追って，さらに何度もくり返し行うことによって，子どもの目にしっかりと焼きつけるようにしたい。

### 2　遊びを通して

0歳児では感覚的な遊びが主となるので，遊び道具は，安全性を配慮した上で形や素材が単純で変化に富んだ多様なものを用意する。できるだけ自然

の刺激（水，土，風，太陽など）を受ける機会を多くし，全身を使ったダイナミックな動きを引き出すようにする。

道具は，はい上がる，よじ登る，飛び降りる，ぶら下がる，ころがるなど全身運動を促すもの，三輪車や手押し車，ブランコやシーソーなど子どもが自分で動かしたりバランスを取ったりするもの，ボールや輪投げ，積み木など集中力や細かい調整力を必要とするものなどを年齢に応じて計画的，総合的に用意しておく。

### ❸　意図的取り組みとして

#### Ⓐ　日光浴，外気浴，赤ちゃん体操，ベビーマッサージ等

0歳児が目覚めていて機嫌のよい時間帯に，一人一人だっこしたり寝かせたりして日課として行う。運動発達に有効なのはもちろん，感覚や内臓の機能を高め，一人一人の発達を確認し，子どもと精神的つながりを深めるのにも役立つ。ベビーマッサージ（タッチケアともいう）は赤ちゃん体操と類似のものだが，オイルを皮膚に塗ってやさしく全身をマッサージする。

#### Ⓑ　ハイハイ

ハイハイは直立二足歩行の前提として重要な活動だが，狭い日本の住居のなかではハイハイができる広い場所は少ない。いきおいハイハイが不十分なまま，あるいはまったくハイハイしないでいきなり立ち上がるという子どもが増え，1970年代より「歩き方が下手でよく転ぶ」「転んでも手が前に出ない」という幼児や学童の例が報告されるようになってきた。歩き方とハイハイの関連が指摘されるようになり，乳児期のハイハイの重要性が再認識されている。

ハイハイは，初め腹ばいから始まるので，できるだけなめらかな床の上で，動きやすい服装，たとえば肘や膝，足はむき出しにして活動させる。このとき，単に前進するだけでなく，しっかりと先に述べた交差パターンでのハイハイができるように援助する。木の床，畳，絨毯，芝生や砂，土の上などいろいろな場所で，階段やスロープでもハイハイができるように，生活に変化をもたせていく必要がある。

#### Ⓒ　散　歩

歩けるようになったばかりの子どもは歩くことが大好きだ。散歩は1，2歳児がとても喜ぶ遊びであると同時に，体全体をフルに使って，運動，認識，感情や人間関係などを総合的に育てていく重要な活動である。

初めは一人一人のペースや興味を尊重して，園庭などなるべく身近な場所

で小人数で行う。徐々に長い距離を続けて歩けるようになったら、子どもの能力に合わせて、多様な散歩プログラムをいくつも用意する。最初は道草の多い探索的な散歩から、やがて「公園に行って落ち葉拾いをしよう」「電車を見に行こう」といった目的をもって、目的地に着くまでは道草をせずしっかりと歩くといった散歩もできるようにする。2歳くらいになれば晴天の日だけでなく、雨や雪の中の散歩、風に向かって歩くなども外界の条件に合わせて体のバランスをとるという経験のためには貴重である。　　（立浪）

### やってみよう

❶　それぞれの発達時期における運動について観察してみよう。
　①　0歳前半　　　・首のすわり、寝返り。
　　　　　　　　　　・赤ちゃん体操やマッサージはどのように行われているか。
　②　0歳前半～1歳頃　・ハイハイ、おすわり。
　　　　　　　　　　・保育士と子どもの遊びはどのように展開されているか。
　③　1歳以後　　　・歩行と身辺自立。
　　　　　　　　　　・子どもどうしの遊びはどのように展開されているか。
❷　月齢に応じた全身運動を促す環境設定の工夫について考えてみよう。
❸　子どもが喜ぶリズム運動や手遊びについて調べてみよう。
❹　乳児の事故事例について調べてみよう。

### さらに学ぶための本

- 岩崎洋子・伊藤輝子　『園生活から生まれる乳幼児の運動〈1〉0～3歳児編』チャイルド本社　2002
- 西川由紀子『子どもの思いにこころをよせて ― 〇,一,二歳児の発達保育と子育て21』かもがわ出版　2003

## 2　手を使う　―手指の機能・事物の操作の発達と保育―

### 1　人間の手

#### 1　人間の手の特徴

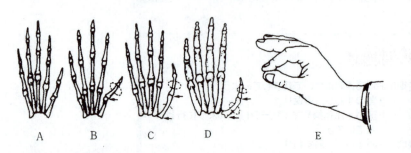

人間のすぐれた骨格装備によって親指の完全な対向性が可能になっている。収斂する四本の指と向かい合わせにできる親指は，多くの霊長類にもみられる（A－D）。しかし人間だけが親指と人さし指を完全に向かい合わせることができる（E）。
（Bower 1986）

図7－1
人間と他の霊長類の手のちがい

　姿勢の変化や移動のとき，食事，服の着脱，道具の使用，仕事，遊びなど生活のどの部分をみても手を用いない活動はないといってよい。また，私たちは人と向かいながら，知らず知らずのうちに手を使い，しぐさや身振りで自分の思いを伝えたり，相手の思いを受け取ったりとコミュニケーションを交わしている。出生後3歳頃までに，生活のなかでこのような，さまざまな手の使い方ができるようになる。
　親指と人さし指で「つまむ」動作は，道具の使用，道具の製作へと手の機能を発展させていった人間のみの特徴である（図7－1）。

#### 2　脳と手

　出生後の脳の発育とは，**神経細胞の成熟**をいう。これは，神経細胞の成熟過程が環境からの刺激によって大きく影響を受けていくことを意味する。
　手の動きは，最初，手のひらに触れた物を反射的につかむ（把握反射）という不随意的な動きから，見た物をつかもうとする（目と手の協応）などの随意運動へと進んでいく。神経系の成長が脊髄・脳幹系（不随意運動）から大脳皮質（随意運動）へと向かい，大脳皮質において感覚系と運動系が協応しあって，複雑にネットワーク化されていくことになる。
　大脳生理学においては，大脳皮質全体が連関しあって機能しているという前提の下に分業体制としての脳の局在論が言

図7－2
人間の大脳皮質の分業体制（左の大脳半球の外側面）

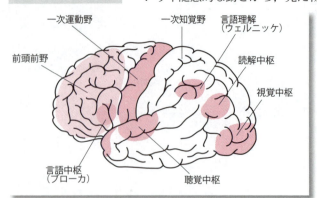

われている（図7－2）。見たものを手で触れたとき，手の皮膚の感覚受容器を通してインプットされた感覚が神経系統を上向し，新皮質の体性感覚野においてその物の形，大きさ，重さ，質感などが知覚される。その知覚が運動野へ伝達され，つかむ，振る，持つ，落とす，あるいは道具として使うなどの随意的な運動がなされる。同時に視覚野，音が出る場合は聴覚野にもネットワーク化されて，物がどのようなものであり，どのように動かすものなのかなどが認識されていくことになる。図7－3にあるように，大脳における手の領域の占める範囲が広いことは，私たちの生活において手がいかに重要な働きをしているかを示している。

（前頁）神経細胞の成熟：①樹状突起の伸展，分岐，②軸索の髄鞘化，③神経細胞の連結（シナプスの形成）をいう。大脳皮質の細胞形成自体（細胞数）は妊娠5か月でできあがるという。それ以降は神経細胞の成熟がなされ，一生続くことになるのだが，特に生後2,3年までが盛んである。

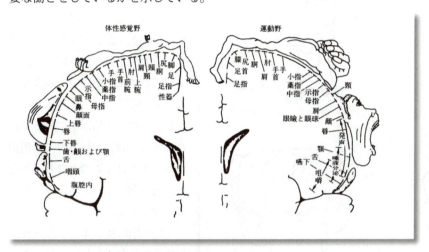

図7－3
人間の運動野と体性感覚野の分業。大脳半球を中心溝に沿って縦に切った切断面（W. Penfield）

## 2　手の機能の発達の概要

### 1　0歳前半

手の位置と動きはそのときの姿勢に大きく左右される。寝ていることの多い新生児期は，非対称性頸反射による姿勢をとることが多い。つまり，フェンシングをしている姿のような，顔が横向きの姿勢が多く見られ，手は親指が中に入った状態で握られている（図7－4）ことが多い。手のひらに触れたものをつかむ行動が見られるが把握反射によるものである。

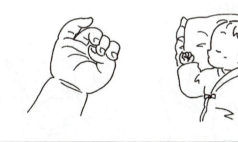

図7－4
1か月頃の手

● 親指は手のひらにくっついている

生後3か月頃になると目覚めている時間も長くなり，乳児は仰向けの姿勢の時には，自分の腕を少しずつ持ち上げられるようになり，目の前に見えた自分の手を眺めたりする（ハンドリガード）（図7－5上左）。この頃，近くの物や人の顔を注視したり，動く物を追視したりすることもできるように

なる。また手と手を合わせたり（もみ手），触れたものを握ったりする姿も見られる。

首がすわると，うつぶせの姿勢の時には，頭が持ち上がるようになり，肘を曲げた状態で体を支えはじめる（5か月）（図7-5上右）。その後，手のひらで体を支えるようになって，上半身が持ち上がるようになる（6か月）（図7-5右）。この頃は大人に腰を支えられて座れるようになり，手を肩の高さまであげられるようになっている。

図7-5
姿勢と手

● あお向けで自分の手を眺める。（上左）

● 肘を曲げた状態であごと肩を床から離す。（上右）

● 手のひらで床を支え，胸が持ち上がる。（右）

新生児期の親指が中に入っていたげんこつは，3か月頃より親指が外に出たげんこつとなり，手を握ったり開いたりするようにもなる（図7-6）。

5か月頃には5本の指が全部開いた"もみじ手"が見られ，物が手に触れると手を開いてつかもうとする。その頃から，目と手の協応動作，つまり，見たものへ積極的に手を伸ばしてつかもうとする行動がでてくる（図7-7）。

図7-6
3か月頃の手

● 親指が外に出たげんこつ

## ❷　0歳後半～1歳前半

生後半年たって，一人で座れるようになる頃，体を支えようと両手を床につく姿も一時期見られるが，腰がしっかり安定してくるにつれ，手は床から離れて自由になる。視野も広がって，自由に手を用いての探索行動が盛んになり始める。

子どもは目で捉えた物（おもち

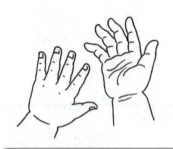

図7-7
5か月頃の手

● 5本の指が開いて物にふれる（もみじ手）

ゃ）を，手のひらに押し付けるようにしてつかみ，両手で引き寄せて，まず口に持っていって舐める。それから手に持ったおもちゃを"振る"ことをよくする。振った拍子に床やテーブルにぶつかったことがきっかけであろうか，"たたく"こともみられる。7か月頃からは，わしづかみのような手の持ち方で，片手で正中線（胸の真ん中）を越えて物を取ることもできるようになり，持っているものを他方の手に持ち替えたりもする。そうして，一方の手と他方の手を交互に用いることもできるようになる。一見単純なそれらの動作の繰り返しの中で，いろいろな物の性質（感触，大きさ，重量，質感）に応じた，乳児の身体を通しての物を扱い方や認知の基礎作りが，積み重ねられていく。

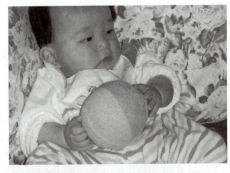

　乳児の認知力，記憶力は，9，10か月頃から飛躍的に伸びていく。おもちゃに布をかぶせると，それ以前ならもうおもちゃは目の前にないかのようにしていた乳児が，布を取り払って隠れたおもちゃを見つけるようになり，また，ついたての後ろの隠れた動くおもちゃの出てくる方向を予期して，視線をおもちゃの現れるほうへ移すようにもなる。乳児は少しずつ記憶を保持できるようになり，次第に期待をふくらませて人や物と接していくようになる。ハイハイができて自由に移動ができるようになると，志向性のはっきりした行動を示し，模倣行動も始まり，探索活動が盛んになっていく。

　肩や腕を大きく動かして物を次々に取り出すような探索をしていた乳児は，9，10か月以降，物を"置く"，物と物を"合わせる"，容器の中に物を"入れる"などの定位的行動をするようになる。ティッシュペーパーを箱から楽しそうにつかんでは次々取り出していた乳児が，この9，10か月を境にして，うまくはできないが，ティッシュペーパーを箱に入れようと箱に押し付けたり，タオルで口の周りを拭こうとしたり，帽子を頭の上にのせようとするようになる。つまり，物の意味に沿った物の使い方，扱い方をしていくようになる。乳児が物の意味を認識できるようになったということであり，以後，乳児は身近な生活様式（文化）を見てまねて習得していくようになる。

● 胸のまんなかでおもちゃを支える。（上）

● おもちゃやお菓子を持つ（中）

● 両手におもちゃを持って遊ぶ。（下）おもちゃを持ちながらお菓子を指先でつまんで持てるようになる。

　9，10か月頃は，親指と他の4本の指を対向させた把握ができ，また意図的に持っていた物を"放す"ことが新しい動作としてできるようになる。持っているおもちゃを相手に手渡す，相手から手渡された物をまた相手に手

### ● 事例7−3　おもちゃの扱い方が変わる

　Sは，お気に入りのおもちゃであるガラガラを，最初のうちはよく舐めていた。6か月頃になると，舐めるよりも振ったり，テーブルや床にたたきつけるようにして音を出して楽しむようになる。なじんだおもちゃは，そのおもちゃの特徴（振ると音がすることを知っている）を知って動かしているようだ。同じおもちゃでも日々注意してみると，扱い方が変化している。一見，単純な動作のくり返しに見えるが，そのくり返しの積み重ねのなかで子どもは，何かを得ている。つまり，何かが育っているのだ。

　ペグ人形の乗客が乗っている木製の乗り物は，Sが7か月の時に，初めて出会ったおもちゃである。座っているSの前にその乗り物を置くと，さっそく注意を引いたらしく，真剣な表情で手を伸ばして，乗り物全体をつかみ，力強く振った。乗客のペグ人形がその振動でばらばらに落ちてしまう。

今度は，落ちたそのペグ人形を一つ一つつかみ出した。手に持って振ったり，他方の手に持ち替えたりしてから，ペグ人形を口に入れて舐め始めた（木製で赤ちゃんが舐めてもいいように角がなく安全塗料が使用されている）。口の中に入れるのは，頭のほうであったり胴体のほうであったりする。以前のガラガラでは，最初に舐めることをしてから，振ることをしていたのに，今は振ってから，見て，それから舐めている。そして，口から出しては見つめて，また舐めることをくり返す。大人が別のペグ人形を差し出すと，空いている方の手でつかみ，両手にペグ人形を一個ずつ持った。そして交互に舐める。さらに，大人がもう一つのペグ人形をSの目の前に差し出すと，ペグ人形を持っている手を伸ばしてきて新しい人形をつかもうとして手を開き，それまで持っていた人形を落としてしまう。落ちた方のペグ人形には気も留めない。

　9か月になったSの前にペグ人形の乗り物を置く。Sは，人形をつかみ出すと，頭の方を口の中に入れる。口の奥のほうで噛むような口の動かし方もする。離乳食では，歯茎食べの時期にさしかかっているSである。大人が，ペグ人形を車に差し込むようにして乗せると，それを見ていたSが，同じように持っていたペグ人形を車に乗せて置くように放す。明らかに意図的に手から放そうとしている。まだうまく窪みに（結構小さい穴でそこに近づけはするのだが）入れられず，人形は車から滑り落ちてしまうが，大人の行動を模倣していることは確かだ。そろそろ車に人形を乗せようとしているのだろうか。もしそうなら，車は乗るものということがわかってきたということなのだろうか。あるいは，単純に物を窪みに合わせる（同定する）ことをし始めたのだろうか。

　1歳半近くになったSは，ペグ人形の乗った乗り物を「ブーブー（くるま）」と言って，左右に往復させ，動かすようにして遊んだ。大人がペグ人形をとってから差し込むのを見せると，同じように差し込もうとした。たまたまスーと入れられる時もあったが，的確にはめ込めなくて，何回か試しているうちに怒ったように投げ出すこともあった。

　Sは1歳10か月になった。ペグ人形

● 1歳10か月のS：カメラに向けて見せるように差し出す。ペグ人形の顔が，相手に見えるような位置にしているのに注目してほしい。

は，窪みになんなくスーと差し込むことができる。人形を自分ではずしてはまたスイスイと入れていく。四つの人形の顔の位置を同じ向きにしようとして，差し込まれている人形の顔を見ながらゆっくりまわすことも見られた。電車が大好きなSは，おもちゃの電車の後ろに，ペグ人形を乗せた車を「デンシャ」と言ってつなげ，一列にくっつけて置いた。そして敷居の溝を線路に見立てて，連結電車を線路に沿って走らせていく遊びをくり返した。

渡すことを繰り返すなどの，子どもと大人の間で物を媒介にしたやりとりをする。このやりとり（三項関係）は，乳児の認知力と手の操作機能の発達の大きな転換期を意味する。この頃から指さしが現れ，手（人さし指）を用いて要求や感動を伝えていくようにもなる。

1歳頃，親指と人差し指でつまむ"**ピンチ把握**"ができるようになると，小さなものをつまんでは器に入れる，落とすなどを繰り返すようになる（図7-8）。小さな食べ物（卵ボーロ）をつまんで一人で食べられるようにもなる。

自発的な遊びとしての多様な手の動作体験は，繰り返しの試行で腕や手の動かし方を調節しながら（図7-9），物を操作する力をはぐくむ。1歳半近くになると，子どもは身近な大人

「つかむ」動作（握力把握）と「つまむ」動作（精密把握）：
「つかむ」動作は，生まれたばかりの赤ちゃんもできるが「つまむ」動作，いわゆるピンチ把握は，生後1年後に獲得される。親指の発達により他の指，特に人さし指と対向運動ができる「つまむ」動作によって手の働きを高めることになった。

**図7-8**
1歳頃の手

● 手のひらによる熊手状把握。（左）
● ピンチ把握。（右）

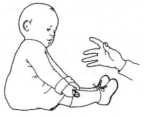

この絵は，2つの腕の位置を示している。（上）モノを手に取る位置。（下）その最初の試行の終わりにおける腕の位置。
以上は，モノを取ったとき，赤ん坊の腕が，どのようにたれ下がるかを示している。（ビデオレコードから描かれた）

どちらの絵も2つの腕の位置が重ね合わされて示してある：モノを取る位置と，その試行の終わりにおける腕の位置。上と下の絵を比較すると，最初の提示で得られた対象の重さの情報が同じ対象の二回目の提示で，すぐに適用されている。腕の動きが非常に減少していることに注目せよ。（ビデオレコードから描かれた）

● 6か月，7か月の子ども：物を手渡された時，重みで腕が下がっている。（左）
● 1歳頃の子ども：2回目は，1回目の経験を生かして調節されている。つまり予測されている。（右）

**図7-9**
重さの予測

(T.G. バウアー，岡本夏木ほか共訳『乳児の世界―認識の発生・その科学』ミネルヴァ書房 1979)

や仲間のしていることをまねて何でもしたがるようになる。ブラシを使って髪の毛をとかそうとする，スプーンやフォークを使って食べようとする，砂場でシャベルを用いて砂をすくって器に入れる，おもちゃの車を走らせる，積み木を積もうとする，ドアの開閉，テレビやビデオのボタンやスイッチを押して操作を試みるなど，次々と新しいことへ向かっていく姿が見られる。

> ●事例7-4　道具を使ってお手伝い？―やりたがりやの時期のT（1歳6か月）
>
> 　コンビカーに乗って遊んでいるTのそばで，私がほうきとチリトリを持ってきて庭の掃除を始めた。Tはすぐさまコンビカーから降りると近づいてきて，私が持っているほうきを持とうとつかむ。ほうきをTに持たせると，ヨタヨタとおぼつかない動きながらも，大人がするように片手で持って揺らすようにして掃いている。実際は，ユラユラと地面をわずかにかすっている程度なのだが。Tは，私の掃いている姿のどこまで意味をわかって真似ているのだろうか。ほうきというものを持って"掃く"という動作自体をやってみたかったのか……。はたしてTの眼にほうきで地面のごみを集めるという目的まで入っていたのかどうか……。
>
> 　とにかく最近，大人のしていることを目ざとく見つけ，すぐ真似ようとすることが多い。2，3か月前には，綿棒を持って自分の耳穴に入れかけたり，電気プラグに似た形の木片を実際のコンセントに差し込もうとして，まわりの大人たちをあわてさせた。親のことなど気にせず，静かに遊んでいる時ほど目が離せない。
>
> 　私がチリトリをTの"掃く"先に置いて「ここに入れて」と言うと，Tは，ほうきをチリトリの方へ向けて掃こうとする。ほうきの先がチリトリの端々に触れる。そのうち，両手でほうきを持つようになり，手の位置をずらしながら何度か持ち替えている。確かに大人に合わせて作られたほうきの重さは，Tには重いだろう。自ら道具を持つ手を道具に合わせて調整しているうちに，前より安定した掃き方をするようになった。Tが懸命にほうきで地面を掃き続けているので，私はチリトリを片付けて，今度はジョウロに水を入れて持ってきて，そばの鉢植えに水をかけていくことにした。
>
> 　鉢植えに水を注いでいるのを見たTは，持っていたほうきをすぐさま放るように投げ捨てて，今度はジョウロを持とうと，ジョウロの取手に手をかける。両手で何とかジョウロを持ち，よろめきながらも鉢の前で水をかけようと傾ける。ジョウロの水は鉢の手前でチョロチョロと少し流れた。
>
> 　私はこの大人用のジョウロではTには無理だろうと考え，バケツに水を汲んできて，プラスチックのカップで水をすくっての水やりをして見せた。案の定，Tはジョウロを放り出し，カップでバケツから水をすくっていく。Tは，カップですくった水を草花めがけ，私に続いて次々かけていった。
>
> 　次から次へと忙しく，よく大人のすることを真似ていくものだと私はおかしかった。子どもは，次々と視界に入った大人や年上の子の動作を真似て，いつの間にか生活の仕方を体得していくのだと，改めて思った。そして，やりたがりやの時期の子どものモデルになっていることに気をつけなくてはと感じた。

## ❸　1歳半〜3歳頃まで

　1歳前後に小さい物をつまめるようになった手は，"引っ張る""回す""押す""重ねる"などの動作において，ゆっくり動かす，そっと置くなど，指先の力の入れ方を目的に応じて徐々にコントロールしていく力を得ていく。本のページを一枚一枚めくることもできるようになり，ゆるい蛇口やビンのふた，ドアのノブも開けられるようになる。1歳半頃3個ぐらいまでなら重ねられた積み木が，1歳後半になると，10個ぐらいまで積み重ねることができるようになる。その後，積み木を横や縦に長く並べる，あるいはより高く積みあげようとする。
　2歳後半になると縦と横（2次元）にも並べ，さらにその上（縦，横，高さの3次元）に積み上げて，イメージに沿ったものをつくろうとする。日々の豊かな遊びの積み重ねの中で，積み木やブロックで構成していく遊びを可能にする，手指操作スキルが獲得されてく。

●アルバムのページをめくって遊ぶ

　成長とともに指先にさらに力がこめられるようになり，"突く""ねじる"，"ちぎる"などの動作も巧みになっていく。1歳前半では紙を与えられてもくしゃくしゃにするだけの動きであったが，2歳前半には，大人の手仕事に注意を向け，指先の動作を真似て自分でもしようとすることが多く見られ，折り紙を折ろうとしたり，粘土をちぎったりなどして変形させようとする。さらに2歳後半になってくると，モデルに注意を向け，なおかつ，モデルに合わせようとして自分の手を見て考えてまねようとする。そのようにして，複雑な動作，たとえば，折り紙の角と角を合わせようとする，ハンカチ，タオルを手で絞る，両手で土団子をこねる，はさみを使って紙を切る，ボールを上手投げで投げる，丸を描くなどができるようになってくる。
　3歳頃，子どもは食事や衣類の着脱などの身辺自立がかなりすすみ，絵描きでは顔らしきものを書き始め（図7−10），道具を使用して素材を変形させる製作活動も可能になってくる。パジャマの上着を着る場面をみても，服の内側の肩の方から手を入れて，もう一方の袖にも同様に手を通して（手の入れ方は難しくなる），ボタン穴にくぐらせるようにボタンを持つ手首をねじって回すように入れ込んで……と複雑，かつ巧妙に身体，腕や手指を服と協調させる動きを行っている。
　子ども自身の意欲から発する行為（自発的行為）が，物や人とのかかわりの世界を広げながら，遊び込まれれば遊びこまれるほど，子どもの内面に充実した達成感をもたらす。その達成感が，さらに新たなことに挑戦しようとする意欲や，取り組んだことをやり通そうとする力を育んでいく。そういう

体験の中で，子どもは手先を意識することなく用いて，いつの間にか，手で巧みに操作する技術を身につけていく。

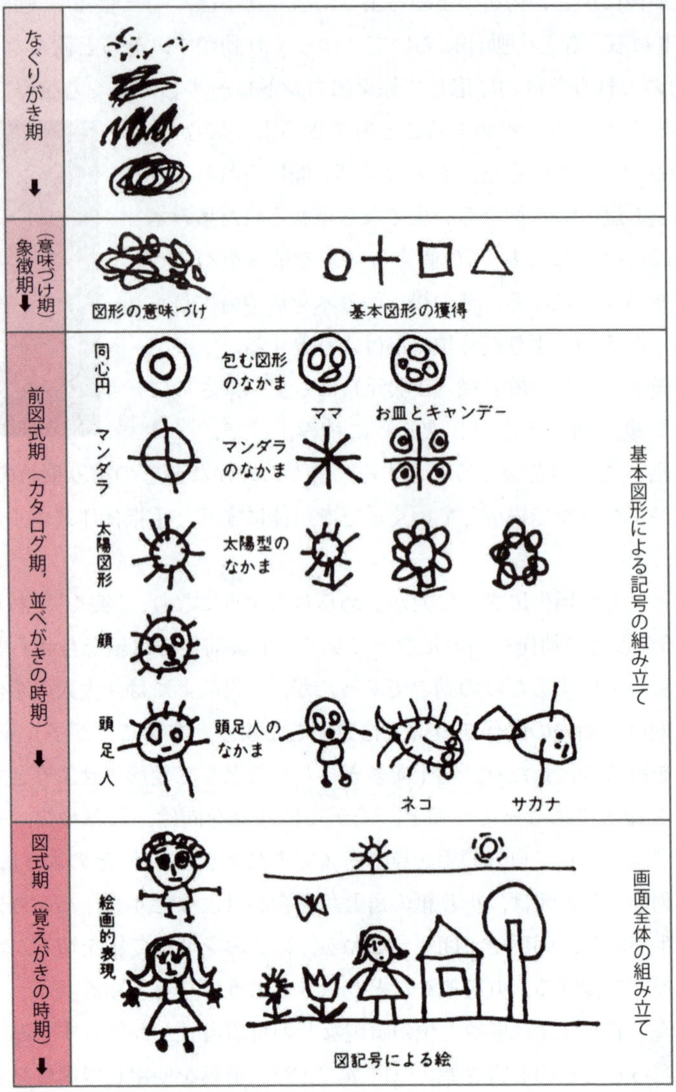

**なぐり描き期（スクリブル）：**
1歳～2歳半頃。紙に打ち付けた点，無秩序な線描きから，次第に一定方向の往復描き，グルグル描きへ。

**象徴期（意味づけ期）：**
2歳半～3歳以降。描かれた形に子どもなりのイメージを対応させた名前をつけるようになる。四角は4歳，三角は，およそ5歳頃から描けるようになる。

**前図式期（カタログ期）：**
3歳～4, 5歳。獲得した基本図形（円，十字，四角，三角）を組み合わせて絵として描いていく。一枚の紙に描かれた絵どうしは，羅列あるいは並置，乱置で，カタログのように見える。

**図式期（覚え描き期）：**
4, 5歳～7, 8歳。地面，空，左右などの位置関係をもった絵が描かれ，いわゆる絵が図式的になる。

図7-10
描画活動の発達段階

（長坂光彦『絵画制作・造形』川島書店　1977　上の各々の時期についての説明は簡略化してまとめた）

| | | |
|---|---|---|
| なぐりがき期 ↓ | 〔なぐりがき〕 | |
| 象徴期（意味づけ期）↓ | 図形の意味づけ | ○＋□△　基本図形の獲得 |
| 前図式期（カタログ期，並べがきの時期）↓ | 同心円／マンダラ図形／太陽型図形／顔／頭足人 | 包む図形のなかま／マンダラのなかま（ママ，お皿とキャンデー）／太陽型のなかま／頭足人のなかま（ネコ，サカナ）　基本図形による記号の組み立て |
| 図式期（覚えがきの時期）↓ | 絵画的表現 | 図記号による絵　画面全体の組み立て |

●事例7－5　2歳児クラスの製作－ブドウを指スタンプでつくる－

　活動の節目に，「トイレにいっておしっこをしようね」と声かけがなされる。2歳児クラスの15人の子どもたちは，半数近くが3歳近くか3歳を過ぎている。ほとんどの子が，自分でパンツを脱いでトイレのスリッパを履いてトイレでおしっこをし，戻ってくる。自分でパンツを履く子もいれば，「ヤッテ」と保育者に助けを求めて手伝ってもらってパンツやズボンを履く子もいる。3人の保育者は，次の活動の準備をする者，子どものトイレの手助けをする者と分担している。
　これから絵の具を指につけて，今（9月）が旬のブドウを子どもたちがスタンプのように塗って「ブドウづくり」をしていく予定だ。子どもたちがトイレに行っている間に，テーブル三つを並べ，テーブルの上のビニールクロスをかけておく。排尿後の着替えを終えた子らは，自分でいすを持ってテーブルのところまで行って座る。もう習慣になっているようで保育者の指示がなくても自発的に行っている。席は自由に座っていいことになっているようだ。先に座った子のいるテーブルに，後から来た子が次々と座ってしまい，一つのテーブルに固まりがちになる。「かなちゃん，こっちもあいてるよ」「ゆうくんは，こっちに座ろうね。」と保育者が声かけをして，何とか三つのテーブルに均等に座っていく。
　早めにテーブルについた子の一人が，ビニールクロスの絵柄（かわいいキティちゃんや小物）に沿って右手と左手を同時に内側から弧を描くように動かすと，他の子もそれぞれの位置で同じように右手，左手を内側から同時に弧を描くように回していく。同じことをしながら顔を見合って互いに笑っている。
　保育者が「これなーんだ」と，実のない状態のブドウの房の絵をみんなに向けて見せる。「ブドウ！」と答える子がいる。保育者は「そうか，さっきブドウの絵を描くって言ったものね」と言いながら，カップ（ゼリーが入っていたもの）に入っている絵の具を見せる。子どもによっては，指に絵の具のようなドロドロとしたものがつくのを嫌がる子もいるので，「指についた絵の具は，後で水で流すときれいになるからね」と伝える。それから人さし指の先につけた絵の具を，子どもたちによく見えるように画用紙上のブドウの枝先に丸くまわし塗っていく。「ブドウができたね」「大きいブドウをつけるよ」「いっぱいつけるよ。おいしそうだね」モデルをくり返し子どもたちに示す。どの子も保育者の描くブドウにひきつけられるように見ている。
　実なしのブドウの房が描かれた画用紙が一人一人に配られる。続いて一人ずつに絵の具入りのカップ。きれいな丸いブドウの実をいくつも指先でつけていく子，一つのブドウを大きく描いて，後はサッ，サッと小さななぐり描きで済ます子，小さな線描きと小さなグルグル描きで「ブドウ」のつもりの子と，いろいろなブドウができあがった。
　絵の具が乾くまで，部屋の上部にかけられた綱に洗濯ばさみでブドウの描かれた画用紙がつるされていく。「ブドウ，ハッテルヨ」とつるされた方を指さして言う子に続いて，「アヤノハ？」「リクノハ？」「ボクノハ？」と次々自分の作品に注目したがっていた。

### 3　保育者の援助

　乳児の側から人に物を手渡すなどのやりとり行為は，1歳近くなってからであるが，それ以前にも乳児は物とかかわっているときよりも，人とかかわっているときのほうがより豊かな表情を見せる。人と物を区別して反応しているということであり，親しい人に会うと，手足をばたつかせたり，体を乗り出したり（0歳前半），おもちゃを手渡してくれる人を見たり（0歳半ば），おもちゃと遊んでいてそのうれしい気持ちをそばにいる親しい大人に向かって示したり，おもちゃを取ってほしい気持ちを喃語で伝えようとしたり（0歳後半）する。これらのことから，子どもの気持ちが物（おもちゃ）のほうに強く向いて遊んでいたとしても，そばに一緒にいてくれる大人がいることで安定し，物に向かう意欲も増し，物に向かって打ち込んでいけるのだということを心にとめておくことが大切である。

#### ❶　0歳前半の保育上の配慮

　乳児が自分で姿勢を変えられないこの時期は，保育者が抱いてあげたり，あお向け，うつぶせ，支えすわりの姿勢をつくってあげたり，場所を時々変えてあげることによって，乳児にとって見たり，聞いたり，触れたりする世界（感覚体験）が広がる。

　あお向け寝の頃の遊びの舞台は主に胸の上にあり，きれいな音色，カラフルな色，動く物，たとえばオルゴールメリーやモビールのようなものが乳児をひきつける。手に触れるもの，口に入れても危なくないもの，たとえばタオル地の小さなぬいぐるみなどを手に乳児の手に触れそうな場所に置いておくのもいいだろう。（表7-2）

　うつぶせの姿勢のときは，目の前に興味を引くものがあると体全体でそのものへ向かって体を起こそうとする。うまくつかめなくとも，触れることによって音を出して動くおもちゃは乳児にとって物を変化させるという有能感（コンピテンス）をもたらし，物に働きかける意欲へとつながる。

　腰を支えられておすわりができるようになる頃は，物に向かって腕や手が動き始め，見たものを手でつかもうとする動きが見られる。乳児の手の届く範囲に乳児をひきつけ，つかみやすいようなおもちゃを声かけしながら提示するとよい。そのような機会が保育者のひざの上に抱かれた状態で，多く与えられることにより，見るもの，聞くもの，触れるものの世界が心地よいものとして豊かさを増していく。

　手の動きを，乳児の気持ち（自発性）との関係でとらえることが重要で，このことについて田中昌人（1982）は，「手で遊ぶことが必要だとしても，おもちゃをいきなり手に与えるのではなく，赤ちゃんがまず目と気持ちでと

第7章　身体機能の発達と保育　123

| 手指の機能の発達 | おもちゃを選ぶ時のポイント | おもちゃの例 |
|---|---|---|
| **3か月頃まで**<br>・親指が中に入った握り手が多い<br>**3か月頃から**<br>・仰向け状態で腕を持ち上げ，自分の手を見る（ハンドリガード）<br>・親指が外に出た握り手<br>・自分の指と指で遊ぶ<br>・手に触れたものをつかもうとする | ・視覚，聴覚を刺激する物　カラフル，動く，音がでる。<br><br>・触れた時に感触が良く，口に触れても安全な物<br><br><br><br>・赤ちゃんの手に握りやすい物 | |
| **5, 6か月頃から**<br>・5本の指が開いたもみじ手<br>・見たものに手を伸ばして手のひらでつかむ（協応動作の始まり）<br>・つかんだ物を口に持っていき舐める<br>・両手でつかむ。持ちかえる<br>・振る，打ち付ける<br>**7か月頃から**<br>・小指の方からわしづかみ<br>**9,10か月頃から**<br>・親指と他の4本の指が対向した把握<br>・放せる。落とすことを繰り返す<br>・取り出す，引っ張り出す<br>・手づかみ食べが始まる | ・手全体（わしづかみ）でつかめるもの<br>・直径が32mm以上の大きさ<br>・舐めても安全なもの<br><br><br><br>・いろいろな素材で多様な感触，質感の物<br><br><br><br><br><br>・大人と物のやりとり（ボールなど）<br>・容器に物を出し入れする | |
| **1歳頃から**<br>・定位的行動（合わせる，置く，重ねる，入れる，など）<br>・手さしから指さしへ。<br>・ピンチ把握―小さいものをつまむ<br>・動作模倣<br>**1歳後半から3歳頃まで**<br>・道具を使った操作<br>・指先の力のコントロール（まわす，重ねる，ねじる，突く，ちぎる）<br>・モデルを見てまねる | ・引いたり押したりすると面白い動きや音色がするもの<br><br>・大きさが異なり入れたり積み重ねたりできる物（積み木やパズル，はめ板）<br>・具象的なおもちゃ（乗り物類，簡単なままごと遊びの道具，砂場遊び道具など）<br>・指先の力や動作にコントロールが必要な物（ブロック，ひも通しなど）<br>・素材の変形活動（折り紙，粘土，はさみで切るなど） | |

表7－2　手指の動作の発達とおもちゃ

らえるように示して，赤ちゃん自身がそのおもちゃに到達したくなって手に取るようにいわば心の育ちを大切にします。赤ちゃんが目標を受け止め，自発的な活動を起こしていくように援助を工夫しましょう。」と述べている。

### ❷　０歳後半からの保育上の配慮

　おすわりが安定すると手を自由に動かせるようになり，手を用いた探索活動が盛んになる。いろいろな素材の物にできるだけ多く触れる機会があると多様な感覚体験が得られる。

　離乳食のとき，目の前の茶碗やお皿をひっくり返したり，手づかみ食べが始まって周囲を汚すなど大人にとって一見困ったような行動がみられる。自分の手でつかんで口へ持っていくというステップを経て，スプーン・フォーク・箸などが使えるようになる。新しい力の発揮へと向う準備段階という見通しを持って，その時々の力を生かす援助が保育者に求められる。

　ハイハイで移動が自由になると，目標に向かう力はさらに強くなり，保育者は目が離せなくなる。手にした物を何でも口に入れがちな時期は，誤飲に注意し，口に入れても危なくない物だけを置くなどの配慮が必要である。物を認識する力が育っていくに従い，ほぼ１歳半頃から食べられる物と食べられない物とが区別できるようになっていく。

　また模倣行動が出始める１歳頃から，言葉と結びついた動作模倣を楽しむようになる。「イナイイナイバー」「イイコイイコ」「カイグリカイグリ」「バンザイ」など簡単なものから，向き合って楽しい交流場面がもてるようになる。それはやがて保育者と子どもたちとの楽しい手遊び（図７−11）に発展していく。

---

●コラム７−１　指しゃぶり

　1920年代にヨーロッパで歯科医から歯並びへの警告として注目されるようになったが，フロイトの影響で欲求不満，愛情不足が原因など，さまざまな解釈がなされてきた。しかし，現在は，口唇探索反射をきっかけに始まり，その吸啜機能は，後の摂食行動や言語発達上にも，むしろプラスに働くものとして見直されている。田中昌人氏は，指しゃぶりを子どもがよく持ち歩くタオルやなじみのおもちゃなどと同様，"心の杖（つえ）"と名づけ，子どもの気持ちの調整に役立つものとしてとらえている。指しゃぶりは，成長とともに次第に減って，やがて入眠時に見られるようになる。３歳以降にも日中の指しゃぶりが見られた場合，気にする親もあるが，よく遊べていれば，歯並びへの影響を除いては，単なる癖（くせ）として自然に取れるのを待つというとらえ方になってきている。

子どもにとって，興味をひきつける身のまわりの物すべてがおもちゃとなりうる。大人の目には"いたずら"として映る子どもの盛んな探索行動は子どもにとっては，内的世界を構成し，イメージをふくらませ，知らず知らずのうちに生活技術をも身につけていく実り豊かな時間と空間となる。

保育園は，子どもの育ちのための環境に整えられるという利点がある。その利点を生かし，安全面に留意しつつ，豊かな"いたずら"をたっぷり保障していくことが望まれる。保育者は，子どもの気持ち（意欲）を捉えつつ，たっぷり遊びこめるような援助をしていく大切な役割を担っている。（大場）

● **あたま かた ひざ ポン** 作詞者不詳・外国曲
メロディーは「ロンドンブリッジ」

- 歌いながらからだの部分を手でさわっていく。「め・みみ・はな・くち」のところは，他のからだの部分に変えて遊べる。
- 2歳児くらいから遊べる。

図7−11
乳児と大人の模倣遊びの一例

> **やってみよう**
>
> ❶ "いたずら"場面をとらえ，子どもの表情や動きについて詳細に観察記録をつけてみよう。
> ❷ 手を使う遊びを引き出す"おもちゃ"（市販の物でなくてもよい）には，具体的にどんなものがあるか，各月齢・年齢別に調べてみよう。

> **さらに学ぶための本**
>
> - 鈴木良次『手のなかの脳』東京大学出版会　1994
> - 竹下秀子『赤ちゃんの手とまなざし』岩波書店　2001

> **引用・参考文献**
>
> - 鈴木良次『手の中の脳』東京大学出版会　1994
> - 田中昌人・田中杉恵『子どもの発達と診断1・乳児期前半』大月書店　1981　p.199
> - T.G.R. バウアー，岡本夏木ほか共訳『乳児の世界―認識の発生・その科学』ミネルヴァ書房　1979　p.169
> - 向井美恵編『食べる機能を促す食事―摂食障害児のための献立，調理，介助』医歯薬出版　1994

# 第8章 基本的生活習慣の獲得と保育

## 1　食　べ　る

　生まれて間もない赤ちゃんには，誰に教えられなくても，すぐに母乳を飲むことのできる能力が備わっている。初めての授乳，それは生を受けこの世に生まれ来た赤ちゃんにとって，生きるための営みの第一歩である。安心と安らぎの中での授乳を通して，離乳食を通して，生涯にわたる食べることへの基礎を作っていく。食事は子どもの健やかな成長を支える一本の柱である。目の前の子どもとていねいに関わりながら，強くしなやかな柱を作っていきたい。

　ここでは，子どもの食べる機能がどのように発達をしていくのか，またその発達に合わせて，どのような配慮が必要であるのか，乳汁栄養，離乳食，幼児食について学ぶ。

### 1　乳児期の食事の意義

　子どもの特徴は常には発育・発達していることである。特に乳児期は身体発育の最も盛んな時期（第一次成長期）を含み，生命維持のためだけではなく発育増生するためのエネルギー・栄養素も摂取しなければならない。しかしながら，乳幼児は成人とは異なり，各臓器の機能は未発達であり，1回の

食事で摂取できる量も限られている。そのため，食事のあり方（使用食品，調理形態，食事回数）などにきめ細かい配慮と工夫が必要である。

## ❶ 乳汁栄養

乳汁栄養には，**母乳栄養**，**人工栄養**（育児用調製粉乳），**混合栄養**（母乳＋育児用調製粉乳）がある。**母乳**は，乳児の消化・吸収に適しているだけでなく，感染防御因子を含むなど，様々な母乳ならではの利点がある。厚生労働省の「平成27年度乳幼児栄養調査」の結果を見ると，授乳期の栄養方法は，10年前に比べ，母乳を与える割合（母乳栄養と混合栄養の合計）が増加し，生後1か月では約96％，3か月では約90％。また，母乳のみを与える（母乳栄養）割合は，生後1か月で約5割となっている。

出産した母親の多くは「できれば母乳で育てたい」（図8-1）と願っているが，母乳を継続していくためには，母親の強い意思と共に，周囲の協力体制や社会的環境の整備も重要である。多くの母親は，母乳が足りているかなど不安を感じていることが多いが（表8-1），その場合には，十分に相談にのり，不安が軽減されるように努める。また様々な事情や母親の就労などにより，集団生活になる場合には，母乳を継続できるように，冷凍母乳の受け入れ態勢を整え，母乳継続を支援していくことが大切である。人工栄養や混合栄養なども同様である。

どの栄養方法においても，一人一人の子どもの状態に応じた授乳の時刻，回数，量，温度に配慮することが大切である。乳汁栄養は自律授乳を基本としており，月齢が低ければ低いほど，そのリズムには個人差がある。その子どもの持つリズムを尊重した授乳環境に配慮し，ゆとりある時間と空間を確保し，子どもが安心し，ゆったりとくつろいだ雰囲気の中での授乳を行うように工夫する。

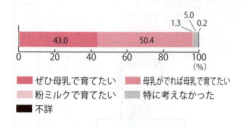

**図8-1**
母乳育児に関する妊娠中の考え
（厚生労働省・平成27年乳幼児栄養調査）

**表8-1**
授乳について困ったこと
（厚生労働省・平成27年乳幼児栄養調査）

| 授乳について困ったこと | 総数<br>(n=1242) | 栄養方法（1か月）別 (n=1200) | | |
|---|---|---|---|---|
| | | 母乳栄養<br>(n=616) | 混合栄養<br>(n=541) | 人工栄養<br>(n=43) |
| 母乳が足りているかどうかわからない | 40.7 | 31.2 | 53.8 | 16.3 |
| 母乳が不足ぎみ | 20.4 | 8.9 | 33.6 | 9.3 |
| 授乳が負担，大変 | 20.0 | 16.6 | 23.7 | 18.6 |
| 人工乳（粉ミルク）を飲むのをいやがる | 16.5 | 19.2 | 15.7 | 2.3 |
| 外出の際に授乳できる場所がない | 14.3 | 15.7 | 14.4 | 2.3 |
| 子どもの体重の増えがよくない | 13.8 | 10.2 | 19.0 | 9.3 |
| 卒乳の時期や方法がわからない | 12.9 | 11.0 | 16.1 | 2.3 |
| 母乳が出ない | 11.2 | 5.2 | 15.9 | 37.2 |
| 母親の健康状態 | 11.1 | 11.2 | 9.8 | 14.0 |
| 母乳を飲むのをいやがる | 7.8 | 3.7 | 11.1 | 23.3 |
| 子どもの体重が増えすぎる | 6.8 | 5.8 | 7.9 | 7.0 |
| 母乳を飲みすぎる | 4.4 | 6.7 | 2.2 | 0.0 |
| 人工乳（粉ミルク）を飲みすぎる | 3.7 | 1.1 | 6.1 | 7.0 |
| 母親の仕事（勤務）で思うように授乳ができない | 3.5 | 4.2 | 3.0 | 0.0 |
| 相談する人がいない | 1.7 | 0.8 | 2.6 | 0.0 |
| 相談する場所がない | 1.0 | 0.3 | 1.7 | 0.0 |
| その他 | 5.2 | 4.9 | 5.7 | 4.7 |
| 特にない | 22.2 | 30.4 | 11.8 | 30.2 |

総数には，栄養方法「不詳」を含む　　（％）

## 2　離乳食

　離乳とは母乳または育児用ミルクなどの乳汁栄養から幼児食に移行する過程である。乳児は慣れ親しんでいた乳汁から，徐々に食べ物を噛み潰して，飲み込むことへと発達していく。この食べる機能は自然に身についていくわけでなく，乳児の口腔機能の発達に合わせた調理形態へと変化させた離乳食を食べていく中で，獲得していくのである。そのため，保育者は乳児の口腔機能の発達を理解し，一人一人の子どもの発育状況，咀嚼，嚥下機能の発達状態に応じて，食品の種類や量を増やし，調理形態や食具に配慮するなど，きめ細やかな対応が必要とされる。

　離乳のすすめ方については，平成19年に厚生労働省から示されている「授乳・離乳の支援ガイド」を参考にする。「授乳・離乳の支援ガイド」は母子手帳にも掲載されており，保育所，市町村の保健センターや病院での離乳食指導の際に，指針として活用されている。

　また，家庭と集団と両方に生活の場がある場合には，乳汁栄養の考え方と同様である。家庭での離乳食の内容により，保育所での離乳食を与える時刻，食品，与え方などを調整する必要があり，家庭と密に連携しながら取り組むことの体制作りが大切である。

## 3　幼児食（1～2歳）

　幼児期は乳児期よりも発育速度は緩やかになるものの，引き続き身体発育の盛んな時期であり，多くのエネルギーや栄養素を必要とする。しかし，まだ乳歯20本がすべて生え揃っている時期でもなく，消化・吸収器官もまだ未熟である。また離乳も完了に近づくと，献立も大人と近いものになってくるが，上記にも述べたように食べる機能は完成しているわけではなく，食器や食具の使い方も発達段階の途中である。

　そのため，1～2歳児の食事については咀嚼や摂食行動の発育を促していくことができるように食品や料理の種類を広げ，食べることが楽しい，自分で食べたいという意欲を培うことができるような食事内容や，食器・食具の種類などに配慮することが必要である。同じ食材でも，調理方法によって子どもの食欲は左右される。食べたいという意欲を高めるためには，子ども一人一人の咀嚼・嚥下機能や食指機能，食具使用の発達状況に沿った調理方法で食事を提供することも大切である。

　例えば，3歳以上になってくると個人差はあるものの，スパゲティのようなものも，クルクルとフォークに巻くこともできるようになってくる。しかし，1～2歳児の場合には，まだフォークで食べることは難しく，スプーンにのる大きさにスパゲティを折ってから調理するなどの工夫が必要である。

| | | 5～6か月頃（前期） | | 7～8か月頃（中期） | | 9～11か月頃（後期） |
|---|---|---|---|---|---|---|
| 口の動かし方 | | ・口を閉じて飲み込めるようになる | | ・モグモグして飲み込む<br>・舌とあごでつぶす<br>・舌の上下運動 | | ・カミカミして飲み込む<br>・頬に食べ物を持っていき、歯ぐきとあごでつぶす<br>・舌が自由に動かせる |
| | | | | 舌は前後運動 | | |
| 食べ物の形態（味付け） | 月齢 | 5か月 | 6か月 | 7か月 | 8か月 | 9か月～ |
| | | なめらかにすりつぶした状態（ポタージュ状）だしは素材の味 | | 舌でつぶせる固さ（豆腐くらい）風味付け程度に素材を生かした味付け | | 歯ぐきでつぶせる固さ（バナナくらい）薄味を心がけましょう |
| 主食 | 米 | つぶしがゆ | | 全がゆ 50～80 g | | 全がゆ 90 g ～ 軟飯 80 g |
| | パン | ― | みじん切りをすりつぶした状態 | 食パンを切りミルク煮（8枚切りの1/2くらい）スティックに切ったパンは手に持って | | 持ちやすい大きさで |
| | 穀類 | ― | みじん切りをすりつぶした状態 | 1～2cmのやわらか煮 | | |
| | いも類 | マッシュしたものをスープでのばす | | 1cm角のやわらか煮 煮る ふかす | | |
| たんぱく質 | 魚類 | 白身魚すりつぶし | | 魚ほぐし（煮魚、焼き魚、ムニエルなど 10～15 g | | 煮魚、焼き魚、ムニエル、天ぷらなど 15 gくらい |
| | 大豆製品 | 豆腐すりつぶし 25 g | 煮豆・納豆（ゆでたもの）つぶし | 豆腐角切り そのままの大きさで | | 45 gくらい |
| | 卵 | ― | ― | | 卵黄から → 1/2個 | 卵焼き、オムレツ、ゆで卵など |
| | 肉類 | ― | ― | 鶏、豚ひき肉 そのままで 10～15 g 鶏ささみ、レバー、すりつぶし | | 15 gくらい |
| | 乳製品 | ― | ― | 牛乳煮、シチュー、ヨーグルト、チーズ | | 飲用牛乳は1歳から |
| 野菜・その他 | 野菜 | くせのない野菜から（かぼちゃ、にんじん、かぶ、キャベツ）●緑黄色野菜を摂りましょう | | 大根、小松菜、やわらか煮（1cm角）20～30 g | | 大人の食べるものにひと手を加え、食べやすい大きさ、やわらかさに 30～40 g |
| | 果物 | ― | ― | ― | | やわらか煮 |
| | 階層 | ― | ― | みじん切りをよく煮て（わかめ、とろろ昆布） | | やわらか煮 |
| | 油脂 | ― | 大人がだっこ等であげる | バター、マーガリン | | 植物油 |
| 食べ方 | | | | ・スティック状（野菜、パンなど）手に持たせて | | ・手づかみ食べと大人の介助<br>・自分で食べる意欲を育てましょう<br>・コップ（口径の小さい薄めの）で飲む練習も |

1回食 → 2回食 → 3回食 → 4回食

第8章 基本的生活習慣の獲得と保育 131

| | 9～11か月頃（後期）<br>← 4回食 | 12～18か月頃（完了） |
|---|---|---|
| | 歯の生え方、口の動きをしっかり見てあげましょう<br>※歯の生え方も個人差があります | ・歯ぐきでつぶす<br>・前歯で噛み切る  | ・歯が生え揃ってきます（12～16本くらい）<br>・奥歯で噛んで食べます  |
| | | 1日4回きちんと食べましょう（朝食もしっかりと）主食、副菜を組み合わせましょう | だいたい大人と同様のものが食べられるようになります |
| 主 食<br>(米、パン、穀類) | | 麺類、スパゲティ、中華そば（短めに）<br>スプーンですくえるような長さに | フランスパン（薄切り） |
| たんぱく質<br>(肉、魚、卵) | | ひき肉、レバー | 薄切り肉、かたまりの肉（フライドチキンなど）を経験として取り入れましょう |
| | | | 1日の食事 ミルクから牛乳になります<br>●朝 食：ロールパン、オムレツ<br>●午前食：ほうれんそうランチ、ヨーグルト<br>きつねうどん、肉団子<br>●午後食：かぼちゃの煮物、牛乳、果物<br>ホットケーキ、魚ムニエル<br>●夕 食：軟飯、わかめスープ、<br>ポテトサラダ |
| 野 菜 | | 生野菜は食べにくいので、茹でられるものは茹で、大人の食事に少し手を加え、食べやすい大きさ、柔らかさにしてあげましょう | 生野菜（サラダ） |
| 果 物 | | 薄切り<br>（1～2cmくらい） ラップして電子レンジで30秒（1枚） | 2～3cm |
| 食べ方 | | ・自分で食べる（手づかみ）意欲をのばしましょう<br>・手づかみで自分で食べることを学んでいく時期です | ・コップやお椀を両手で持って飲む<br>・スプーンに興味を示すようになります 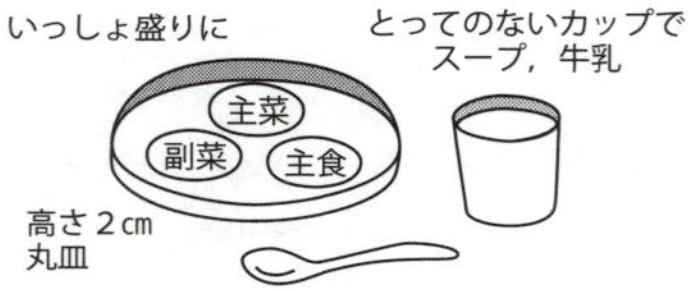 | ・スプーンで（上にぎり）食べられるようになる（だいぶ上手になる）（まだまだ不安定です） 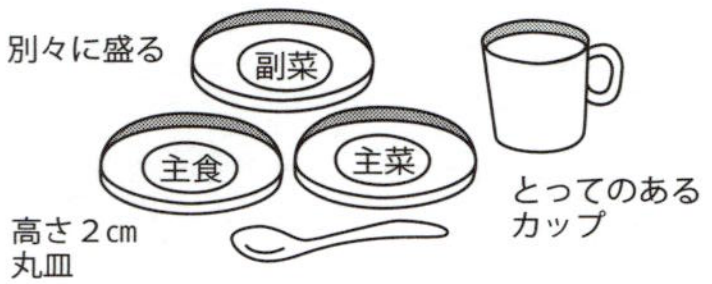 |
| | | いっしょ盛りに<br>高さ2cm 丸皿<br>とってのないカップ<br>スープ、牛乳 | 別々に盛る<br>高さ2cm 丸皿<br>とってのあるカップ |

図8-2　離乳食の進め方

(小野友紀「授乳・離乳の支援ガイドにそった離乳食」)

この時期，味そのものは苦手でなくても，食べにくい食べ物を嫌う傾向が見られる。そのため，子どもの様子を十分に観察し，固い素材には隠し包丁を入れたり，柔らかく煮るなど，常に子どもの発達状態に合わせて切り方，大きさ，固さなどの調理形態を対応させていく。

### ❹　食事場面は人のかかわりの場

　子どもにとっての食事は「食べたい」，「さわりたい」，「一緒に食べたい」，「話したい」「知りたい」等々，子ども自身が意欲をもって物や人にかかわる体験の場である。子どもが思わず口にしたくなるような彩り豊かな盛りつけ，おいしさの経験や発見を繰り返すうちに，おいしさには味覚だけでなく匂いや音，見た目，歯ごたえ，一緒に食事をする人や環境も大切であることがわかるようになっていく。「一緒に食べたい人がいる」という気持は，みんなで食べる楽しさの中から育まれる。周囲の大人は子どもが食べることを援助するとともに一緒に食べるようにしたいものである。

　また保育所の食事も子ども自身が意欲をもって物や人にかかわる体験の場であることは変わりなく，子どもが保育所の食事を通して「食を営む力」の基礎を培う事ができるように物や人を計画的に配置しつつ，一人一人の子どもの食生活に沿って柔軟に対応することが大切である。

　子どもが「一緒に食べたい人がいる」という気持ちを養うことのできる環境を整備すること，例えば保育所という集団生活の場であっても，家庭での食事とかけ離れないように，食事をつくる場と食べる場をつなげ，子どもに生産者や食事をつくる人の顔が見えるように工夫することで興味，意欲，安心感をもって食べることができる。実際に食事を作っている栄養士や調理員とも一緒に食事をする機会を設け，今食べている「食べものの話しをする」ことができるといった工夫や，異年齢の子どもや地域の様々な人と食事をする機会を設けることは，子どもの食の世界を広げ，さらに食べることへの意欲や興味を高めることにつながる。

　保育所の給食は食事の提供のみに留まるものではなく，子ども自身や保護者や地域の人々の参加も含む，調理保育や試食会など様々な活動と結びつけながら，多様な観点から食事の楽しさや大切さを伝えていくチャンスでもある。そのためには，保育所の食事が子どもにとって，楽しく，おいしく，あたたかく展開されるように，保育士と給食室が力をあわせて取り組むことが望まれる。

　子どもは毎日の保育所での食事を通して，食事をつくる人を身近に感じ，つくられた食事をおいしく，楽しく，時には泣きながらも食べ，「食べること」「生きること」を言葉ではなく経験から学んでゆくことができるのである。

## 2　食事行動の発達の概要

また厚生労働省から示されている「**発育・発達過程に応じて育てたい力**」では，授乳期・離乳期には「安心と安らぎの中で食べる意欲の基礎づくり」を，幼児期には「食べる意欲を大切に，食の体験を広げる」こと，学童期には「食

**表8－2　食事行動と食器の使い方**

（たかさご保育園事例）

| 年　齢 | 食行動目標 | 食器具 | 食べ方 | 保育者の援助，介助 |
|---|---|---|---|---|
| 5〜6か月 | ゴックン期 | ●あまり深さのないスプーン<br>●保育者がとりやすい，量に見合った大きさの食器を用意する。 | 介助にて食べる。口からこぼれることが多い。 | ゆったりと落ち着いた気持ちで，無理強いしない。 |
| 7〜8か月 | もぐもぐ期（舌を横に動かす） | ●スプーン<br>●食器　同上 | スプーンに手を出す。 | 右手にスプーンを持たせておくと満足する姿がある。 |
| 9か月 | かみかみ期（歯肉と舌で食べる） | ●スプーン<br>●食器　同上 | スプーンを口の中に入れようとする。<br>介助で水分のカップ飲みができる。（1回飲み） | 噛むことを促す言葉かけをする。 |
| 10〜12か月 | かみかみ期 | ●スプーン<br>●手づかみ<br>●手づかみしやすい食器を用意する。（大きめで重みがあり動きにくいもの） | 食べたいものを指さす。<br>食品を手でつかみ食べようとする。（わしづかみが多い）<br>前歯で噛み切ることができる。<br>介助で水分のカップ飲みが続けて飲める。 | 手で持って食べるものも準備する。<br>一品ずつ出すのではなく，食事はすべて子どもの目の前に出す。 |
| 1歳〜1歳半 | 乳切歯，歯肉で噛む | ●子どもの手に持ちやすいスプーン<br>●両手付きカップ<br>●食器　同上<br>おかず皿は立ち上がりのある深めのものがよい。茶碗，汁椀は陶磁器で小さめのものを用意する。（自分で持って食べる） | ●スプーンも使おうとするがまだまだ手づかみが多い。（スプーンの持ち方は順手持ち）<br>●スプーンを食べ物の中に突っ込み，時々口に入れることができる。<br>●遊び食べが始まる。（手でこねる。落とす。食べ物を口に入れたり出したりする）<br>●こぼすこともあるが，水分をカップで1人で飲むことができる。 | 自分で食べようとするがまだ介助が必要，さりげなく口に入れてあげる。<br>スプーンに食べ物をのせてあげると自分で口まで持っていき上手に口に入れる。<br>遊び食べが始まったらそれとなくたしなめる。（マナーを伝える） |
| 1歳半〜2歳 | 乳臼歯で噛む | ●スプーンのほかフォークも使う。<br>●食器　同上 | ●たいていのものは1人で食べる。<br>●スプーンやフォークの持ち方は順手持ちから逆手持ちになる。<br>●フォークで食べ物を付き刺し，口に運ぶ。<br>●遊び食べ（食器をたたく。人に食べさせようとする） | 食器での遊びを禁止する。<br>ある程度までは1人で食べさせ，途中から介助して食べ終えるようにする。 |
| 2歳〜2歳半 | 乳歯全体を使って噛む | ●スプーン　フォーク<br>●片手つきコップ<br>●食器　同上 | ●コップを片手で安定して持ち，飲むことができる。<br>●片手で食器を押さえ，一方の手でスプーンを持って食べる。<br>●スプーン，フォークは，逆手持ちから鉛筆持ちになり安定してくる。 | 遊び食べは減るものの食べることに飽きてくるので，見計らって介助して食べ終えるようにする。<br>一方の手で食器を押さえることを伝える。 |
| 3歳 | スプーンやフォークを使って1人で食べる | ●スプーン　フォーク<br>●食器　同上 | ●1人で食べ終えられる。<br>●食べにくいものなどはまだ手で食べる。 | 1人で食べ終えられたことをほめる。こぼさないように言葉かけする。 |
| 3歳半 | 箸への移行 | ●箸<br>●スプーン　フォーク<br>●食器　同上 | ●箸を使うか正しい持ち方をする子どもが少ない。（にぎり箸，スプーンのように使う）<br>●犬食いのようになることが多い。 | 正しい箸の持ち方を心がけるように導入していく。 |
| 4歳 | 噛む楽しさを体験する。味覚を広める。 | ●箸<br>●食器　立ち上がりのないお皿，大きな丼も使用する。 | ●個人差はあるが，たいていの子どもは箸で食べる。（丼もののときはスプーン，スパゲティのときはフォークを使う）<br>●食器を持って食べる。 | 正しい箸への啓蒙は遊びやゲームを通して伝える。 |
| 5・6歳 | 噛む楽しさ，味覚の広さを伝える。 | ●箸<br>●食器　同上 | ●1人でこぼさずに食べる。<br>●箸の持ち方も言葉かけで正しく直すことができる。<br>●ハイキングなどで大皿から1人分を盛り分けられる。（トング，大スプーンを使う）<br>●食事の挨拶，マナーが身につく。 | 楽しく食べることを伝える。 |

の体験を深め，食の世界を広げる」こと，思春期には「自分らしい食生活を実現し，健やかな食文化の担い手になる」ことが，「食を営む力」を培うためのプロセスとして展開されている。また授乳期・離乳期に示されている，「安心と安らぎの中で食べる意欲の基礎づくり」であるが，これは乳児期・離乳期のみに当てはまることではなく，すべての子どもの食環境に必要なことである。子どもの食欲と人間関係を含む食環境とは密接に関係しており，愛情豊かな特定の大人との継続的な授乳および食事での関わりが，子どもの大

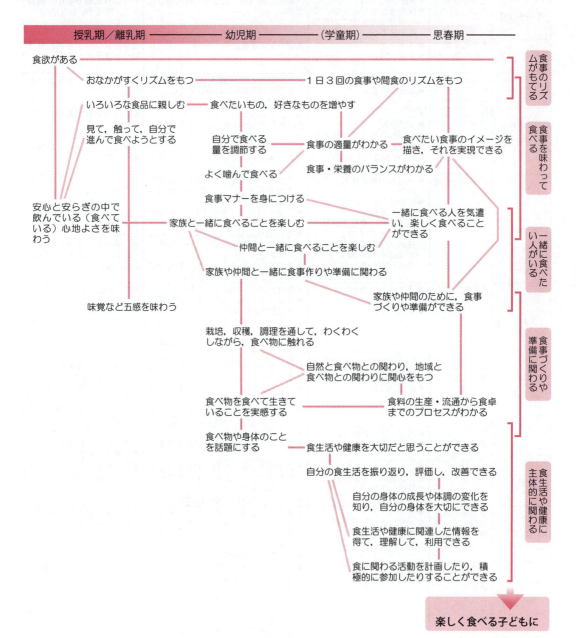

図8-3
発育・発達過程に応じて育てたい"食べる力"

人への信頼や愛情を育む。そのことに留意しながら各年齢に合わせて展開することが望まれる。

### 3 食事をめぐるトラブルの原因と対策

厚生労働省「平成 27 年度 乳幼児栄養調査」の結果からは，子どもの食事について「時間がかかる」「偏食する」などの悩みが多く，昭和 60 年度以降の傾向として「偏食」「よくかまない」「食べ過ぎる」と回答した人が増加している。また，「困っていることはない」と回答した人は，減少しており，多くの保護者が食事についての悩みを抱えていることが分かる。

ここでは，特に保護者からの相談が多い「偏食」「よくかまない」「小食」「時間がかかる」についてその対応を述べる。

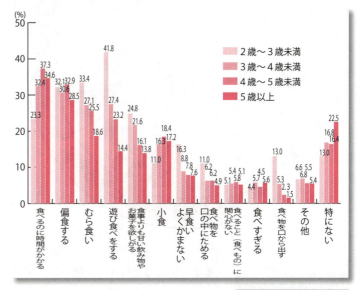

図8－4
食事で困っていること

（厚生労働省・平成 27 年乳幼児栄養調査）

### 1 偏　　食

**偏食**については，保護者からの相談も多いが，保育者の悩みとしてもよくあがってくる。子どもの苦手な食べものがいつまでも口の中にあり，飲み込めないでいると，保育者が「一口でもたべよう」，「がんばれ，がんばれ」と，励ましている場面などはよく見られる光景である。しかし，その時は涙を見せながらも何とか飲み込んだ子どもも，次にその食べものを自ら食べるのかというと，なかなか難しい場合が多い。では，どのような対応が望ましいのだろうか。

栄養学的な立場からいえば，多くの場合，極端に食べられる食品が少ない場合を除いて，偏食によって栄養的不足が生じるとは考えにくい。栄養学では，栄養価や働きが類似した食品をグループに分け，そのグループ内の食品をバランスよく食べることを推奨している。**6つの基礎食品**や保育現場でよく使用する**3色食品群**などがそれに当たる。例えば，ピーマンが苦手な子どももブロッコリーが食べられれば問題はないと考え，牛乳が苦手でも他の乳製品，ヨーグルトやチーズが食べられれば問題はないと考える。しかし，栄養学的に問題はなくとも，私たちは何でも食べて，逞しく大きくなって欲しいと願い，その願いが何でも子どもに食べさせたいという行動につながるのかもしれない。

図8-5
6つの基礎食品・3色食品群

子どもへの対応を考える時に、まずその事柄について理解を深めることも大切である。偏食の対応についても同様である。第一に、子どもの偏食と大人の偏食では考え方が違う。本書を読んでいる人は概ね18歳以上であると想定した上での話しとなるが、幼い頃に食べられなかった食品が、現在、食べられるようになっているという事はないだろうか。基本的には大人の偏食は固定化しているが、子どもの偏食は固定化しておらず、「今は食べられないもの」、「今は苦手なもの」として捉える。その苦手な食品が食べられるようになるきっかけや機会は、子どもの毎日の中には無数に広がっているために、こうすれば嫌いなものが食べられるようになるといったような答えがあるわけではない。

そして、私たちは子どもに嫌いな食品を食べさせることが目的ではないことも忘れてはならない。子どもが嫌いなことや苦手なことにチャレンジしていく、その気持ちを育てることが大切なのである。その気持ちは子ども自身が、得意なこと、好きなことを増やしていく中で育つものである。偏食の克服のために、クッキングや栽培が取り挙げられる事が多いが、友達や仲間と一緒にがんばって作った料理だからこそ、自分でがんばって育てた作物だからこそ、その気持ちが育ち、口に入れてみようという行動に繋がるのである。

偏食の子どもに対応する時には、強制するのではなく、子どもがその食べものを食べてみようと思う気持ちが育つように、取り組んでいきたい。嫌いな食品を克服することだけに着目するのではなく、好きな食べものが多くなることも楽しい食事へとつながっていく。「食べたいもの、好きなもの」が増える第一歩は、いろいろな食べものを経験することである。この子はこれが嫌いと決めつけるのではなく、多様な味の体験ができるように、様々な食材を用い、その持ち味を生かし、発達段階に応じた調理の配慮も大切である。

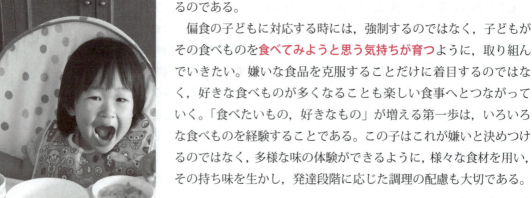

## ❷　噛めない子

　噛めない子どもについても，細やかに対応する必要がある。まず，子どもの歯は上下20本であるが，第二乳臼歯（奥歯）を含めて，咀嚼に必要な乳臼歯が生え揃うのはおよそ3歳である。また奥歯の1つ手前，第一乳臼歯が生え始めるのが1歳4か月ぐらいからであり，この頃からやっと本格的な咀嚼運動がスタートしていくのである。

　そのため，噛めない，噛まないということの前に，目の前にいる子どもの歯の状態がどのようになっているのか確認することが必要である。上記に記したのは，あくまで一般的な生える時期であり，歯の生える順番，時期には個人差もあることから，その点の配慮も忘れてはならない。およそ3歳までは咀嚼は発達過程にあり，特に繊維の多い，生の野菜などは噛みにくい。そのため，食卓によく登場する，レタス，トマト，キュウリのようなものはそのままでは食べにくい。塩でもんでしんなりさせるなど，子どもの口腔内の発達に合わせて食べやすくするなど工夫することも大切である。

　次に，3歳以上の子どもで，噛み方に問題がある場合，噛んでいるときにクチャクチャと音がしたり，噛んでいる時に口の中の食べ物が見えたり，飲み込む時に異常に力が入りすぎるなどが見られることがある。これは，子どもたちの口腔機能上に問題がある場合もあるが，多くの場合，離乳期の過ごし方にある。離乳期には，舌，歯ぐき，唾液，そして口腔全体を使って，つぶす，唾液と混ぜる，口の中で食べ物を寄せる，移動させる，噛みつぶす，飲み込むなど一連の行動を獲得する。この時期に食べる機能の発達に応じて，固さや大きさなどの形態を変えることで，食べることに必要な動作が身についていくのである。噛まない，噛まないが問題になる子どもについては，この子どもの食べる機能・動作のどの部分を改めて育てなければならないかということを見ながら，幼児食になっていても，離乳期の形状の料理などをうまく組み入れながら，対応する場合も出てくる。

　また，噛むことの練習としてスルメなどの固い食品ばかりを用いるケースも見られるが，噛むことの練習とするならば，乳児期から柔らかいもの，固いもの，弾力のあるもの，ネバネバしたものなど，いろいろな食感や味を体験し，いろいろな食べものに応じた調整力を身につけていくことが大切である。昨今，孤食などの問題から，家族の中での食事の学びの場面が少なくなってきているのも残念なことである。本来は噛むことも含めて，家族の中で食事をしながら身についていくものであった。噛む，噛まないということだけでなく，子どもの食環境の問題も合わせて考えていきたいものである。

### ❸ 小食

　小食については，保護者から心配事してあがってくることが多い。しかし，ほとんどの場合は問題がないものが多く，**保護者の不安**を取り除くことから始めたい。子どもの食べられるもの，好きなものを聞き取りながら，コンパクトで栄養価の高い料理などを紹介しながら，共に考えていくことも良いであろう。また小食の子どもの場合，食べる量よりも多くを盛り付けたり，子どもの食べる量に大人が一喜一憂してしまう事があるが，小食の子どもの場合，目の前に多く盛り付けられることで，さらに食欲が落ちてしまうことがある。大きなお皿に少量を盛り付けることや，その子どもが食べられる量よりも2割程度少なく盛り付け，全部食べた達成感，更にはおかわりできるような配慮も必要である。

### ❹ 時間がかかる

　食べるのに時間がかかる場合，食べられるまでいつもでも座らせておくような対応も目にする事があるが，多くの場合，長く座っていても子ども自身は飽きてしまっており，解決には繋がらないことも多い。中には，長い時間をかけてゆっくりと食べる子どももいるので，そういった子どもには対応する必要があるが，一般的に子どもが食事に集中できる時間は20～30分程度と考え，それ以上だらだらと長く座らせておくよりも，一端，食事を終わらせることも大切である。

　その場合，食事中に食べなかったからといって，別の食べ物を与えるのでなく，お腹がすいても次のおやつまで，食事まで我慢させることも必要である。その中で，子どもは食事の時に食べなければお腹がすくということも，経験としてわかっていくのである。

　また同時に**空腹感**をもって食事に向き合えるようにすることも大切である。子どもの食欲は，「食」だけによるものではなく，「運動」，「睡眠」と連動しているものである。昼間にしっかりと体を動かし，よい睡眠が取れている子どもは，食欲もあり，意欲的に食事と向き合えている。食べるのに時間がかかるということだけに捉われるのではなく，子どもの食に関する問題は，生活全般を見直していくことも必要である。

## 4 保育園における食事介助のあり方

　保育所では，食事を提供することによって子どもの栄養管理を行っている。子どもにとって望ましい栄養管理を行うためには，まず何よりも家庭，保育所での食事を含む生活の状況を双方が正確に把握し，連携することである。そのためには現実の生活を報告しやすい状況と，保育者，給食関係者などが，失敗も含めて保護者と本音で語り合える人間関係をつくることが大切である。ここでは，① 授乳のころ，② 離乳のころの食事介助のあり方について述べる。

### 1 授乳のころ

　最初のころの乳児はまだ睡眠，授乳の間隔は一定していないが，それぞれの子どもの持つリズムに合わせた自律授乳を基本とする。月齢が高くなるにしたがって，睡眠と授乳の間隔もある程度安定してくる。授乳には可能な限り同じ保育者が担当し，子どもが安心できる環境作りに配慮する。また家庭で使用しているタオルやガーゼを持参もらうなど，家庭環境に近づける工夫も必要である。家庭での授乳，運動，睡眠などを含む生活の様子，保護者の様子を把握できるように心がける。家庭での授乳時の姿勢や抱き方などについて話す機会を持つなどして，お互いの理解を深めるように配慮する。

●栄養士さんの授乳

### 2 離乳のころ

　生後5～6か月ごろ，人が食べているものをじっと見て口を動かしたり，食べ物を見るとよだれが出てくるなどの様子が見られたら離乳をスタートする。最初は主として乳汁以外の食べ物に慣らしていくことが目的なので，無理強いせず，離乳後は乳児が欲しがるだけ授乳する。この時期の舌は前後にしか動かないため，粒のない，なめらかな状態に調理し，1さじずつ与える。口をあけない場合には，下唇をトントンとして食べ物が入るサインを送る。「あーん」と声をかけながら保育者も口を開け，乳児と一緒に「ゴックン」とマネをするなど，行動と声かけをしながら進める。スプーンは保育者が乳児の口に入れて上向きに引き抜くのではなく，乳児が口を開いた時に，舌の中央部分少し手前に水平にスプーンをのせていく。上から上唇が降りてきて，食べ物を取り込んで口を閉じたら，静かにスプーンを引き抜く。スプーンの食べ物を自分で取り込む練習をしていく。離乳を始めて1か月経過した頃に，2

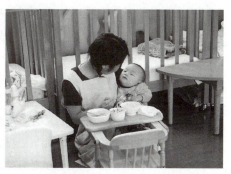
●離乳食の食事風景

回食へと進む。

　生後7〜8か月になると、舌が上下に動くようになるので、舌でつぶせる固さ（親指と人差し指で簡単につぶせる固さ：豆腐のような固さ）にする。ベタベタ状の離乳食を口をもごもご動かして食べていく。保育者は乳児の口の中の食べ物がなくなってから、次のスプーンを口元に持っていく。このタイミングが早すぎると、丸呑みの習慣がつきやすくなるので、注意する。保育者のスプーンなどにも興味を示し、取ろうとする行動も見られる。数本、用意しておき、乳児も触れられるようにしておく。

●手づかみ食べ

　9〜11か月のころ、離乳は3回食へと進む。個人差はあるが、大体10か月ぐらいから手づかみ食べが見られるようになる。この時期に十分に手づかみ食べを経験させ、こぼしてもよい環境を整える。手づかみが始まってくると、「これを食べる」、「次はこれ」という食に対する自分の意思が出てくる。この時期は離乳の時間もしっかりと確保して、子どもの自分で食べようとする姿を大切にする。また舌が前後左右に動くようになり、口を閉じたまま食べ物を口の中で上手に移動させながら食べることができるようになる。また、嚥下する際に、下唇の内側にめくれ込まなくなった頃に、コップ飲みの練習をスタートする。

　12〜18か月のころ、1日に必要な栄養素やエネルギーの大部分を食べ物から摂取できるようになり、形ある食べ物をかみつぶして食べられるようになると離乳は完了する。食事の回数は朝、昼、夕の3回プラス2回となる。コップやお椀を両手で持てるようになり、コップ飲みも上手になっていく。スプーンで食べるというよりは、食べ物をスプーンにのせようとする行為が見られるが、子どもの気持を大切に見守り、世話を焼きすぎないように配慮する。この時期、スプーンと手の両方を使って食べるが、だいたい18か月頃からスプーンで食べることもできるようになってくる。他の子どもと一緒に食卓を囲むこともできるようになるので、食事を楽しむことができるように食事時間はゆとりをもって設定し、採光や安全性の高い食事の空間を確保し、暖かい雰囲気になるように構成する。テーブルや椅子、食器、食具の材質や形なども子ども発達に応じて選択し、食事中に両手が自由に使え、安定した姿勢での食事になるように配慮する。

### 5　食事場面での清潔の習慣の援助と指導

　子どもが清潔の習慣を身につけるには、乳幼児期からのきめ細かい配慮と働きかけが必要である。食事の前後の手ふき、顔ふきには、清潔の習慣を身につけさせるという意味と、子どもの気持ちを食事に向かわせていくと意味

もある。子どもは大人のように時間という概念の中で行動しているわけではなく，生活していく中で身についていくものである。特に乳幼児の場合，小学校のようにチャイムが鳴り，「時間」で区切られて給食の時間が始まるのではなく，生活を共にしている大人，保護者や保育者が食事の準備をし，手をふいてもらい，エプロンをかけてもらう中で食事が始まっていくのである。

●おやつの前の手ふき

食後にも手と顔をふいてもらい，うがい，歯磨きなどを通して，さっぱりとした気持のよい感覚が育ち，食事前後の清潔の習慣が身についていく。また子どもは言葉と感覚を一致させながら成長していくので，「さっぱりしたね」，「きれいになって気持ちいいね」など声をかけながらの援助を心掛けたい。その際に，子どもの食べる意欲を損なわないように，一人一人の状態に応じて関わる。食事というものが衛生面に配慮されたものであることを子どもも認識できるように配慮し，子ども自身が健康を守る力を培うことができるようにすることも大切である。

（林）

### やってみよう

❶ 子どもの食べる場面を観察しよう。子どもの様子，保育者の動き，2つの視点から観察してみる。また2歳児クラスにおいて，子ども同士，子どもと保育者の食事中の会話を記録してみる。
❷ 子どもたちが保育所の食事を身近に感じ，楽しみとなるようにどのような配慮がされているか，観察してみよう。その際に食事の時間設定，採光，空間，テーブルや椅子，食器，食具の材質や形，サンプルケースなども見てみよう。
❸ 子どもが楽しくおいしく食べるためには，どのような環境が必要だろうか。自分自身の生活体験と重ねて話し合ってみよう。

### さらに学ぶための本

- 外山紀子『発達としての共食　社会的な食のはじまり』新曜社　2008
- 金子佳代子『食をコーディネートする』丸善　2003

### 引用・参考文献

- 小野友紀　『授乳・離乳の支援ガイドにそった離乳食』芽生社　2008
- 林薫他　『子どもがかがやく　乳幼児の食育実践へのアプローチ　（たかさご保育園事例より）』児童育成協会　2004

## 2　排　泄　す　る

　子どもは新生児期の反射的排尿便から次第に尿意便意を自覚し，制御し，適切な排泄行動をとれるようになる。このような排泄行動の自立は，主として神経系統の発達にともなってすすめられる。
　排泄の自立には個人差があるので，いそがせたり，強制したりせず，子どもの状態に合わせた働きかけをしていきたい。ここでは，おむつの時期➡便器になれさせる時期➡おむつをはずす時期➡トイレで排泄する，と段階を追って述べる。

### ❶　排泄行動の生理と発達

#### ❶　昼間（覚醒時）の排尿生理

　新生児期は神経系統の発達が未熟であり，生後3か月頃までは排尿も反射的である。4か月前後から無意識的な排尿抑制や，排尿の前に泣くという未熟な形で尿意を周囲に知らせる行動がみられ始める。0歳後期になると延髄に伝達された情報で無意識のうちに排尿を抑制する働きが整っていき，排尿反射を抑制することで膀胱に貯まる尿量が増加していく。1歳を過ぎると神経系統の発達もすすみ，大脳皮質が関与し始める。膀胱に尿が貯まった刺激は大脳皮質に伝達され尿意を自覚することができるようになる。膀胱に貯まる量が増えるとともに，尿意を抑制する機能が発達してくることで日中の排尿間隔が次第に長くなり，1歳半頃から排尿の調節もできるようになる（図8-6）。

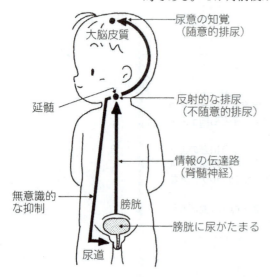

図8-6
排尿の神経メカニズム

睡眠：
第8章/❸眠る（p.147）
参照

#### ❷　夜間（睡眠中）の排尿生理

　0歳児期前半は多相性睡眠といわれる睡眠パターンで，昼夜の区別なく睡眠と覚醒をくり返している。この時期には尿は昼夜の区別なくつくられているが，生後6～7か月頃からは夜間の睡眠時間が長くなり，単相性睡眠に近づくに従い夜間睡眠中の尿量は減少し始める。睡眠－覚醒リズムの発達とともに尿量が減少するのは，夜間睡眠中に多く分泌される抗利尿ホルモンによるものと考えられている。

このように睡眠と覚醒のリズムが発達していくに従い夜間睡眠中の尿量が減少するのは，内分泌機能の発達とも関連があり，また，膀胱に貯まる容量もしだいに多くなることから夜間の排尿は減少していく。

### ❸　排便行動の発達

排便行動の発達も神経系統の発達と関係がある。新生児期から5～6か月頃までは排便反射による排便である。6か月過ぎからは腹圧をかける，いきむなどの反射的協調運動が起こってくる。1歳を過ぎた頃から大脳皮質の機能が整って便意を感じることができるようになる。1歳半～2歳頃には排便の予告ができるようになるが，意志によって排泄を調節でき排便の自立ができるのは，4歳頃をめやすにするとよい。月齢がすすむと便も次第に硬くなり腹筋の協調運動（いきむなど）が必要となるため夜間睡眠中の排便は減少していく（図8-7）。

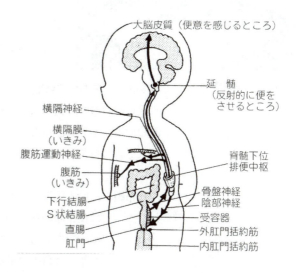

図8-7
排便の神経メカニズム

便の回数や状態は個体差があるが新生児期は水分に富む水様便に近い性状で回数も多い。月齢がすすむに従い軟便に移行し，排便回数は減少していく。離乳食がすすむと固形便に変化する。乳児の便の性状のみにとらわれて健康状態を判断するのではなく，機嫌や食欲，顔色などの一般状態をよく観察し，いつもと変わらなければ心配はない。

## ❷　排泄の世話と自立への援助

排泄の自立への援助は，その到達目標がはっきりしているだけに，子どもの発育発達を無視してすすめられることがある。排泄の自立には個人差がある。いそがせたり，強制したりせず，子どもの状態に合わせた働きかけをしていきたい。以下に保育園で生活する3歳未満児の排泄の自立を各段階ごとに述べる。

### ❶　おむつの時期

この時期は，おむつが汚れたら交換し，乾いたさっぱりとした清潔なおむつの気持ちよさを覚えさせることが大切で，これは排泄の自立の基礎になる。

一般には，月齢の低い子どもほど排尿の回数も多いが，個人差はある。個々の子どもの排泄の状態を把握し，おおよその時間を決めて取り替える。**おむつ交換**は保育者が子どもと一対一で接するときでもある。優しい言葉かけを

**おむつの交換に必要な物**
・新しいおむつ
・汚れたおむつを入れる容器
・汚れたお尻をふく湯で絞った布

●おむつ交換の様子

しながら足をさすったり，軽く屈伸させたりしながら取り替えたい。また，おむつ交換は下半身の状態を観察できる機会としてもとらえる。おむつを交換するときには必要な物をすべて準備しておき，子どもをおむつ交換台に乗せたら絶対に側を離れないようにする。排泄物はよく観察して記録し，保護者に連絡する。また，保育者はおむつを交換した後は必ず手洗いをすることを習慣づける必要がある。

### Ⓐ　おむつの種類

最近のおむつの使用状況は紙おむつと布おむつの併用，または紙おむつのみの使用が増加し，布おむつのみの使用は減少している。しかし布製，紙製それぞれの特徴があり，児の月齢や生活状況によって使い分けることが合理的である。

- ●布製：白い木綿地が一般的である。木綿は吸湿性，通気性がよく，白地は便や尿の性状が見やすい。洗濯して繰り返し使用できるので経済的でもある。しかし，携帯には不便，洗濯が頻回になるなど働く親には負担がある。形状は長方形・正方形・パットタイプがある。たたんで使用する物は股の部分に当てるよう（股おむつ）に児の体格に合わせてたたむ。
- ●紙製：高分子吸収体を用いた紙おむつが急速に普及し，性別，月齢，使用時間帯などに応じて多くの工夫がされている。形状は，新生児期にはカバータイプを使用し，月例の活動状態に合わせてパンツタイプに変えていくのが一般的である。外出時，夜間，親が病気になった時などの使用は便利である。しかし，紙おむつの急速な普及による使用後の家庭ゴミ処理問題は，環境問題にもつながる今後の課題である。

図8−8
おむつの替え方

### Ⓑ　おむつ交換時の留意点

おむつを交換するときには，前述したように必要なものをすべて準備した

上で，次の点にも注意する。
- 腹部を圧迫しないよう臍下でおむつをとめる。
- 下肢を自然な肢位に保ち，運動を妨げないようにあてる。
- 臀部の下に手を入れ臀部全体を持ち上げおむつを交換する。

### 2 　便器になれさせる時期

1歳を過ぎると子どもの排泄の間隔がわかってくる。おむつ交換時におむつがぬれていなかったときには「チーしようね」と便器にかけさせてみると，反射的に出ることもある。そのときには「チーでたね」と出たことを認めてやる。便器にかけて1～2分たっても出ないときや嫌がるときは適当にきりあげる。

### 3 　おむつをはずす時期

1歳児組の夏ごろは，活動量が増えたり気温の上昇もあって発汗量が増えるため排尿間隔が長くなる。衣服も薄着でパンツ1枚になるので，排泄指導をするのに適している。おむつをはずすときは家庭と連絡をとりながら無理なくすすめたい。おむつがはずれることは，保護者にとっては育児の負担の軽減になることから，子どもの一日の生活の充実よりも排泄の自立に関心が向いてしまうことがある。子どもにとっては汚れものがあるかないか，その一点でほめられたり落胆されたりすることになり，気持ちの上で重荷になっている子が時々見受けられる。個人差，体調，情緒などを総合的に考えてあたたかく見守りたい。

### 4 　トイレで排泄する

2歳半ぐらいで，ほぼ排泄前に知らせることができるようになり，トイレでの排泄ができるようになる。トイレで排泄できるようになっても必ず見守り，排泄後の始末や手洗いはそのつど指導し，徐々に自立へと導いていく。2歳後半になると自分でズボンやパンツを下げて排泄できるようになる。衣服は子どもが上げ下げしやすいものを保護者に用意してもらう。

トイレはいつも清潔で，便器や手洗い場は子どもが使いやすい高さにあること，またトイレットペーパー，せっけん，タオル（個人用）などは子どもが扱いやすく，気持ちのよい状態にあるよう配慮しなければならない。

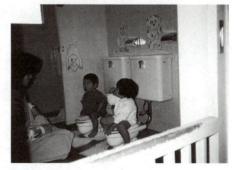
●保育園のトイレで排泄する

（荒賀）（伊藤）

● 事例8－1　1歳児N男の排泄の自立に向けて

　11月の今，S保育園の1歳児組には12人の子どもがいる。10月からこのクラスの担任になったK保育士は，自分が担当する子どもの中の3人の5月生まれの男の子についてこう語っていた。「N男は表情が乏しく遊びも食事にも意欲的でない。排泄は保育者が時間を見計らってトイレに連れて行くと排尿するが，言葉をかけないで様子を見ているとトレーニングパンツ（おむつからパンツへの移行期に使う厚手のパンツ）がぬれても気にならないのか平気である。同じ5月生まれのH男は気が弱いところはあるが落ちついてよく遊び，排泄は自立している。もう一人のY男はいつも目が輝いているやんちゃな子どもで，トイレに間に合わない時も多いが「チー」と教えてくれる。」
　K保育士はN男については排泄の自立ということで排泄を重点的にみていくのではなく，自分との関係を変えていくことで排泄の自立へ向けての糸口を見つけようとしているという。それはこれまでよりもN男と遊び，N男の喜びを共に喜び，N男が意欲を示したことを援助し，N男にとって担当保育者が保育園における心の基地となることから始めることであった。その関係の中からK保育士はN男のサインが読めるようになっていくだろうと考えた。この頃のN男はK保育士に甘えたり，要求を出せるようになってきているという。「最近はNちゃんのサインがわかるようになりました」。K保育士の受容的なかかわりの中でN男の表現することが理解され，そのことで表情も変わってきたのだろう。排泄の自立はまだだが，ぬれて気持ちが悪いことは言ってくれるようになったという。N男もまた排泄の自立に向かっている。

### やってみよう

❶ おむつが汚れているときの子どもの表情や体の動きと，おむつ交換後のそれを比較・観察してみよう。
❷ 実際におむつ交換をしてみよう。
❸ 保育者が子どものおむつ交換するときの準備や配慮について考えてみよう。
❹ おまるを置く場所や気持ちのよいトイレについて話し合ってみよう。

### さらに学ぶための本

● 二木武他『小児の発達栄養行動』医歯薬出版　1984
● 三木茂夫『内臓のはたらきと子どものこころ』増補新装版　築地書館　1995

### 引用・参考文献

● 末松たか子『おむつのとれる子，とれない子──排泄のしくみとおしっこトレーニング』大月書店　1994
● 二木武ほか編著『小児の発達栄養行動──生理・心理・臨床　摂食から排泄まで』医歯薬出版　1984

## 3　眠　　る

「よりよく生きる」ためには「よりよく眠る」ことが必要である。乳児期の睡眠は大人とは異なる特徴をもっており，保育園で生活する子どもたちにとって，午睡は大切な生活の場面である。活発に楽しく遊んだ後，健康な食欲がわいて食事をし，適度な疲労でぐっすり眠り，心地よく目覚め，ふたたび遊ぶというよい生活リズムと共に，安心できる人間関係を築けたとき，子どもの眠りは真に心地よいものとなる。

### 1　乳児期の睡眠

眠りは何もしていない無駄な状態ではない。睡眠は大脳を休息させる重要な機能を営む時間域であり，「よりよく生きる」ためには「よりよく眠る」ことが必要なのである。とりわけ，子どもにとっては「寝る子は育つ」といわれるように身体の成長にとって必要であり，またその後の睡眠と活動のリズムを獲得するためにもこの時期の睡眠のあり方が重要な意味をもっている。

乳児期の睡眠は，以下のように成人型睡眠とは異なる特徴をもっている。

#### 1　昼夜のリズムが次第に確立

まず，一日の睡眠パターンからみると，人は一般に昼間活動して，夜まとまった睡眠をとる。しかし，このパターンは生まれたときから備わっているのではなく，昼間活動し夜眠る，という家族・社会環境の中で育つことにより，次第に確立されるものである。図8－9で示されるように，新生児期には夜も昼もなく，一日のあらゆる時間帯に分散して睡眠をとる（多相性睡眠）。1歳頃か

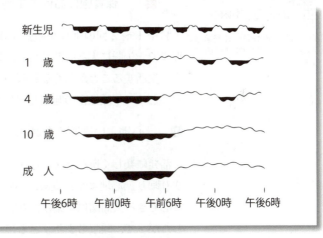

**図8－9**
ヒトの24時間の睡眠－覚醒パターン
（大熊，1977）

（日本睡眠学会編『睡眠学ハンドブック』朝倉書店 1994）

ら夜間の睡眠が持続的になるが，1～2回の午睡が必要である。幼児期後期には午睡をしない子どもも多くなるが，夜間に眠る成人型の単相性睡眠が確立されるのはおよそ10歳頃であるといわれている。

#### 2　長い睡眠時間

次に，図8－9にみられるように睡眠時間が長いということである。新生

児では一日の60％以上，15〜16時間は眠っている。1歳頃には13時間，6歳頃には10時間ぐらいになるといわれている。

### ❸ レム睡眠が多い

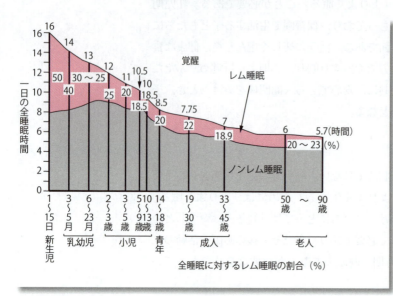

図8－10
総睡眠時間，レム睡眠，ノンレム睡眠の年齢による推移
（R offwarg ら，1966）

（日本睡眠学会編）『睡眠学ハンドブック』朝倉書店 1994）

また，成人の一晩の眠りはノンレム睡眠（脳の眠り）とレム睡眠（身体の眠り）によって構成されるおよそ一時間半の「睡眠単位」がいくつかまとまったものであり，レム睡眠は総睡眠時間の20％程度であるという。しかし図8－10にみられるように乳児はレム睡眠が多く，また成人のような睡眠単位はできあがっていない。睡眠中よく身体を動かす，寝入りばなにぐずりやすい，夜泣きするなどの乳児の睡眠の不安定さはこのような睡眠の未熟に由来する。

### ❷ 保育園における午睡

日中1〜2回の眠りが必要な0歳児から，成人型の眠りに近くなる年長児まで，午睡に入る時間や長さは異なるが，活動後の疲労回復や多くの人の中で生活することからくる緊張からの解放のために，保育園で生活する子どもにとって午睡は夜の睡眠と同じように大切である。

### ❶ 心地よい睡眠のために

活発に楽しく遊んだ後，健康な食欲がわいて食事をし，適度な疲労でぐっすり眠り，心地よく目覚め，ふたたび遊ぶというよい生活リズムとともに，安心できる人間関係を築いたとき，子どもの眠りは真に心地よいものとなる。したがって，睡眠もまた子どもの一日の流れと情緒の安定を視野に入れて考えなければならない。

### ❷ 午睡の環境

心地よい眠りのための環境として，ほどよい暗さと静けさ，整とんされた室内が醸し出す落ち着いた雰囲気，そして適度に調節された温度，湿度，換気などが配慮された状態であることが望ましい。

### ● 事例8－2　絵本は子守りうた

　晩秋の一日，保育園の0歳児を見学した。6人の子どもは園庭で遊び，食事をし，やがて午睡の時間になった。T男とK男はベッドに入ると間もなく眠り，ふとんに入っているS男とY男は，N保育士に子守り歌をうたってもらいながら眠りに入ろうとしている。I男は大好きなM保育士にぴったりついて一緒にふとんに横になって絵本を読んでもらっている。部屋は薄手のカーテンを通した小春日和の陽光でほのかな明るさになっている。M保育士が静かに読む絵本はI男にとっては子守り歌のようだ。一人で遊んでいたA男も僕も一緒にと，トコトコ歩いてきてI男の横にゴロリ，「Aちゃんも一緒に見ようね」二人で横になって絵本を読んでもらい「おしまい」になってからほどなく静かな寝息をたてながら眠った。保育士の言動や雰囲気に「この時間に寝かさなければ」というあせりや強制がなく，ゆったりとした対応だった。眠るのは子どもである。

　また，午睡時の事故として一つのベットに複数の子どもを寝かせたことでおきた圧死事故，ベットからの転落事故などの例がある。子どもの発育，発達への十分な理解と日ごろの子どもの様子からその行動を予測する力が保育士には求められていることを自覚したい。

　そして眠る場所は地震や火災など災害時をも想定して，家具の転倒や物の落下などがない安全な場所でなければならない。

### ❸　睡眠中の観察

　子どもが午睡をしている時間は保育士の食事や休憩，記録や連絡の時間などに当てることが多い。そのような場合でも必ず一人は保育室にいて，睡眠中の子どもの様子を観察する必要がある。子どもが気持ちよく眠れるよう，発汗に注意し，ふとんをはいだり，汗を拭いたり，室温の調節や通風を行うなど，子どもの状態に合わせて行う。それと同時に，顔色や呼吸などの異常の有無についても観察し，異常があった場合には医師にみせるなど適切な処置をとらなければならない。

　また，暗幕にちかいようなカーテンを用いている所もあるが，午睡中の子どもの顔色，呼吸の状態をきめ細かく観察するには不適である。

　特に，6か月未満の乳児では，死亡原因の上位に**乳幼児突然死症候群（SIDS）**がある。この予防には寝返りができない乳児はあお向けに寝かすこと，保育室での禁煙の厳守など危険要因の排除を徹底しなければならない。

### ❹　入眠時の習慣・睡眠時間

　眠くなったり，睡入るときなどに指しゃぶりをしたりふとんの端を吸ったりする子がいる。大人が止めさせようと手を握ったり，側で見守っていたり

**乳幼児突然死症候群（SIDS；Sudden Infant Death Syndrome）**：「生前はほぼ健康と考えられた乳児が突然予測に反して死亡し死因となるべき所見が見いだし得ないもの」と定義されている。人種，性別，気候，睡眠などとの関連が言われているが因果関係は不確かである。しかし死亡の約8割がうつぶせ寝である事実は無視できない。日本での発症が少ない理由は，添い寝の習慣があったからであるという考えもあり，乳児を寝かせる姿勢は重要である

●午睡中の保育士の打ち合わせ

することがあるが，子どもには迷惑なことでかえって眠れない状況に追い込んでいる場合がある。無理にやめさせることはない。

また，睡眠時間も個人差がある（表8-3）。時間が短くても活動や情緒面で問題がなければよい。

**表8-3**
3人の1歳児の保育園における睡眠時間帯の比較

（諏訪きぬ編著『集団のなかで育つ子どもたち』明治図書 1993）

|  |  |  | K 子 | | T 子 | | H 子 |
|---|---|---|---|---|---|---|---|
| 4月 | 9日 | 一歳二か月 | 10:05～11:00<br>13:30～15:30 | 一歳五か月 | 12:25～15:15 | 一歳十か月 | 12:07～15:30 |
|  | 10 | | 10:00～11:15<br>13:20～15:20 | | 12:14～13:45<br>14:15～15:20 | | |
|  | 11 | | 10:13～11:40<br>(17:45～18:20自) | | 12:05～14:20 | | 12:30～15:14 |
|  | 12 | | 9:55～11:20<br>13:40～15:15 | | 11:50～13:30 | | 12:35～15:20 |
|  | 13 | | 10:08～11:20<br>14:05～14:55 | | 11:50～13:30 | | |
|  | 14 | | 8:30～ 9:30自<br>16:00～18:00宅 | | 11:50～ ? | | 11:50～14:00 |
| 5月 | 7 | 一歳三か月 | 10:30～10:55<br>13:15～14:39 | 一歳六か月 | 12:10～14:45 | 一歳十一か月 | |
|  | 8 | | 10:22～11:00<br>12:52～14:00 | | 12:36～14:55 | | 12:20～15:34 |
|  | 9 | | 10:15～11:00<br>13:30～15:05 | | 12:38～15:00 | | 12:10～15:25 |
|  | 10 | | 9:55～10:50<br>13:45～15:10 | | 12:32～15:03 | | 12:14～15:30 |
|  | 11 | | 9:40～10:30<br>12:20～15:05 | | 12:50～14:40 | | 12:00～15:35 |
|  | 12 | | 8:30～ 9:30<br>15:30～16:30 | | 12:25～15:00 | | 12:13～ ? |
| 6月 | 2 | 一歳五か月 | 11:15～12:00<br>13:03～15:00 | 一歳八か月 | 12:43～15:20 | 二歳一か月 | 12:30～16:00 |
|  | 3 | | 11:50～14:30 | | 11:55～ ? | | 12:03～15:29 |
|  | 4 | | 12:07～14:40 | | 12:35～14:55 | | 12:08～15:45 |
|  | 5 | | 12:10～14:20 | | 12:20～14:20 | | 12:15～15:15 |
|  | 6 | | 12:20～15:15 | | 12:47～15:15 | | 12:40～15:45 |
|  | 7 | | 12:00～14:00<br>自宅 | | | | 12:15～ ? |

## 3　衣服の着脱

保育園の生活のなかで衣服を脱いだり着たりすることは多いが，パジャマを着脱する午睡の前後は衣服着脱の経験をし，その自立を援助するよい機会である。（ただし，昼食から午睡の時間帯は，昼食の援助，後始末そして午睡の準備とせわしなく，そのようななかでパジャマへの着替えがあると子ど

もへの十分なかかわりが持ちづらい。そこで，午睡する上で不都合がなければそのまま寝て，目覚めた子どもから必要ならば着替えることにしている保育園もある。乳児期は一斉にパジャマに着替えることにこだわらず，子どもの様子を見て着替えてもよいという考え方もある）

衣服の着脱はやってもらうことから，1歳を過ぎるころには自分でしようとする意欲が出てくる。手指の機能も認識する力も不十分なだけに，ズボンの片方の足に両足を入れてはこうとしたり，表裏が逆だったりすることもあるが，自分でやりたいという意欲は大切に育てたい。子どもが衣服を着るときは側にいて見守り，あるときは手を添えたり，してあげたりの援助を通して自分でできたよろこびを味わわせたい。3歳頃になると衣服の着脱はかなり一人でできるようになる。友達の背中や肩のボタンをかけている姿も見られるようになる。

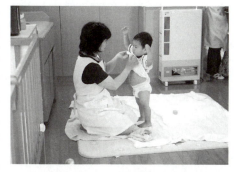
●午睡前の着替え

（伊藤）（松本）

### やってみよう

❶ 午睡前の着替えを見守りつつ，必要な手助けをしてみよう。

### 引用・参考文献

- 日本睡眠学会編『睡眠学ハンドブック』朝倉書店　1994
- 井上昌次郎『ヒトはなぜ眠るのか』築摩書房　1994
- 松本淳治『寝る子は育つを科学する』大月書店　1993

# 第9章
# 対人関係の発達と保育

## 1　ことばで人とつながる

　乳児にとって，保育の場は大人とのやりとりの場であり，ことばを自分のものにしていく場である。毎日の生活のなかには，具体的な物や動作を仲立ちにやりとりをする機会が多くある。乳児はそのやりとりの中にあって，ことばを自分なりに使う試みをくり返しながら，その社会のことばを自分のものにしていく。この乳児の姿は，生まれたときから始まっている発達全般に通じる，「外なる世界を自分の積極的な活動を通して内なる世界に取り入れていく」姿である。それは，オウムが外から与えられたことばを機械的に覚えていく過程とはまったく異なっている。ことばの発達は創造的な活動の結果なのである。

　人はことばで伝えあう人々のなかに生まれ，1歳を迎えるころには自らもことばで伝えあう者になる。それはまず，話しことばを使って行われる。そこで，話しことばの発達を通して，乳児の「ことばで人とつながる」生活について考えてみることにしよう。

### 1　ことばの発達の概要

　ことばの発達は独立してあるものではない。それは他の発達や能力と相互

に関連した統合的なものである。その平均的な発達は，1歳前後には一つ二つは意味のあることばを発し，1歳半から2歳頃に語彙が急激に増加し2語をつないで使えるようになり，3歳頃にはその語彙は900語近くにもなり，3，4語をつないで知らない人にも通じる文を話すことができるまでになる。話しことば（以後，ことば）の発達は，生後わずか3年の間に行われるのである。

ことばの発達は個人差の大きいものである。けれども，そのプロセスはどの乳児にも共通するものである（図9－1）。また，その生活の場が集団の場であっても家庭であっても，そのことばを育む生活が，まわりの身近な大人との密接な関係のなかで展開するのはどの乳児にも共通するものである。

図9－1
言語発達の段階

（平井信義・田口恒夫他『改訂児童保健と精神衛生』光生館　1969）

## 1　初語の出現まで

### Ⓐ　泣く，笑う

生まれて最初に発するうぶ声は反射によるが，このときすでに，吸う，はく，飲み込む，泣くなどの発語の基礎になる反射がある。生後1，2か月は生理的に不快なときに発する泣き声以外はほとんど聞かれないが，4，5か月頃になると，怒る，甘える，ぐずるなどの人を意識したいろいろな泣き声が聞かれるようになる。

一方，笑うことも発声を伴う。生後1か月までは眠っているときに生理的微笑がみられるがこれは対象のない微笑反応である。その後になると目覚めて機嫌のよいときに人の顔を見て笑う，社会的微笑が見られるようになる。これらの微笑は発声を伴わないが，3，4か月頃になり首がすわると声を伴って笑うようになる。機嫌のよいときのこの発声がことばにつながっていく。

### Ⓑ　喃語を楽しむ

1か月を過ぎるころから目覚めていても機嫌のよいときがあるようになる。そんなときに，泣き声でもぐずり声でもないはじめての音声が聞かれる。これを「クーイング」と呼ぶ。「クーイング」は，「アー」「クー」などの呼吸に伴う偶発的な発声である。さらに3か月頃からは「喃語」も聞かれるようになる。「喃語」は，音の高さや長さなどを乳児が調音した発声であるが，発声はまだ意味を伴わない。「アー」「ブー」のように1音節で始まり，「アブ」のようなものも聞かれるようになる。やがて，目覚めた直後や授乳後のように機嫌のよいときに，喃語による発声遊びが多く聞かれるようになる。さらに，6，7か月頃になると「アウアウ」「マンマンマン」のように反復されるものも聞かれるようになる（反復喃語）。やがて，いかにも大人の話しかけに応じてことばを話しているようなおしゃべりもこれらに加わる。

### ⓒ 初語の出現

1歳前後に,初めて意味のあることばを発する。これを「**初語**」という(表9-1)。初語には,「マー」「パパ」「ババ」(身近なまわりの大人),「ワンワン」「ニャーニャ」(動物),「ブー」「マンマ」「パイパイ」(食べ物),「ブーブー」(乗り物)などのように生活に密着したことばが多い。

一方で,「バー」「アチー(熱い)」「フンフン(ウン,ウンウン)」「ハイ」などはまわりの大人に見落とされがちであるが,これらも状況を共にしている人に意味が伝わるときことばである。例えば,「いないいない」の次の「バー」は,見えなくなったものが姿を現すときに使われることばであり,「私はここにいますよ」と自分の存在を伝えるときに使われることばである。

また,バナナの「バ」やおんぶの「ブ」のように,乳児がまだ「バ」や「ブ」としか発声できなくても,それが「バナナが食べたい」「おんぶしてほしい」と相手に伝わるとき,「バ」や「ブ」には意味があり,それはことばの始まり(初語)である。

> **初語**:
> 初語と定める基準はむずかしいが,一応特定の音声が,特定の対象(群)または特定の状況と結びついて使用される場合である。(岡本 1982)

| | |
|---|---|
| 母 親 | マー,ウマ,マンマ,アタータン |
| 父 親 | パパ,アタータン |
| 祖 母 | ババ |
| 小 母 | ババ |
| 犬 | ワンワン,バァーバァー,ウー,ワーワ |
| 猫 | ニャーニャ |
| 動 物 | ウグー |
| 飲み物,お湯,お茶 | ブー,ブブー |
| 食べ物 | ウマンマ,マンマ |
| 牛 乳 | チチ |
| 母 乳 | バーバー,パイパイ |
| 車,飛行機,電車 | ブー,ブーブー |
| お人形 | ネンネ |
| ボール | マー |
| 寝 る | ネンネ |
| 拒 否 | イヤ,ウーンウーン,パープー |
| 動 詞 | イッタ,イタ,アッタ |
| 形容詞 | ナー(ない),アチー(熱い),イタイイタイ(痛い) |
| お 外 | アンモ,ンモ |
| テレビ | テー |
| 電 燈 | デン |
| いないいないばー | バー |
| 何かと聞く | フンフン(ウン,ウンウン),コエ |
| 返 事 | ハイ |

表9-1
初語

(日本児20名の調査より各児5語を抜粋 大久保愛・幼児言語研究会編『乳幼児のことば相談』三省堂 1987)

### ❷ 一語で伝えようとする時期

#### Ⓐ 基盤にある発達

1歳を迎える頃,言えることばがたとえ一つであっても,その基礎となる理解することができることばはそれより多くある。さらに,その基盤には人間関係をはじめとする1年間の発達がある。

この時期の乳児の興味・関心は,「もの」に対しては「めずらしい」ものの探索,「ひと」に対しては「なじみのある」ひとと一緒にいることである。

結果として,「もの」を見てそのものの機能や用途がわかり,状況を判断でき,なじみのある「ひと」の反応を喜び,泣くことやしぐさ,指さしなどで大人を動かすことができることをすでに知っている。

### Ⓑ　ことばを理解する

この時期の乳児は,まだ話せることばは少なくても理解していることばは多い。親しい人から話しかけられるのが大好きで,「おいで」「ちょうだい」「ねんね」などの相手の要求を理解し,「新聞,持って行って」「ポイして」などの簡単な用事はできる。音楽に合わせて足だけでなく手も動かせるし,絵本を見て「ワンワンは？」の問いに指さしで答えることもできる。そして,それらを喜んでする。

### Ⓒ　一語で意味を伝えようとする

先に表9－1にみたように,初語として身近な大人に記録されたことばには,「マンマ」や「ワンワン」のような身近なものに関することばが続いている。「マンマ」や「ワンワン」のように,意味があり相手に伝えたい意志があって発声していることばは,一語文と呼ばれる。「マンマ（が食べたい）」や「ワンワン（が来た）」のように,一語文は状況を共にしている人に伝えたいことを一語で伝えることができることばである。

## ❸　語彙が急激に増える時期

### Ⓐ　ことばを模倣することの意味

1歳半から2歳前後にかけて,語彙が急激に増え,二つの語をつないで使うことが始まる。この時期,乳児は急におしゃべりになる。岡本は,乳児がことばを模倣する点に着目して,ひとりの乳児（N児）がその語を初めて自発的に発した時期と大人の発声を確実に模倣した時期を調べ（表9－2）,語の発声の過程を次の3つの時期に分けている。① 喃語として発生しそれが意味化し模倣的発声へ（主に10か月頃まで）,② 模倣的に発生し,自発的使用へ（10か月頃から1歳2か月頃まで）,③ 模倣後すぐに自発的使用へ（1歳2か月頃から）。

この3つの時期を順にみていくと,乳児は早い時期から大人の発声を模倣することでことばのレパートリーを広げていることを知ることができる。また岡本は,一つのことばを初めて模倣してから自分の意志で発声するまでにかかる時間が次第に短縮し,やがて即時に模倣できるようになっていることを指摘している。まわりにいる大人が「私の言ったことをまねした」と気づ

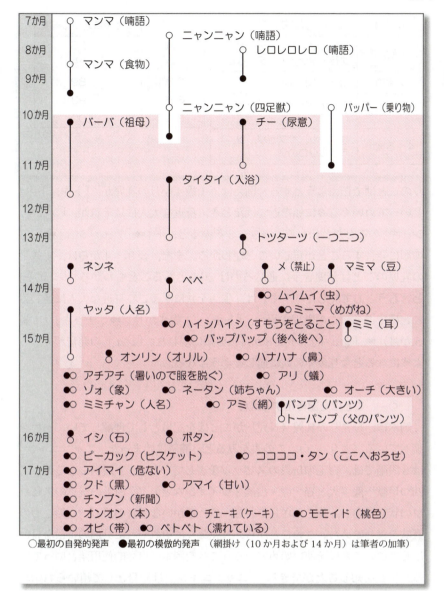

表9-2
N児のことばの発展過程

(岡本夏木『子どもとことば』
岩波書店 1982)

くのは後者の時期である。この時期になると言えることばは急激に増える。

### Ⓑ 構音の発達

「構音」とは舌，唇，あごなどを使って音をつくり発することである。表9-3，9-4は，構音の発達の順序，その明瞭度を示したものである。乳児は，上下の唇を使って発音するマ行・バ行などの両唇音（これはすでに喃語に始まっている）から，構音が難しいとされるサ行・ラ行まで，表9-3のように発音できるようになっていく。それにしたがって，聞き手に通じる程度も増す。

乳児はたとえ構音が十分でなくても，伝えたいことがあるときには自分な

表9−3（左）
発音を覚える順番

（大熊喜代松・佐藤忠男『NHKことばの教育相談』日本放送出版協会　1982）

表9−4（右）
ことばの聞きやすさの調査

（表9−3に同じ）

| 年　齢 | 覚える発音 |
|---|---|
| 2歳まで | マ行・バ行・パ行・ヤ行・ワ行・ナ行・タテト・ダデドなど |
| 2歳頃 | カ行・ガ行など |
| 2〜4歳頃 | チ，チャ行・シ，シャ行・ハ行など |
| 4〜5歳頃 | サスセソ，ザズゼゾ，ツ，ラリルレロの音 |

| 年　齢 | 聞き手に通じる程度 |
|---|---|
| 1歳半 | 26 |
| 2歳 | 75 |
| 2歳半 | 89 |
| 3歳 | 93 |
| 3歳半 | 100 |

（％）

りのことばで伝えようとする。例えば，1歳4か月の乳児が，「トキ，トキ」といってぬいぐるみに顔を近づけたとき，身近な大人にはそれが，「シュキ，シュキ」のことだと伝わる。表9−3をみると，「ト」➡「チュ」「シュ」➡「ス」の順に発音することが難しいことがわかる。また，表9−4からは，1歳半の乳児のことばが聞き手に通じるのは26％であることもわかる。「シュキ」と言おうとして発した「トキ」は，生活を共にするごく身近な大人に通じることばである。この乳児の場合，「トキ」（1歳4か月）➡「チョキ」（1歳5か月）➡「シュキ」（1歳8か月）の順に現れた。「シュ」の発音ができるようになるとより多くの人に通じるようになる。

### Ⓒ　ことばを記号化する過程

岡本は，ひとりの乳児（N児）がことばを記号として理解していく過程を調べている（表9−5）。この表をみると，喃語に始まった「ニャンニャン」は3段階では，白毛の玩具のスピッツを表していたが，4段階になると，①四つ足獣一般（犬・猫・虎・白熊・ライオンなど），②白毛の玩具のスピッツの状態（白い，ふさふさしている，やわらかいなど）の①と②の2つの意味を表し始めた。このことから，N児なりにそれぞれに共通の特徴を見い出してこのことばを使い始めている（これを岡本は自発的使用語といっている）ことを知ることができる。「ニャンニャン」は記号として用いられ始めている。さらに，5段階では，「ニャンニャン」は②に限定して用いられ続ける。しかし二語文を使い始めると（6段階），また①と②がともに使われる。岡本は，ここに，乳児が使い慣れた「ニャンニャン」を手がかりに二語文という新しい文のルールを自分のものにしていく過程がみられることを指摘している。

また，岡本は，4段階において，まわりの大人が言っている「わんわん」がスピッツのことであることは理解しているが，N児自身はそれを「ニャンニャン」と言っている点に着目して，理解語（まわりの大人のいう「わんわん」がわかっている）と自発的使用語（自分で使う「ニャンニャン」が記号化されていく）とはかなり独立して発達するのではないか，といっている。

表9-5 「ニャンニャン」の記号化過程

| 段階 | 月齢 | N児の〔発声〕と（対象または状況） |
|---|---|---|
| 1 | 7か月 | 〔ニャンニャン〕〔ニャーン〕（快適状態での喃語） |
| 2 | 8か月 | 〔ニャンニャン〕〔ナンナン〕（珍しいものやうれしいものを見つけてよろこんで）（種々の対象にたいして） |
| 3 | 9か月 | 〔ニャンニャン〕（桃太郎絵本の白犬）←（白毛の玩具のスピッツ）〔確実に模倣〕 |
| 4 | 10か月〜12か月 | 〔ニャンニャン〕→（動物のスピッツ）（白毛のパフ）→（ひものふさ(黒)）／（猫）←（犬一般）→（白い毛糸・毛布）→（白い壁）／（虎）（ライオン）（白熊）（白毛のついた靴） |
| 5 | 13か月／14か月／16か月／17か月／18か月 | 〔ナーン〕（猫）〔ナンナン〕（犬）〔モー〕（牛）／〔ドン〕（自宅の犬の名ロン）／〔ゾー〕（象）／〔バンビンチャン〕（バンビー）〔ウンマ〕（馬）／〔クンチャン〕（熊）　※この間も使われ続ける |
| 6 | 19か月／20か月 | 〔クロニャンニャン〕（黒白のプチの犬）　〔ニャンニャンクック〕（白毛の靴）／〔ネコ〕（猫）〔ワンワン〕（犬）／〔オーキニャンニャン〕（大きい白犬）　〔ニャンニャンチョッキ〕（白毛糸のチョッキ）／〔クマニャンニャン〕（ぬいぐるみの熊）／〔シュピッツ〕（実物のスピッツ）／〔プチ〕（近所のスピッツの名） |
| 7 | 21か月／22か月／23か月 | 〔プチノヤネプチニアゲルワ〕（プチのだからプチにやろう――白毛の靴を持って）／〔ワンワンデショウ〕（戸外の犬の泣き声を聞いて）／〔オーキイワンワンワンワンユワヘンワ〕（大きい犬が鳴かずに通るのを見て）／（隣人よりケーキをもらって）　N児〔ダレガクレタノ？〕　母〔しのはらさん〕　N児〔ワンワンイルシノハラサン？〕／（絵本のろばをさして）　N児〔コレ ナニウマ？〕　母〔ろばさん〕　N児〔ロバウマ？〕 |

※は筆者の加筆

（岡本夏木，前掲書）

このように，表9-5に乳児がことばを記号として理解していく過程をみることができる。

### D 二語文が始まる

| タイプ | 例 |
|---|---|
| 動作主＋動　作 | トウタン（トウサン）　イッタッタ |
| 目的語＋動　作 | デンキ　ツケテ |
| 主　語＋位　置 | クマチャン　ココ |
| 位　置＋動　作 | オソト　イク |
| 所有物＋所有物 | トウタン（トウサン）　パンツ |
| 物　体＋所有物 | コレ　トウタン（トウサン） |
| 主　語＋否定辞 | コレ　イヤ |
| 修飾語＋名　詞 | オーキイ　パン |

表9－6
二語文のタイプ

（大久保愛・幼児言語研究会編　前掲書より作成）

乳児が二つの語をつないで使うとき，これを「二語文」という。二語文は，「ア！　ブーブ」のように感動詞に続くもの，「ママ，マンマ」のように呼びかけに続くものに始まり，いろいろなタイプが現れる（表9－6）。やがて，「トウタン　イッタッタ」のような主語＋述語の二語文も使えるようになる。一語文が状況をともにする身近な人にしか通じないことばであったのに対し，この主語＋述語の二語文は状況をともにしない人にも通じることばである。

## 4　文で伝える時期

### A　会話をする

乳児と身近な大人とのことばを使った会話では，乳児はまず応える役割をとることから始まる。事例9－1にみるように，1歳8か月の乳児Lは，自分の手持ちのことば「二つ」を使って母親（私）の問いに応えている。このように身近な大人の問いに応える過程をへて，しだいに自分もことばで問う役割をとれるようになっていく。そして，2歳前後になると，「コレ　ナアニ？」「アレ　ナアニ？」と聞くことで，ことばの世界を広げていく。

岩田（1988）は，2歳後半から3歳頃にかけての時期を「会話年齢」と特徴づけられるという。乳児と身近な大人との会話は，2歳前半では一方向的で持続しないが，3歳近くになると，ある話題に沿った長いやりとりが大人の好リードによって可能になるといっている。

●事例9－1

毎日のようにLと私は電車を見に行く。Lはオーバーを着てじっと踏切に立ち，行き交う電車をにらみつけるように見る。さらに場所を移して駅の改札口から見る。何台も見て帰り道に私はLに聞いてみる。「電車，何台みたの？」。返事は決まって「フタチュ」である。
また，ある朝，目覚めてすぐのふとんの中での二人の会話。「おかあちゃんすき？」「シュキ」。「どのくらい？」……しばらく沈黙の後，「フタチュ」。
「二つ」はLにとって，多い数でもあり多い量でもあるようだ（1歳8か月）。

### B　文を使う

2歳から3歳にかけて，ことばによる表現意欲が盛んになってくる（表9－7）。また，「キョウハ　サムイネ」「カゼガ　フイテイルネ」など，助詞を使うことも始まる。この時期になると二語文や三，四語文のようにいく

つかのことばをつないで主語＋述語の文を作って，その日の天候「クモガ　アルネ」や自分の意志「○○チャンガ　ヤル」や自分の気持ち「○○□ナキタク　ナッチャウヨ」などをことばで豊かに表現することができるようになる。

このように，乳児がことばを自分なりに使うことを試みながら，その社会に通用することばを自分のものにしていく過程をみてきた。そこには，乳児のことばの世界が広がることを喜ぶ大人がいた。乳児にとって声やことばを発することはいつも楽しい経験だった。乳児はそれらのことに支えられて，生後およそ３年の間に自分の意志や要求をことばで伝え，ことばで人とつながることができるようになっていく。

| ●おはなし　ア・レ・コ・レ● |
|---|
| ・トーブッブー　バー<br>　　とうさんは　おばあちゃんを　車に　のせていった |
| ・ヤイヤイ　ダンプ<br>　　サヤインゲンを　つんだ　ダンプカー |
| ・ブッブー　トー　カー，ハーイ<br>　　とうさん，かあさん，わたしで　車に　のっていく |
| ・ブー　ナーイ　カー<br>　　ぶどうを　おかあさんが　みんな　たべちゃった |

表9－7
おはなし　ア・レ・コ・レ

（鈴木まもる『みんな　あかちゃんだった』小峰書店 2000）

## 2　ことばとは何か，なぜことばが必要なのか

「コミュニケーション」とは人が互いに意志や要求などを伝えあうことである。中でも，ことばで伝えあうことは，話し手と聞き手の間で行われることばのやりとりである。このことばのやりとりは人の「コミュニケーション」の一つであるが，やりとりする「ことば」はボールのように目に見える具体物ではない。その場に実在しない，いわゆる「シンボル（象徴）」と呼ばれるものである。そこで，このことばが「コミュニケーション」の手段であることと「シンボル」であることを手がかりに，ことばとは何か，なぜことばが必要なのかについて考えてみたい。

### 1　コミュニケーションとは何か

人のコミュニケーションは相互的なものである。「相互的である」とは，相手の反応を見てそれに応ずることである。一方，動物の伝達行動（これも時にコミュニケーションと呼ばれる）は，高度な言語性を有するといわれるミツバチを例にとってもその伝達は蜜のありかを正確に伝えるだけの一方向的なものであり，会話のない指令的なものである。

人のコミュニケーションは，相手と，① その基盤にある情動を共有していること，② 一つの話題を共有していること，③ 相互に役割をとること，④ そのとった役割を交代しあうことなどによって支えられている。これらのことを通して「人のコミュニケーション」について考えてみたい。

#### Ⓐ　情動を共有している

人は「情動を共有している」とき，相手と一緒にいることが心地よい。そ

して，いつまでもその状態が続いてほしい。このことは，大人にも乳児にも共通する。例えば，保育者が生後3か月の乳児のお尻を持ち上げたとき，乳児が声をたてて笑った。そのとき，乳児は持ち上げられる心地よさがうれしい，一方，保育者は乳児が声をたてて笑ってくれることがうれしい。そんなとき，二人はくり返しそのやりとりを楽しむ。コミュニケーションの基盤にはこのような情動の共有がある。情動の共有は生後まもなくからあることがわかっている。

### Ⓑ 話題になるものを共有している

二人が話題になるものを共有しているとき，二人は同じものに注目している。それは，一方の注目で始まる。そして，相手の注目しているもの（話題）に気づき，もう一方も注目することでそのものは共有される。その手段は，視線，発声，指さし，ことばなどさまざまである。事例9－2では，保育者は指さしと発声によって，11か月の乳児Uの要求に気づき，Uの口へハンバーグを運んだ。Uはハンバーグのおいしさに喜び，保育者はUのおいしそうな顔にうれしくなった。このように，二人は指さしと発声を契機に一つの「もの（ハンバーグ）」に注目したことがわかる。

> ●事例9－2
>
> 　食事中に，Uは保育者からハンバーグを一口，口に入れてもらった。それはUにとってはじめての味だった。Uはそのおいしさに喜び，「オー」と指さしてさらにハンバーグを要求した。保育者はUのおいしそうな様子にうれしくなって，ハンバーグをもう一口，Uの口に運んだ。こうして，Uのお皿がからっぽになるまで二人はそのやりとりをくり返した（11か月）。

指さしには，今自分が注目している「もの」へ相手の注意も向けるよう促す働きがある。そしてそれはその「もの」について，相手と経験を共有しようとする試みから生まれる。図9－2はそれを図示したものである。このように「U－保育者」の二者の関係に両者を結ぶ話題になる「もの（ハンバーグ）」が介在している。このことでできた「自分－もの－ひと」の三者の関係を「三項関係」と呼ぶ。指さしの出現はこの三項関係が形成されたことを示すものである。指さしの始まりは視線を共有することにあると言われる。

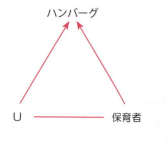

**図9－2**
指さしと三項関係

次に挙げたのは，田中（1985）による指さしの種類と出現の順序である。

1. 志向の手さし（指さし）：他の人が指さした指の先を見て，自分もそれを片手でさす（「ワンワンよ」と指さす母親の指先に犬を見つけることができ，自分も見つけた犬に手さしをする）。（9月頃）
2. 定位の指さし：ほしいもの，行きたいところを定位して指さす（指さしで要求を伝える）。（11か月頃）

3 可逆の指さし：聞かれた人に聞かれたものを指さし，さらに聞いた人を見て同意を求める（「ワンワンどれ」と聞くと，犬を指さし，聞いた人の方を振り返って同意を求める）。（12〜15か月頃）

ⓒ　役割がある・役割を交代する

やりとりが「相互的」であるとき，両者には役割があり，交互にやりとりがくり返される。事例9-2では，2人の役割は，ハンバーグを「渡す人」と「受け取る人」であり，途中でこの役割が変わることはなかった。しかし，事例9-3では，2人の役割が途中で交代している。「聞き手」として質問に応えるばかりだったNが，三度目に応えた後に「これはNちゃんね」と「話し手」の役割に転じている。2人のやりとりは「話し手」と「聞き手」の役割の交代のある会話となっている。

●事例9-3

私　「Nちゃん✊に勝つもの出してごらん」
N　「✋」
私　「じゃあ　これに勝つものは？✋」
N　「✊」
私　「じゃ　これは？✌」
N　（ゆっくりと）「✌」
　　「これはNちゃんね」
私　「そうね　Nちゃんのお年ね。Nちゃん二つね」
N　「そう」
　　「お兄ちゃんはこれ。🖖」
私　「そう，四つね」　　　　　　　　（N：2歳5か月）（仲，1989）

役割を交代しながら互いに伝えあう会話のことを「対話」という。図9-3は，「対話の構造」を示したものである。このように，高度なコミュニケーションである「対話」には三項関係が必要であり，二人の役割の交代が行われる。

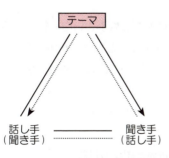

話し手と聞き手のあいだに共通のテーマの成立を必要とする。一つのテーマを巡って，二人が話し手となったり聞き手となって，かかわり合うのが対話の基本構造である。そこでは二人のパートナーが一つの「テーマ」を共有しあう。「話し手－テーマ－聞き手」のあいだに三角形関係の成立が必要となる。

図9-3
対話の構造

（岡本夏木　前掲書）

### Ⓓ　ことばを使って伝える

「コミュニケーション」とは人が互いに意志や要求などを伝達しあうやりとりである。その手段はことばとはかぎらない。事例6－2では，Uは発声を伴う指さしを使って，自分の要求である「ハンバーグがほしい」ということを保育者に伝えることができた。けれども，それはほしいという表情や視線，食べているときのおいしそうなしぐさの助けもあって伝えられた。これらのコミュニケーションの手段はその場の状況を共有することで可能になる。要求するもの（ハンバーグ）が目の前にあることも必要である。

一方，翌日になり目の前にハンバーグがないときに，「昨日のハンバーグが食べたい」ということを相手に伝えるときにはことばを使う。ことばによるコミュニケーションでは「今ここにないもの」について伝えることができる。それはことばがシンボルであるからである。次に，そのことについて考えてみよう。

## ❷　今ここにないものを共有できるシンボル

### Ⓐ　シンボルとは何か

砂場にいる1歳8か月の乳児Cが，バケツに入れた砂を運んできて保育者に「ゴハン」と言ってバケツごと差し出した。このとき，砂はごはんにみたてられている。ここで砂とごはんを結びつけたのはCである。

このように，① 砂とごはんのように本来関係のない二つのものが，② Cにみたてられたことで砂はごはんを意味すると関係づけられ，③ 今，ごはんは実在しないのに食事場面を思わせる場面をつくりだしたとき，砂はごはんのシンボル（象徴）であるという。

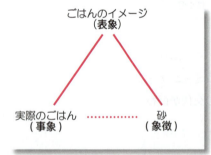

図9－4
ごはんのイメージ

では，Cはなぜ砂を今ここにないごはんにみたてることができたのだろうか。それは，Cがすでにごはんを知っていて，今ここにないのにごはんのイメージ（表象）をCの内面にもっていたからである。小さい白い粒である砂を見たときCの内面にご飯がイメージされたのである。すなわち，シンボルが表しているのはCの内面にある表象であって実際のご飯ではない（図9－4）。

ここでは，シンボルは形の類似性（砂もご飯も小さい白い粒）を手がかりにしている。シンボル「砂」が，「ゴ」・「ハ」・「ン」という音を組み合わせた「ゴハン」という音声（ことば「ゴハン」と実際のご飯には類似性がない）に置き換えられたとき，ことば（シンボル）となる。

では，表象ができる内的世界はどのように形成されるのだろうか。次にそのことについて考えてみたい。

### Ⓑ　内的世界の形成　－行動の対象と認識の対象－

乳児の内面世界はどのように形成されるのだろうか。そのことを,「みる」ことと「もの」との関係の変化をもとに考えてみたい。まず,事例9－4の7か月の乳児Aの,昼と夜の行動の違いをみてみることにしよう。

昼のAは,ガチャガチャと音をたてるほど乱暴につかんだ輪を振りまわしている。それは「もの」に直接働きかける行動であり,「みた」ものに手をのばしてとることができるようになった乳児が,「もの」をなめたり,床に叩きつけたりする行動と同じものである。この場合「もの」は「行動の対象」である。その行動は腕を使って動的に行われる。

一方,夜のAの行動は静的であり,Aはもっとよく「みる」ために指先を使って静かに「もの」にふれている。「もの」に手を出す前にじっと「みる」ことも始まっている。「もの」は「行動の対象」から「(静観)認識の対象」へと質的に変化している。

「もの」が認識の対象となることで,ものに対する情動や行動が内化され,内的な世界が形成され,ものについての表象ができてくる。「静かに,じっとみる」Aの行動から,Aが内的世界をもち始めていることを知ることができる。

●事例9－4

ワンタッチメリーをつるす。ひもを引けば音楽が鳴ったり止まったりする。Aが引っぱることができるようにたこ糸でひもを延長した。先端に握ることができるように輪を結びつけた。延長したばかりの昼間は,Aは持った輪を乱暴にふりまわしガチャガチャとうるさく音を立てていた。夜になって,偶然にそのしくみがわかったのか不思議そうに上を見上げ,静かにひもを引いて音楽を鳴らしたり止めたりしていた（7か月）。

ⓒ 表象が形成されている －見たものを再現する－

乳児が寝るふりや食べるふりなど「ふり」をして遊んでいるとき,その場は夜の自宅の寝室でもないし,朝の自宅の台所でもない。そこは昼間の保育室である。また,目の前の実在のモデルをまねた(即時模倣)のでもない。乳児は目の前にある玩具の布団やコップを見て,自分の内面にある自分の以前の体験のイメージ(表象)をモデルに再現して「ふり」をしている(延滞模倣)。

このように,乳児が今は目の前にいないモデルの「ふり」をするとき,乳児はすでに内面世界を持ち始めている。やがて,これらの模倣がごっこ遊びのなかでお母さん役になってお母さんの動作を再現するようになると,シンボルとなる。けれども,このシンボルは実際のお母さんの動作との類似性を手がかりにしている点で,過渡的なシンボルである。

一方,ことば(シンボル)である「オカアサン」という音声と実際のお母

さんの間に類似したところはない。ことばを使うことで「今ここにないもの」について共有できるのは，ことばがシンボルだからである。

### Ⓓ　ことばを使って考える　－内言と外言－

　3歳頃までの乳児の考えごとは話しことばを手がかりに行われる。一人遊びに熱中しているときに，乳児がひとり言をつぶやきながら行動している姿はしばしば見かけられる。このように，ことばは伝えるときだけでなく，考えごとをするときにも使われる。事例9－5を例に，乳児がことばを使って考える様子についてみてみたい。乳児Sが朝起きてみると，いつもは隣に寝ている母親の姿が見えない。本当は泣きたい心境である。けれども「そんなことで泣くことないじゃない」といつも言われているので我慢している。そのSの内面の葛藤がことばになって表出された。これは相手に向けたコミュニケーションのための発話（外言）ではない。内面のもう一人の自分との対話（内言）である。このように，前者は外言，後者は内言と呼ばれる。乳児のひとり言は，内言に内化する過程のつぶやきが他人に聞こえたものである。内言は自己に対する対話であり，認識や思考を深めるのに必要とされる。

> ●事例9－5
>
> 　朝起きて，「オカアチャン　オカアチャン」と私を探すSの声がする。返事ができないでいると，やがて，「ナクコトモナイチ　ドウチヨウ」と言っているのが聞こえる（2歳9か月）。

　このように，人は自分の内的世界に表象（イメージ）をもつことで，シンボルとしてのことばを使って具体的な内容だけでなく抽象的な内容までさまざまなことを伝えあい，ことばで人とつながることができる。ことばは目の前にいない人と目の前にないことを共有できる。それは，音声を組み合わせたことばが具体的なものに縛られない高度なシンボルであるからである。

　ことばは「シンボル」であり，「コミュニケーション」にも思考過程にも必要とされる。

### ❸　ことばの発達を支えるもの

　1歳のころに乳児が初めて発することばは，まわりの大人をたいそう喜ばせる。反面，2歳を過ぎてもことばを発しない乳児はまわりの大人を心配させる。ことばの発達を支えるものはいろいろ考えられるがいずれも相互に関連しあっている。ここでは，子ども自身についてと環境についての二つに大別し，具体的な発声場面を例に考えてみたい。

## 1　子ども自身について

### Ⓐ　聴く力

ことばの発達には，お手本（モデル）になることばが聴きとれていることや，自分の声を正しく自分の耳でフィードバックすることができていることが必要である。どちらの点からも聴く力が必要である。事例9－6の「こいするにわとり」の歌は当時，テレビで何回も流れていた歌で，Kも今まで何回となく耳にしていた。そこで，母親（私）が口づさむのを聞いてすぐに模倣することができたと考えられる。

乳幼児が重度の難聴の場合はまわりの大人は気づきやすいが，軽度の場合は遅れがちになりやすい。まわりの大人が早く発見し，その子にあった補聴器をつけることで聴く力を補うことができる。

> ●事例9－6
> Kをおぶって夕食の支度をしていた。私が，なにげなく「コッコッコッコココこいはこいはこい」と「こいするにわとり」の歌詞の一部をひとり言のように口ずさんでいると，背中でKが「コッコッコ」と言い始めた。「コッコッコ」と私。「コッコッコ」とK。「コッコッコ」「コッコッコ」と二人で楽しんだ。おもしろかった。結局Kは「コッコッコ」と言えるようになってしまった。ためしに私が「ケッケッケ」と言ってみるとKは「ケッケッケ」と言った（11か月）。

### Ⓑ　発語器官の働き

先に構音の発達の順序（表9－3）でみたように，事例9－6の「コッコッコ」という「k」の音は，一般に「p」「b」「m」などの両唇音の後に現れる音である。Kの口からも11か月に入ったこの日に初めて聞かれた。この「k」の音は口蓋破裂音といわれる音で両唇音より構音がむずかしい。それだけでなく，口蓋裂がある場合は空気が鼻に抜けてしまって「k」の音にならない。口蓋裂とは，生まれつき口の中の天井の壁（口蓋）が裂けている状態をいう。このような場合には空気がもれないように手術することが必要である。

このように，発語器官の働きが十分であることも必要である。

### Ⓒ　知的発達

一つのことばが言えるためには，多くのことばやことがらが「わかっている」ことが必要である。知的発達に遅れがあると，ことばや体験の理解などが遅れ，ことばの発達に遅れが生ずる。事例9－6では，Kはこの日に模倣して「ケッケッケ」と言えるようになった。また，この11日後には自発的に「コッコッコ」と言えるようになっている。このように，模倣する，忘れずに覚えている，正しい語の使い方がわかるなどは知的発達に支えられている。

### Ⓓ 人とかかわる力

　乳児と保育者の関係は相互的なものである。積極的にかかわってくる乳児には保育者もおのずと多くかかわることになる。日々の保育者の語りかけの差は積み重なって大きな差となる。事例9−6では，Kはなにげなく母親がつぶやいた「コッコッコ」に反応した。母親は「まねをしてくれた」と実感でき，思わずうれしくなって，今度はKに聞かせるように言ってみた。すると，また実感できる反応が返ってきた。楽しいやりとりが続き，母親は思わず新しいことば「ケッケッケ」を試してみたくなった。

　このように，乳児が保育者と多くのかかわりがもてるためには，情緒が安定し，対人関係そのものに興味・関心があることが必要である。

## ❷　環境について

### Ⓐ　適切な話しかけ

　事例9−6では，Kが「コッコッコ」と言ったときに「コッコッコ」とくり返す。乳児が関心をもっているときに，関心をもっていることについて，タイミングよくことばのお手本（モデル）を話しかける，それが適切な話しかけである。

　どの母親も乳児に話しかけるときには，ふつうより抑揚をつけて，ゆっくりと，はっきりと，くり返しを多くして，たえず乳児の注意を促しながら話しかけていることがわかっている。それは大人が相手のときとは違う。また，それは乳児にとっても心地よいものであり，「育児語（マザリーズ）」「母親語」などと呼ばれる。適切な話しかけは育児語で行われる。

育児語の特徴：
①おとなにさし向けられる発話よりもはるかに単純である。
②おとなにさし向けられる発話よりもはるかに文法にかなっている。
③高度に冗長な形式をとる。
④語句や文全体を反復し，先行の文や語をパラフレーズする。
⑤限定された文型を頻繁に，かつ反復使用する。
⑥子ども自身の言語能力水準によく適合している。
岡本（1982）は，村田孝次『言語発達研究』によると，育児語の特徴は上記6つに要約されるといっている。

### Ⓑ　ことばを受けとめる

　乳児とのことばのやりとりでは，たとえそのことばが的確に言えなくても，言いよどんだり吃ったりしても，「もう一度言ってごらん」「きちんと言ってごらん」「バチュじゃなくてバスでしょ」など，言い直しをさせたりとがめだてたりしないようにしたい。そして，保育者の方でそのやりとりを打ち切らないように，楽しいやりとりの受け手になるよう心がけたい。

　事例9−6では，乳児が「コッコッコ」と言ったときに「コッコッコ」と応えている。このように，やりとりをくり返すことが心地よいとき無意識に次のことばが表出される。

　内須川（1990）はことばのやりとりが相互的なものであるために「聞き手がしてはならないルール」として次のような聞き手の心得を挙げている。

① なま返事・無視　　② 話題を勝手に変える　　③ 言い直させる
④ 話の途中で止めさせる　　⑤ 口をはさむ　　⑥ 話をいそがせる
⑦ 誤った発音やことばを指摘する　　⑧ 否定的感情を表して聞く

#### ⓒ　ことばを促す生活経験

　乳児は，身近にいる人や話しかける人のことばを聞いて，具体的なものや動作とことばを結びつけていく。事例9－6で，「コッコッコ」と「k」の音が言えるようになったKは，その4日後には「ゴ」と「g」の音も言えるようになっている。母親が洗濯物を干すときに数える「五」は，Kがくり返し聞いていたことばだった。この日，いつものように，「一, 二, 三, 四, 五」と数えながら母親が干していると，Kが「ゴ」と言ったのである。

　このように，具体的なものや動作にあったことばをそのときどきに経験する（聞いたり, 使ったりする）ことで，「わかる」ことがらやことばを増やし，「言える」ことばの表出を準備する。

　このように，ことばの発達を支えるものは相互に関連しあっている。保育の場において，保育者は，適切な話しかけをし，よりよい聞き手となり，乳児がことばを使うことが心地よい相互交流の場となるよう心がけたい。

### 4　保育において配慮すること

#### ❶　毎日の生活のなかで

　人は，伝えたいことがあり，伝えたい人がいるとき，なんとかそれを伝えようとする。では，まだ十分にことばで伝えられない乳児は，伝えたいことをどのように伝えようとしているのだろうか。また，保育者は，それを十分に受けとめるのにどのような配慮を求められているのだろうか。具体的な生活の場面を例に考えてみたい。

##### Ⓐ　泣くことで訴える

　まだことばで伝えられない乳児にとっては，泣くことが自分の気持ちを伝えることば（の代わり）になっている。事例9－7では，この保育者は，Mが泣き出したとき自分の行動がMを泣かせたことには気づかなかった（と後で聞いた）。また，この場面を見ていた筆者もMが泣き出すまで，「自分がおんぶしてもらえる」と期待をもっていたことに気づかなかった。しかし，泣き出す前の場面から見ていた筆者は，Mが突然泣き始めたことで，「自分がおんぶしてもらえる」と期待したMの気持ちに共感することができた。保育者が，泣いている乳児の訴えを受けとめるには，泣き出す前の場面を理解することが求められる。

● 事例9－7

　0歳児の部屋ではそろそろ午睡の時間も近くなり，保育者は乳児を一人ずつ寝かせていく準備をしている。Mは部屋の中央で入り口の方を向いておすわりをしている。そこに一人の保育者が，おんぶひもを準備しながら入って来た。それに気づいたMの目は，じっとその保育者とおんぶひもに注がれ続けた。一方，保育者は見上げているMの視線に気づかず，Mのすぐ横を通り過ぎてYをおんぶし始めた。保育者が通り過ぎてしばらくしてMは天井を向いて泣き出した。

　ⓑ　視線で問いかける

　自分が今注目していることをまだことばで伝えられない乳児にとっては，乳児の視線が保育者への問いかけのことば（の代わり）になることがある。事例9－8では，保育者は，Bが何になら関心をもってくれるのかを求めて，Bの視線の先を追っている。やがて，二人は視線を共有できた。それは，はってある紙に描かれている絵だった。最初にことばを発したのは保育者の方だった。Bはそれを受け入れ，次に視線を使って問いかけてきた。その問いかけに気づいた保育者はタイミングよくことばで応えることができた。このやりとりでは，保育者はただ問いかけに応えるだけでなく，思わず「ブーブー」「ドンドン」など付け加えている。このことから，問いかけてもらえたことをうれしく思っている保育者をみることができる。そのうれしさが，両者のやりとりを発展させていった。

● 事例9－8

　0歳児の部屋では，すでに昼食の準備が始まっている。一人の保育者が機嫌の悪いBを抱いてガラス戸越しに隣の部屋をのぞいている。だんだんBの機嫌が直ってきて，はってある紙に描かれている絵に興味を示し始めた。
　「ウサギ」「ホシ」「クマ」「ブタ」「タイコ」など，保育者が絵を指でさしながら名前を言っていく。すると，Bは別の絵に視線を移して「（視線で）これは？」と聞いてきた。「タイコ」と答えると，次に視線が移り「（視線で）これは？」と聞く。「ブタさん。ブーブー」と答えると，Bの視線はまた，「タイコ」へ戻った。そこで保育者は「タイコ。ドンドン」と答える。視線は今度は「ウサギ」へ。「ウサギさん。ピョンピョン」……。こうして何回もくり返していた。

　ⓒ　身振り・表情で伝える

　まだ十分にことばで伝えられない乳児にも伝えたいことはある。乳児は伝えたいことを全身を使って伝えようとする。そんなとき，これまでみてきた泣き声や視線だけでなく，身振りや表情も使われる。事例9－9では，Aは尻もちをついて，一人でいるのが不安な気持ちになっていて誰かにそばにいてほしかった。そんなときのやりとりは，遠くからのことばやまなざしだけでは不十分で身体接触が求められる。Aはそのことを身振りと表情を使って伝えた。まずAは「私が転んだことに気がついて」と泣いて訴え，さらに，「そ

ばに来てほしい，だっこしてほしい」と身振りと表情で伝えた。Aの泣き声に気づいた保育者は振り返り，まずその場から声をかけた。けれども，Aは「こっちにきて」と身振りと表情で訴えた。すると，保育者はこの要求を受け入れてその場まで戻った。戻ってみたら，Aは自分で立ち上がることができた。伝えたいことが保育者に伝わったからこそ，だっこまでしなくても手をつなぐことで，Aは安心感を取り戻せた。

> ●事例9－9
>
> 　1歳児が園庭に出て遊んでいる。4，5人の子と保育者がなわとびのなわの入ったカゴを取り囲んでいる。やがて，なわを引きするようにして一人ずつ歩き始めた。Aもそのうちの一人だった。その姿からはまだ歩くことで精一杯なことが伝わってきた。やがて，すのこが敷いてあるところまでやって来た。Aはそこでつまずいて尻もちをついて泣いた。一瞬の間をおいてAの泣き声は大きくなった。明らかに先を行く保育者へ訴えて泣いている。
> 　振り向いた保育者は気がついて，その場から声をかけた。「だいじょうぶ。たっちして，おいで」。このことばに，Aはさらに大きな声で泣いた。そして（ここまで来て，だっこして，というように）両手を斜め前に突き出した。
> 　立ち止まりその様子を見ていた保育者は，そこまで戻り，Aの横にしゃがみ，声をかけた。「Aちゃん，たっちして」。するとAは泣き止み，自分で立ち上がり，保育者と笑いあい，手をつなぎ，何事もなかったように二人で歩き始めた。

### Ⓓ　ことばで伝える

　乳児は，たとえ言えることばが一語であっても，足りないことばを指さしや身振りで補ってでも自分の要求を伝えたいと思っている。そんなとき，乳児が真っ先に伝えたい人はいつも一緒に生活している保育者である。そんな保育者が相手であれば，乳児は一語でもいろいろな要求を伝えることができる。例えば，1歳8か月の乳児は，蛍光灯を指さして「(つけて) チョウダイ」，持っているみかんを差し出して「(むいて) チョウダイ」，お皿を指さして「(そのおかずを) チョウダイ」など，「チョウダイ」一語でずい分と保育者とつながることができた。

●伝えたいことを身振りで補って伝える。

　このように，乳児にとって保育者は，たとえその表現が不十分であっても，なんとか理解したいと思い，なんとか理解しようと思い，あれこれと思いをめぐらしてくれる人であってほしい。

　事例9－7から事例9－9までみてきたように，乳児は乳児なりに，伝えたいことは相手と共有できるという人に寄せる信頼をもっている。だからこそ，その子のもてるコミュニケーション能力をフル活用し，なんとか伝えようとする。人は，ことばを話せるようになったから伝えたいことが生まれるのではない。ことばを話せるようになったから伝えたい人ができるのでもない。毎日の生活のなかに伝えたいことがたくさんあるから，伝えればそれを共有してくれる人がいるから，伝えようとするのである。それが，ことばになっていく。保育者は，乳児の伝えたいことに気づき，それを受けとめられ

るように心がけたい。

## ❷ 遊びのなかで

　先にみたように，人のコミュニケーションは相互的なものである。まだことばでのコミュニケーションの体験の少ない乳児も，遊びのなかでは，全身を使って相手とのやりとりを楽しんでいる。このような相互的な体験がことばでのコミュニケーションにつながっていく。では，保育者は，乳児との遊びのなかで，「やりとりが相互的なものになる」ようにどのような配慮を求められているのだろうか。具体的な遊びの場面を例に考えてみたい。

### Ⓐ　いないいないばあ

　「いないいないばあ」は乳児が早くから興味を示す遊びである。それは「いないいないばあ」をすることで相手とのコミュニケーションを体験できるからであろう。「いないいない」と言いながら保育者が顔を隠すとき，この遊びがはじめての乳児は保育者が消えてしまったかとびっくりする。けれども，それは一瞬で，「バー」の声とともに保育者の顔が現れる。そこで，乳児はほっとして保育者の顔の再現を大喜びする。この保育者の顔の消失と再現で体験される「どきっとする」「ほっとする」のリズムは，二人で息をひそめて次の一瞬を待つ，「間」によって生まれる。「いないいないばあ」は，二人でこの「間」を楽しむ遊びである。この「間」は，やがて，ことばのやりとりで話し手と聞き手の間に生まれる「間」につながっていく。

　顔を隠した保育者が長時間現れなかったら，それは乳児にとって恐怖の体験となる。ところが保育者は相手の気配を察知してよいタイミングで顔を現す。保育者が自分も楽しもうとするとき，自ずと相手に応じて反応し，やりとりは「相互的」になる。乳児だけでなく保育者も楽しく遊ぶように心がけたい。

### Ⓑ　追いかけっこ

　追いかけっこでは，前を行く子は後ろから来る子が追って来るとき逃げる。追って来なかったり，あまり距離が開き過ぎたりすると，前を行く子は，立ち止まったり，戻って来たりして，追って来るように身振りで誘う。そこでは，二人がある距離を保ち，互いの出方を確かめあい見つめあう。

　この遊びには，「逃げる」「追う」の二つの役がある。事例9－10では，Yが逃げて相手を誘うことから遊びが始まっている。Yは，相手が必ず追いかけて来てくれることを一回ずつ確かめている。Yは，逃げれば（離れれば）必ず追いかけてくれる（近づいてくれる）ということを確認し，この安心感をくり返し楽しんでいる。今は，「逃げる（誘う）」役を楽しんでいるYであ

るが、やがて、誘いに応じて「追う（誘われる）」役も楽しめるようになると、追いつ追われつの遊びや鬼ごっこに発展する。この遊びで乳児は、「話し手」と「聞き手」のことばのやりとりのリズムを全身で楽しんでいる。そこで、保育者は時に応じて、「誘い」「誘われる」の役をとり、乳児がどちらの役も体験できるように心がけたい。

> **事例9−10**
>
> 　2歳児が園庭で遊んでいる。園舎の窓の下でミニトマトを見ていたYは、大好きなAがやって来ると、笑顔で園庭の縁に沿って走り始めた。走り始めて2、3歩行って、振り返り、追ってきてくれる人がいるか確かめる。Aと保育者が追って来るのを見ると、Yはふたたび笑顔になって園庭を大きくまわりテラスまで行って腰をおろした。そこへAがやってきてYをつかまえた。
> 　ひと休みすると、Yはまた走り始めた。少し行くが、誰も追いかけて来ないのでいったん戻る。すると、Aが追いかけ始めた。それを見てYは向きを変えて走り始めた。保育者もその後を追う。ミニトマトのところまで来て、AがYをつかまえた。しばらくミニトマトを3人で見ていた。するとYがまた走りだした。Yは今度も振り返り、Aが追って来るのを確かめてから走り始める。この日YとAは、このテラスとミニトマトの間での追いかけっこを何回もくり返していた。

### ⓒ　ボールで遊ぶ

　二人がボールで遊ぶとき、二人には「投げる」、「受け取る」の役があり、二人の間にボールが介在している。さらにその役の交代もある。ここで乳児は、ボールのやりとりを通して、先にみた「対話の構造（p.163参照）」を体験している。事例9−11では、まだボール投げの未熟なDからのボールは、一見気まぐれに投げたかのように飛んでくる。保育者は取り損なわないように、どんなボールが来るのかDの手元をよく見て動いている。保育者が受けとめて投げ返しているうちに、次第に二人はしっかりと向きあうことができた。そして、ボールを投げるときの「ポン」「ホイ」などのかけ声は、Dがボールを受けとめるタイミングを助けている。やがて、Dは投げ手だけでなく受け手にもなって、保育者の投げたボールを受け取ろうとし始める。

　ボールのやりとりがくり返されるとき、「投げ手」と「受け手」の間は次第にリズミカルになり、互いの「役の交代」が生まれる。初めはもっぱら受

> **事例9−11**
>
> 　2歳児が園庭で遊んでいる。Dがボールを持って保育者のところにやって来た。保育者がDに誘われ、二人はボールのやりとりを始めた。Dは初めのうち、サッカーのように足でけったり、バスケットボールのように一度地面にバウンドさせたり、ドッジボールのように直接お腹をめがけて投げたりと自分のできるやり方でボールを投げていた。そのたびに保育者は戸惑いながらその一つひとつのボールを受けとめていた。
> 　そのうち気がつくと、保育者はボールを返すときにかけ声をかけている。「ポン」「ホイ」「ハイ」など。いつの間にかDもそのかけ声をまねしてボールを返し始めていた。保育者の口から「ナイスボール」の声も聞かれた。やがて、Dの笑い声も聞かれるようになり、Dがこのやりとりを楽しんでいることが伝わってきた。

け手だった保育者もいつの間にか投げ手になり，Dも保育者からのボールの受け手になっている。二人は役の交代をしつつ，ボールのやりとりを楽しんでいる。

　このように，保育者が「もの」を介在させて乳児の相手をすることで，生活の中で，「対話の構造」を全身で体験するチャンスが生まれる。

### Ⓓ　歌・手遊び・歌遊び

　乳児がうたい始めたときが歌を介したかかわりの始まりである。それはことばを促す生活経験の場ともなっていく。事例9－12では，Rの声は「サイタ，サイタ」「……ダー」「……ナー」の部分しか聞こえてこない。歌は，乳児がうたえなくても，歌詞が間違っていても，おかまいなしに先に進んでいく。このように，とがめたり，言い直しをしたりすることもなく，同じ歌詞をお手本にして毎日のようにくり返される歌は，ことばが出始めたばかりの乳児にはとても適している。自分に言える歌詞から始まって，だんだんそれが増えていく。

　動作を伴った手遊びや歌遊びにも同じことがいえる。2歳児が誘いあって「あぶくたった」をして遊んでいるとき，たとえはじめは，言える歌詞が一つ二つしかなくても，遊びはどんどん進んでいく。毎日くり返しているうちに，「ごはんを食べてモグモグモグ」「お風呂に入ってゴシゴシゴシ」など，だんだんとその子の言える歌詞（ことば）やタイミングよくできる動作（ふり）が増えていく。

　このように，乳児が保育者と同じ歌を楽しんでいるときには，うたえたことを受けとめてあげるとともに，お手本を聞かせるチャンスでもある。うたうことが心地よい相互交流の体験になるように心がけたい。

> ●事例9－12
> 　1歳児の部屋で，Rは棒状の積木の先に紙をまるめてガムテープでとめたマイクをもってきて，三段に積んだ巧技台の最上段に登る。その部屋の手伝いをしている私も見ているみんなと一緒に拍手する。Rが私の顔を見て「サイタサイタ」と曲名を言った。「サイタ，サイタ……」と私がうたい始めるとRも小さな声でうたえるところをうたっている。首を振り，いかにもうたっている気分でニコニコしている。

### Ⓔ　絵本・お話

　乳児は10か月頃になると身のまわりにある絵本に興味を示す。表紙をいじったり，紙を1枚ずつめくったり，さらに，なめたりかじったりもする。この様子は，目新しいおもちゃに出会ったときとほとんど同じである。乳児はまず「もの」として，絵本と出会う。

乳児と保育者の間に絵本がおかれるとき，保育者は，事例9－13でみるように，その日の乳児たちの反応を確かめながら，「間」のとりかたや抑揚，くり返し，省略，脚色をして読み進めていく。この見開きには，「いちご」と「さあ　どうぞ」の二つのことばしか書かれていない。けれども保育者は，思わず一人ずつに絵本には書かれていないことばをかけ，口に一粒ずついちごを運んでしまう。

たとえ，乳児と保育者の間に毎日のように同じ絵本がおかれたとしても，そのやりとりは決して一日として同じではない。だからこそ，乳児は今日も絵本をもって保育者のところにやってくる。そして，絵本を介在させた保育者との楽しいやりとりが始まる。これに比べ，テレビやビデオは見ているこちらの反応とは関係なく先へ進んでいってしまう。一方向的なのである。

絵本を一緒に読んでいるときの保育者は，乳児の気持ちを察して，もう少し見ていたい，前に戻って見てみたい，飛ばして先の方を見たい，などに敏感に反応してくれる。お話をするときにも同じことがいえる。どちらも相互的な体験である。

### ●事例9－13

0歳児の部屋で，お昼寝前に，じゅうたんにおすわりした3人と保育者が『くだもの』の絵本を見ている。

見開きの左のページには，今にも飛び出してきそうないちごが15個描かれている。絵の下には「いちご」と書かれ

ている。右ページには今洗ったばかりのようにしずくがあちこちについている，へたをとったいちごが器に盛られ，「さあ　どうぞ。」のことばと器をもつ右手が描かれている。

保育者が「はい，Aちゃんにも一つあげようね」と言って，そのいちごを本当に掴むようなしぐさで，Aの口元に運ぶ。すると，Aは，本当に口に入れてもらったようなタイミングでもぐもぐと食べ始める。「Bちゃんにも，あげようね」とBの口にも同じようにいちごを運ぶ。すると，Bももぐもぐと食べ始める。Cは，次は私という顔で待っている。

事例9－10から事例9－13までみてきたように，まだ十分にことばで伝えられない乳児は，遊びのなかで全身を使って誘いかけてくる。この誘いに気づいてやりとりが始まるとき，保育者も「思わず」楽しんでいる。このような保育者との楽しいやりとりのなかから，乳児はことばのやりとりやそのリズムを身につけていく。乳児からの誘いかけがあったとき，保育者はその誘いに気づき，それに応じ，その遊びを心から楽しみたい。

### やってみよう

❶ 事例9−3を参考に，子どもと保育者のことばのやりとりを観察し記録してみよう。
❷ 事例9−10，事例9−11を参考に，子どもとの行動のやりとりを実習し記録してみよう。
❸ 上記❶の観察記録および事例9−3を資料に，その会話が「話し手」と「聞き手」の交代のある「対話の構造」になっているかどうかを話し合ってみよう。
❹ 上記❷の実習記録および事例9−10，事例9−11を資料に，両者のやりとりが相互的なものか，一方向的に終わっているか，検討してみよう。

### さらに学ぶための本

- 今井和子『子どもとことばの世界』ミネルヴァ書房　1996
- 汐見稔幸『子どものコミュニケーション力の基本は共感です』旬報社　2007
- 鈴木まもる『みんなあかちゃんだった』小峰書店　2000
- 中沢和子『イメージの誕生　0歳からの行動観察』岩波書店　1979
- 正高信男『0歳児がことばを獲得するとき』中央公論新社　1993

### 引用・参考文献

- 岩田純一「ことばの発達に必要なもの」『発達』35　ミネルヴァ書房　1998　p.17-26
- 内須川洸『言語障害』改訂版　放送大学教育振興会　1990　p.38
- 岡本夏木『子どもとことば』岩波書店　1982　p.81, p.132-145, p.155-159
- 田口恒夫「言語発達」「言語障害」平井信義・田口恒夫他『改訂　児童保健と精神衛生』光生館　1969　p.229-266
- 田中昌人他『乳児の発達診断入門』大月書店　1985　p.118-125, p.171-174
- 仲明子「みそっかすのジャンケンに探る」児童文化誌『舞々』11号　1989　p.90-101
- やまだようこ『ことばの前のことば－ことばが生まれるすじみち』新曜社　1987

## 2　人とかかわる

　対人関係は，誕生後の人とのかかわり体験を通して発達していく。かかわり体験を経る中で，子どもが外的世界をどのように取り入れ（認知），どのような内的世界を構築していく（理解）かが，子どもの他者へのかかわり方（関係性）に大きく影響する。そのような意味でも，乳児保育は，子どもの初期体験を提供するという重要な位置を占めている。

　最近の乳児研究により，生後間もない新生児にも外界にかかわろうとする能動的な力が生得的に備わっていることが明らかになった。外界の刺激の中でも乳児の注意を引くものは，人からの刺激であり，選択的に人への志向性があることを諸研究が示している。人は生れた時からすでに"社会的存在"であるといわれるゆえんである。

　また，乳児は外界にかかわって変化をもたらすことに快を得，課題を解く楽しみのために進んで学習し，知識を得ていることもわかった。物に働きかけて変化させたり，人に働きかけ応答を得て心地よい状態になることが乳児に有能感をもたらし，さらにいっそう，人や物にかかわろうとする意欲を育てていく。そのような快感覚や肯定的感情の体験が積み重なっていくことによって自尊心が育まれる。

　人間の子どもは，ポルトマンが指摘したように**生理的早産**であるがために，人生初期において頻繁に大人の保護や世話（保育）を受けていくことになる。そのこと自体に保育上の重大な意味が含まれている。保育者（以後，養育する大人すべてを指す）からのかかわりと乳児の人とかかわろうとする力が互いに作用しあいながら，子どもの自我（その子どもなりの内的世界）が育ち，子どもが生きている環境の生活文化が身につき，社会で生きていくための諸々の力をはぐくまれていく。

### ❶　対人関係の発達の概要

#### ❶　0歳前半　－心地よい世界－

##### Ⓐ　泣くこと

　子宮に包まれた環境から，出産を経て，新生児は自分で呼吸し始めるが，栄養の摂取も排泄の始末も，体温の調節も保育者の世話を受けることになる。泣きは保育者にとってそのサインとなり，泣きが鎮まるよう保育者は世話をしていく。空腹を満たす，不快状況を取り除くなど，いくつかの生理的レベルの世話を通して，人とのかかわり体験が頻繁に重ねられていく。1か月もすると，赤ん坊の泣きもいろいろに変化がみられ，保育者の方も泣きの微妙

---

**生理的早産：**
霊長類は，誕生直後からさまざまな運動をする能力がある。霊長類の中で人間のみが未成熟な状態でうまれ，生後1年ほどたって，他の哺乳類や霊長類の誕生直後並みになる。そのような意味で，人間の誕生の姿を「早産」であるという

|  | 対 おとな | 対 子ども |
|---|---|---|
| 1か月頃 | ・眠りに入りかけたときなど，ほほえみがみられる（生理的微笑）<br>・不快な時，泣く |  |
| 3か月頃 | ・あやされてほほえみ，「ウグウグ」の声を出す（ほほえみかえし）<br>・あやされたほうに顔を向ける |  |
| 5か月頃 | ・あやされて声を出すだけでなく，自分のほうからも声をかける<br>・親しい人の顔がわかって笑う。笑顔は支えおすわりでも多くなる（社会的微笑） | ・放射状に子どもを並べると，あっちにもこっちにも目を向ける |
| 7か月頃 | ・人みしりする<br>・あやされると，きげんをなおす<br>・あやされなくても，自分から，他の人へ声をかける | ・他児と顔をみあわせたり，じっとみたりする |
| 9か月頃 | ・おとなが指差して知らせると，おとなの顔をみて，指先の方をみ，対象をとらえる<br>・みつけた物，ほしい物が離れていても指さして訴える | ・他の子に近づいていったりする |
| 12か月頃 | ・「ハイ」と言って物をわたし，「ハイ」と言って返してもらうことを要求する（やりとりを喜ぶ） | ・他の子の持っている物に手を出して，とりあいをする |
| 1歳半頃 | ・簡単な指示に従う<br>・だだこねをするが，気持ちをたちなおらせることができる（選択できる場面で）<br>・いろいろなおとなからのことばかけがわかり，行動する<br>・やったことを認められて，さらに生き生きと次の行動への気持ちを高める | ・おとなの支えで手をつなぐ<br>・友だちのそばで同じようなことをしてあそぶ<br>・「順番にしよう」がわかりはじめ，少し待てる<br>・友だちの名前がわかる |
| 2歳半頃 | ・おとなの手をかりずにしようとする | ・泣いている子をなぐさめに行ったりする<br>・みたて・つもり遊びを数人でする<br>・「あそぼ！」とさそったりする<br>・自分の要求が言語化できないでぶつかりあう |
| 3歳半頃 | ・自分をだれよりも認めて欲しいと思う<br>・おとなのことばかけや，励ましでがんばろうとする<br>・お手伝いをやりたがる | ・自分の要求がはっきりしてきて，友だちとのぶつかりあいがはげしくなる<br>・気持ちの通じあう友だち関係ができる<br>・共通のイメージで，ごっこあそびができる<br>・「自分のもの」意識がつよまる |

表9-8
対人関係の発達

（大阪保育研究所年齢別保育研究委員会編『0歳児の保育』『1歳児の保育』『2歳児の保育』あゆみ出版 1984）

な違いを聞き分けられるようになる。

### B　微笑・見つめ合い・情動交流

　誕生直後から機能している知覚を通して，乳児には授乳やおむつ替え，入浴などの世話をしてくれる保育者の顔が見えており，話しかける声が聞こえている。何よりも皮膚接触の感覚を心地よさとして体験している。その状態が繰り返され積み重なっていくと，いつもの保育者の声が聞こえるだけで快の感情を表す微笑が生起し，時には保育者に来てほしいと甘えたようなぐずり泣きも出てくる。2，3か月もして視力が発達して保育者と視線が合うようになると，しっかり見つめ合って（アイコンタクト），保育者のあやしに赤ん坊も微笑み返すようになる。つまり保育者と赤ん坊の双方の間に気持ち（情動）の交流が実感され，つながった感じが持てるようになる。

乳児は，保育者の声が聞こえたり，姿が見えたりすると保育者との楽しい時を期待するかのように喜びを体全体で表す（おはしゃぎ反応）。そのような特定の保育者との心地よいかかわり体験の積み重ねは，やがて親しい保育者と，そうでない人とを区別させていく土台となる。なじみのない人が接近してきたり見つめたりすると，生後半年頃には微笑むどころか，表情が固くなったり，時には不安げに，あるいはおびえたように泣き始める。人見知りは，このようにして始まっていく。

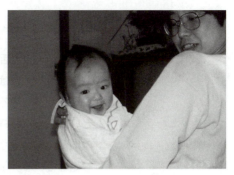

●保育者にほほえむ

●事例9－14 物と人とでは反応も対し方も違っている

　Aは，4か月になる男の子である。起きている時間もだいぶ長くなってきた。少し前から，Aはいろんなものをよく見つめるようになっている。抱いて，部屋の床の間に飾ってある置物の方に近づくと，置物の皿（オレンジの梅の花が描かれている）と花瓶に生けられた花（赤とオレンジの千両の花）を見つめる。一方の梅を"じぃー"と見つめると顔を動かしてすぐ隣の他方の花瓶の花を"じぃー"と食い入るように見つめ，そしてまた先の梅の皿を見て，また花瓶の方を見るといったように交互にまるで見比べて観察しているようでさえある。

　Aがご機嫌の時，母親がAの顔に近づいて，ほほえみかけると呼応するかのようにすぐさまほほえみ返してくる。うれしそうに笑っている眼だと誰でも感じるようなAの眼の表情だ。母親がちょっと視線をAからはずして横のほうを見ると，Aは，「エアー」と声を出す。まるで「お母さん，まだこっち向いて，僕と遊んでいて」と催促しているようだ。たまたま，母親が，そのまま立ち上がって離れてしまうと，Aの発声はそれで終わってしまう。

　まるまる太ってきたA（母親に抱かれている）に2週間ぶりにあった大人が「おでぶさん！おでぶさん！」と顔を近づけて，からかうような表情とやや強めの語調で言った。それまで，ニコニコ顔だったAの口元はみるみるへの字になり，顔の表情がゆるゆると動いてわーと泣き出してしまった。大人が，すぐさま優しく語りかけなおすと，Aは，いつものニコニコ顔に戻る。

　その後も注意してAを見ていると，大人が強い語調で語りかけると，口がへの字になっていき，すぐさま大人がやさしい口調で言い直すとニコッと微笑みに戻る。大人の語調（おそらく大人の表情もそれに伴って変化していることだろう）をころころ変えるとそれにあわせて，Aの表情も，次々変わって忙しくさえある。時々は，どちらをとろうかというような微妙な表情もする。わずか4か月のAがこんなに大人の接し方で表情を変えるということに改めて驚く。その都度，いろんな思いを味わっているということが表情となって現れるのだろう。

　Aは物（先の絵付きの皿と花）を見つめる時は，見比べて，それらの違いを認知するかのように観察している。同じ時期でも，人との間では，いろいろな様相を示すようになっている。相手に応じて欲しいというような発声をし，そしてやさしく相手をしてくれるとよろこびを示すかのようにほほえみを返してくる。大人の表情や声の語調の違いを感じ取って，感情の起伏さえ見せる。物と人とを区別しているのは明らかだ。それにしても，こんな小さい時から，赤ん坊の感じ取る力は，大人が思っている以上のように思われる。一人で動けなくとも，言葉で発信できなくても，赤ん坊は，"自分"を発信しながら存在している一人の人間なのだ。

（前頁）微笑：
生後2，3日目には「生理的微笑」といわれる自発行動（刺激がないのに起きる）がみられる。1か月頃には刺激（最も効果的なのは女性の声）に対しての微笑（「真の微笑」），2か月頃に人の顔に向けられる「社会的微笑」が出てくる。半年経つと特定の大人だけに微笑を見せるようになる。

## ❷ 6か月～1歳半 －世界が意味づけられていく－

### Ⓐ 探索活動

　生後半年頃には腰が安定してくるので，座った姿勢で手を用いての活動が盛んになってくる。乳児は，物に向かうときは物に，人に向かうときは人にというように気持ちが一方向に向いている。しかし，人への向かい方と物への向かい方は異なる。人に向かっているときのほうが多様で複雑な表情を見せ始めている。気持ちをつなげた保育者（乳児にとって意味のある人）には，予期，期待を持ったような表情を見せる。保育者からの反応がいつもと異なると当惑した様な表情を示し，不安気に泣くことも見られる。

### Ⓑ 分離不安

　見知らぬ人に対しては，さらにはっきり顔を背けたり，泣いたりしていわゆる「人見知り」反応－「8か月不安」が出現する。親しい保育者に抱かれているときのほうが人見知りの現れ方の程度も軽く，不安も早く鎮まって，見知らぬ人のほうへ気持ち（関心はある）を向けられるようになる。ハイハイで自由に移動ができるようになると，自ら保育者を求めて接近し，安心を得ようとする。気持ちの安定次第で探索活動へ向かう気持ちも左右されることになる。

　自由に移動できる前に，身近な保育者との関係（情緒的絆），いわゆる愛着関係が形成されていることは，子どもを危険から守るという点からも意味深い。乳児は保育者が見えなくなることに不安（分離不安）を示し，自分が安心できる範囲内でなら，遊びにも力を発揮できる。

### Ⓒ 意図的行動

　ハイハイや伝い歩き，そして一人で歩いて移動ができるようになると，子どもは，子ども自身の気持ちを捉えた物や出来事に向かって直線的に行動するようになる。乳児の気持ち，すなわち意図をもって目的的行動ができるようになったということで，田中昌人（1984）は，この時期を「自我の誕生（芽生え）」と言っている。この時期は認知力，記憶力が飛躍的に伸びていく時期でもある。物の意味に沿った物の扱い方をし始めるようになり，日常的に繰り返される事柄（状況）と保育者の語りかけのことばが結びついて，ことばの意味が子どもの中で理解され始めるようになってくる。

### Ⓓ やりとり

　保育者からの「ちょうだい」という働きかけに，乳児が持っている物を手渡すというやりとりができるようになる。また保育者の指さすほうを見たり

---

自我の誕生（芽生え）：「自我の芽生え」の時期については，自分と他者との区別がはっきり認識され，自分で思ったり考えたりする〈わたし〉を持つようになる2～3歳頃と定義して使う場合もある。

（共同注視），乳児の側から発見したものを発声（喃語）と指さしで保育者に伝えて，気持ちを分かちあい共感を得ようとしたりする行動も見られるようになる。他者と共有する世界が，乳児の側にも「意味ある世界」として立ち上げられ，そのこと自体がことばの発達を促し，やがて伝え合うことにことばも使われていくようになる。

移動の自由に伴い，子どもは新しい場面や人，物に遭遇することも多くなる。そのようなときの行動の指標に，子どもは保育者の顔色を見る（社会的参照）ことがある。保育者の雰囲気やまなざし，声かけ，声の調子を頼りにして，突き進んでいいものかどうかを子どもなりに判断して行動していったりもする。身近な保育者との関係が安定しているかどうかや，保育者の励ましや態度が，子どもの探索活動や世界に影響していくことになる。

社会的参照：ギブソンの視覚的断崖を用いての実験では，先で待っている母親の顔の表情次第で子どもが前に進むかしり込みするかが，はっきり現れる。(Gibson, 1960)

> ●事例9－15　人見知り・場所見知り
>
> 　Rは，母親に連れられて，母親の実家に1～2週間の間隔で遊びに来るのが習慣になっている。そんなRの人見知りの時期の様子を追ってみた。
> 　以前は，声かけすると比較的すぐにニコッとしてくれたのに，6か月頃から，「Rちゃん」と呼びかけてもニコッと微笑が返ってくるまでに時間がかかるようになる。そして，表情を動かさずにこちらを見ている。見られている祖母のほうは「この人はどんな人？」と打診されているような感じをもつ。それでも祖母から声かけしてあやしているうちに，Rは以前のようにほほえんで，それ以後は，これまでのようにすんなり表情が和らぐようになった。
> 　食事のとき，おなかがいっぱいになったRは，祖母に抱かれてもご機嫌である。テーブルの向こう側に祖父が座っている。仕事の関係で，これまでRと会うことの少なかった祖父をRは"じぃー"と見つめる。祖父がにこやかに「Rちゃん」と呼びかけると，Rは，次第に口をゆがませ，視線を隣の母親の方に向け，泣きそうな息づかいをし，とうとう泣き出した。人見知りが始まったと言って，祖父の方が視線を合わせないように努める。Rは，母親の方を見て安心したのか泣き止む。泣き止んだと思うとまた祖父の方を見つめ始めた。それからまた泣き出し，また母親の方を見て泣きやみ，また祖父の方を見つめるといったことを何度も繰り返した。泣きながらも祖父に興味をもっていて，見つめては泣き出すRをみて，まわりの大人が「イヤなら見なきゃいいのに」と笑いあった。見ては泣く，をしばらくくり返していたRがそのうち本格的に大声で泣き出した。母親に抱かれて涙を流していたが，しばらくすると泣きは静まっていった。母親は1週間以内の間隔で出会う人には人見知りはないように感じると言う。
> 　7か月の後半，Rはハイハイをするようになっている。Rの家ではどんどん動いていって，動く範囲も広がったし，興味のあるものを見つけてはいじって探索行動を盛んにするようになったという。しかし，2週間ぶりに来た祖父母の家では，動く範囲も狭く，物をいじることも少ない（Rにとって目新しいものはむしろたくさんあるのに）と母親が言う。祖母を見て泣くほどではないがまじまじと見つめている時間が長くなったようにも感じる。

8か月，Rの家では興味のあるものを見つけるとすばやくハイハイで向かうという。祖母宅ではそろりそろりと移動している。祖母はRを抱っこしているとき，しっかりRに見上げるようにして見つめられているのを感じる。祖母がRを抱っこして母親の見えないところへ向かうと，母親のいる方へ身を傾けようとする。Rを母親に預けると母親に抱かれて，顔を母親の胸のなかに沈ませるようにしてべったりしている。

　9か月，以前のように祖母がRに見つめられることはなくなったように感じた。声かけして近づくとニコーとほほえんでくる。寝かしつけようと祖母がRと一緒に横になると（祖母が寝かしつけようとしたのは初めて），まじまじと祖母を見つめたあと，Rは起きだして，母親のほうへハイハイして向かった。そして母親に抱きついた。

　遊んでいて母親が視界から消えそうになると母親を追おうとするが，祖母が抱いて外へ行こうということがわかると，外への興味のほうが勝ったらしく，抱かれている祖母の衣服をつかんでやや緊張した面持ちで外に視線を向けている。このときは，外へ行きたい思いの方が強かったといえる。しばらく外を回って，母親のいるところへ戻ってくると，すぐ母親に顔をすり寄せるようにして母親の胸にもたれかかった。祖母にも母親にするように抱かれて身を寄せるようになったのは，それから1か月もたってからのことである。

　人見知りは，子どもにとって，日々かかわってくれるなじみの人とそうでない人との区別がついてきたことによるといわれる。もちろん個人差はあるだろうが，ひと言で人見知りや，分離不安といっても，そこには，人見知りが始まっていく道のりや，なじみのない人に，やがてなじんでいく過程がある。Rの場合，時々会う人（祖母や祖父）をしっかり見つめながら，記憶のなかを照合する作業を重ねながら，R自身にとっての位置づけをしているように思えた。初めてとも言える人（祖父）に対しても，泣きながらも何度もRのほうから観察を行っている。母親がそばにいるという安心感があるからだろうが，人への関心の強さがうかがえる。自分にとって楽しいことをしてくれる期待がもてると，身をかたくしながらも抱かれて"我慢"して，したいことの方へ向かうこともある。人見知りの時期の子どものなかでは，いろいろな思いがさぞかし揺れているということだろう。

## 3　1歳半〜2歳半　－自我の拡大期－

　子どもが「意味ある世界」を持ち，広げていくことは，より他者と共有する世界－通じ合える世界が広がっていることである。

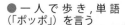
●一人で歩き，単語（「ポッポ」）を言う

### Ⓐ　生活文化を共有する道具の使用

　1歳頃の新しい力である，一人で歩く，手指で物をつまむ動作や行動模倣をするなどは，それ自体が目的かのように繰り返されていたが，1歳半を過ぎる頃から，安定した動きとなって，多様なことにおける手段として用いられ，子どもの世界の広がりを促進する。スプーンを使って食事をする，ハブラシで歯を磨こうとする，パンツや靴を自分で履こうとする，砂場で土をシャベルですくってはカップにいれ，ひっくり返して次々と型を作る，積み木を高く

積み上げたり並べたりする，車をゆっくり動かして走らせる，縫いぐるみを抱いたり，寝かせたりする，保育者の「ポイしてきて」という言葉がけでごみをゴミ箱に捨てたり，人と別れるときに自発的にバイバイと手を振ったり……。子どもが意図する目的に応じて，歩いたり，走ったり，のぼったり，降りたり，しゃがんだりし，自分の意図に沿って物やおもちゃを道具や素材として利用するようにもなる。ことばは要求や感動を伝えるためや，情報伝達の道具として用いられていくようになる。

#### Ⓑ　見立て・つもり行動

自分の意図を持って行動する自我は，外界とかかわりながら自分の内的世界（表象世界）をふくらませていく。1歳半頃より，物に子どもなりの意味づけをして，物を見立てたり，「…のつもり」になってイメージの世界で遊ぶことも見られるようになる。

#### Ⓒ　自己認識

一方で自分の関心や興味に沿って行動すればするほど，思い通りにならないことや，仲間と同じ要求をめぐってぶつかり合いを体験することになる。そのような子どもなりに葛藤する過程を経て，物事の理解および外界との関係の仕方が，少しずつ分化，多様化，系列化していくことになる。保育者に許容されていること，禁止されていることがわかるようになり，やがて保育者が自分を肯定してくれているかどうかにも敏感になってくる。他者と区別された**自己認識**が育ち，それに伴って感情面でも，得意になったり，恥ずかしそうにしたり，すねたり，怒ったりなど豊かさを増していく。

**自己認識：**
鏡に映った自分の像を子どもはいつごろから自分だとわかるのだろうか。鼻先に口紅をつけられた子どもが鏡を見て自分の鼻に手をあてがうようになる実験（ルージュ・タスク）では，1歳後半になってからという。自分を対象化できるようになり始めたということであろう。見られている自分を意識するようになるからこそ，照れや恥ずかしさの感情をもつようになるといえる。

#### Ⓓ　自己主張

2歳を過ぎると，好きなこと，興味のあることに打ち込む力も出てきて，注意の集中や持続力もついてくる。遊びが少しずつまとまりを持ってくるようになり，簡単なごっこ遊びに発展していく。絵本もストーリー性のあるものに移行していく。反面，自分の要求についてもその要求を持ち続ける力，つまり粘り強さを発揮し，自己主張となって現れる。保育者からの働きかけに，「イヤ」「ヤラナイ」などはっきり，意思表示を示すようにもなる。

#### Ⓔ　仲間関係における調整行動

仲間に対してもより関心を持ってかかわるようになり，友達の名前を覚えて言えるようになったり，仲間の行動を真似て同じことを一緒にしたりする姿や，まだつながりあう遊びにはなっていないが仲間のそばで似たようなこ

とをして遊ぶ姿（並行遊び）が見られるようになる。楽しそうに仲間と一緒に走り回っている場面がある一方で，おもちゃの取り合い場面も多くなる。物をめぐって，取ったり，取られたり，取り返したりすることでいろいろな思いを豊かに味わうことになる。保育者にその時の子どもの思いを代弁してもらうことで，気持ちを鎮め整えていく（気持ちを言葉で表していく）機会にもなっていく。交代でおもちゃを使う，順番でする，仲間が使っているものを使いたいときは「カシテ」と言ってから，相手の反応を待って次の行動をするなど，仲間（他者）との関係調整の仕方を学び始める大事な体験の場でもある。

●事例9－16　だだこねは自己主張

　Y（1歳半）は，生活面での習慣がずいぶんついてきた。ごはんを食べるときはいすに座ってエプロンをかけてもらってから食べる（スプーンを持ちはじめるがまだ手づかみ食べが多い）し，食事が終わりの時は，器を遠ざけるように置いて，養育者の方へ「エプロンを取って」としぐさ（はずすように引っ張り，首のところを指す）で示す。空になった菓子袋を見るとさっとYはゴミ箱へ捨てに行く。やりたがりやのYは，食事の片付けを手伝い，食器を一個ずつ，洗い場に持っていく。洗い場で，背伸びして手に持っている食器を置くつもりで投げ入れる。その結果，ガラス食器などは割れてしまうこともあったが……。
　反面，自分のしたいことを阻止されると，怒ったような大きな声を強く出したり，泣いて訴えるような姿も見られるようになった。
　Yは，ことのほか電車が大好きだ。電車のおもちゃや絵本を見ると「デンシャ！」と声を興奮させる。新幹線のコンビカーも大好きで，庭で見つけるとまずその"新幹線"にまっすぐ向かっていく。
　今日（Yは1歳8か月）は，これから出かけるので靴を履いて玄関を出た。歩いていくとまず，Yは「新幹線」のある方へ向かっていき，それを取り出して乗り，足でこぐようにして進んでいった。門のところまでは，母親も付き合ったのだが，門のところで，「今日はお出かけだから電車は置いてね」「もう行こうね」と，何度も言い聞かせ，手をつなごうとするがYは応ぜず，コンビカーに乗ったまま動こうとしない。少し前までなら，大人が歩き始めると電車から降りてついてくることのほうが多かったのに，今日はなかなか電車から降りようとしない。仕様がなく，母親がYを抱き上げて歩きはじめると，ぐずったように泣きながら母親をたたいた（抵抗の表現がたたいたように見えたのかもしれない）。母親は歩いた先で，Yを歩道の地面に下ろす。Yはその場にしゃがみこんで地面に顔を伏せて大泣きしはじめた。母親が先に進み，離れた場所からYを見守るようにして待ち続ける。しばらくたって（母親なりのタイミングがあるのだろう）母親が両手を広げてYに近づいていく。泣きが静まりかけていたYは，立ち上がって母親の両手の中に抱かれるように接近してきた。その後，Yは静かに母親にもたれるように抱かれながら，歩いていく先の方を見ていた。

### コラム9-1　かみつき

　1歳を過ぎたころから，ことばで気持ちのやり取りができるようになる3歳頃までの子どもどうしの間で，かみつきが起きることがある。その場面を見ると，他児が不意に接近したと感じられたとき，遊んでいたものが取られると感じたとき，欲しいものの取り合いになったときなどで，思わず瞬間的にかみついてしまうということが多いようである。

　かみつきは，雨の日など室内で密に遊んでいるときや大人が忙しいときなどにも起きやすいという。他児に伝染して流行になることもある。また，かまれた側の子の傷や痛さの問題が親どうしの間にまで波及してしまうこともありうる。とっさの出現なので保育者が体を押さえるなどして防ごうとしても難しい。

　保育者には，かみついてしまった子なりのわけがあるという配慮と，かまれた子の痛みを和らげるための配慮とが必要となる。かみついた方の子どもは，思わずしてしまったことへの後ろめたさのような表情をしているだろう。保育者のかかわり方で，起きてしまったことへの気持ちの調整の方向も変わるであろう。

### コラム9-2　だだこね

　自分の思い通りにならないとき，大泣きしたり，床に寝転んで泣いたりなどして大人にとっては「困った行動」をすることがよく見られる。子どもの要求への粘り強さがその場面状況の理解にまで及ばず，要求の高まりが体全体で放出される結果である。新しい場面への気持ちの切り替えがうまくいかないこの時期には，そうした姿勢を変える，泣くなどの行動化によって，次のステップへの転換が，つまり，"立ち直り"が行われる。大人の「〇〇でしょ」「だめでしょ」は，「××ダ」から「××デハナイ〇〇ダ」へ理解を広げようとしている子どもの気持ちを「××ダ」に引き戻してしまう。気持ちが立ち直るまでゆっくり待ってあげたり，「〇〇と□□とどっちにする」など具体的に選択させることが子どもの気持ちの調整には有効なようである。

## ❹　2歳後半〜3歳前半　－自我の核ができる－

### Ⓐ　子どもが主導する世界

　何でもやりたがる自我は，実際に「ジブンデスル」ことを通して，豊かな内容を溜め込んでいく。2歳後半より，自分の身のまわりのことがかなりできるようにもなり，お手伝いも進んでする。そうしてますます「ジブンデスル」「ヒトリデスル」力が押し出されてくる。

### Ⓑ　関係理解の広がり

　ことばで伝えようとしたり，ことばで自分の気持ちを少しずつ言えるようになるに従って，抽象概念も徐々に使えるようになる。自分のことを「…チャン」と名前で読んでいたのが「ボク」「ワタシ」というようになり，苗字と名前，色概念などがわかるようになる。

　これらは，多くの物事から，共通の特徴を取り出して抽象化する力，すな

●保育者とのやりとり
「コレハボクダヨ」

わち，まとまりをもった認識の仕方（カテゴリー化）をし始めたことによる。ことばを用いて，物の多面的見かた（物の性質面からみる），物と物との関係（類型化，機能的関係），物や場所と人の関係（所有，所属），人と人との関係（仲間，家族など）が徐々に理解されてきたことによる。

　さらにそのカテゴリー（まとまり）どうしを対比させて，大―小，高―低，長―短，男―女，昼と夜なども認識できるようになる。この頃の子どもは「ナンデ？」「ドウシテ…ナノ？」と大人に盛んに聞いてくる。子ども自身からの質問・疑問は，自ら積極的に世界を取り込もうとする力である。時間の概念も「アトデ」「サッキ」から「アシタ」「キノウ」など時間枠も広がってわかって使えるようになる。そのようにして，次第にことば本来の機能である，現前しない物事，過去，未来のことをことばで伝えられるようになっていく。

　子どもの内的世界が，空間的にも時間的にもまとまりを持って認識されてくるにつれ，子どもはその子どもなりの見通しをもった，まとまった活動を行うようになる。その結果イメージに沿った積み木遊びやブロック構成，絵描き，大人の生活を再現したままごと遊び，好きなキャラクターになりきって遊ぶ戦隊ごっこなどが見られるようになる。しかし，仲間同士では，各々が「ジブンガ主人公になりたい」になり，けんか場面も多くなる。お互いの強い自我のぶつかりあいは，自分たちで関係調整をできるまでにはいたっていないので，保育者の仲立ちが必要になることが多い。

　　ⓒ　　納得できる自分の世界

●「ジブンデスル」

　生活面においても，まとまった生活の流れを自分なりの順序ややり方でしようとすることが見られる。その過程で，大人が手助けのつもりでかかわったりすると，怒りだして最初からやり直すなどの頑固さを示し，さながら「儀式」や「こだわり」めいたように，自分のやり方に執着する姿も見られることもある。子どもは，自分なりに納得するまでやってみて自分の内面に取り込んでいく。

　第一反抗期といわれる姿は，子どもが「ジブンデ」自分なりにしようとしていることや，取り込もうとしているときに，大人からの一方的な押し付けがあったときにおきる抵抗の姿である（田中昌人，1984）。押し付けに抵抗する粘り強さは，世界をジブンのものにしようとするバネである。子どもにとって快い援助となるよう，保育者は子どもの気持ちを尊重したかかわり方をしていかなければならない。そのような場が適切なかかわりで乗り越えられれば，子どもはより豊かで納得できる充実した世界を作り上げていけるようになる。

## 2　保育者の援助

### 1　0歳前半の保育上の配慮

#### Ⓐ　大人との心地よい触れ合い

　乳児の世話は，世話自体が乳児にとって大事な人とのかかわり体験である。授乳時は，人工乳であっても抱いて乳児の顔と向き合いながら（この距離が乳児にとって人の顔が一番よく見える），子どもの様子を見ながらすすめていく。1，2か月もすると，おなかが満たされた状態で，抱かれて向き合っ

図9-5
乳児と大人のふれあい遊びの一例

たとき，**クーイング**が見られる。乳児が発する「アー」「クー」の声に保育者が応えると，乳児も応答するといったまるで語り合い，「ダンス」をし合っている様が見られる。物とかかわることとは異なる，人と人とがかかわりあうことにおける特徴が早期からみられる。

### Ⓑ　乳児一人一人にあわせたかかわり

　乳児であっても，一人一人に個性（気質）があり，一人一人の育ちのペースがある。よく泣く乳児は，保育者を頻繁に呼んで接触も多くなるが，おとなしい乳児は，つい必要な世話のみになりがちなので配慮が必要となる。目覚めているときには保育者が語りかけ，抱き上げていろいろな景色を見せたり，姿勢に変化をつけたり，興味の持ちそうなおもちゃを提示するなど生活にメリハリをつける配慮も必要である。

　人生の初期に人とのかかわりを通して心地よい体験をたっぷり積み重ねられたことが基盤となり，その後の人との関係を肯定的に能動的に求めるようになる。乳児が自ら移動できないこの時期は，乳児の環境は保育者によって整えられ，いろいろな感覚体験は保育者によってもたらされる。乳児なりに感知して示す反応に敏感に応答して，心地よい状態を保育者がもたらしていかなければならない。

## ❷　6か月から1歳半

### Ⓐ　子どもの気持ちの読み取り

　日々共に生活するなかで，保育者は早い時期から，子どもの意図を解釈しながら対応している。例えば，3, 4か月頃の乳児が物に手を伸ばし始めると，「乳児がそのおもちゃをとりたい」という「意図」を読み取って，おもちゃを乳児に近づけたり，持たせたりする。そのようなかかわり体験の積み重ねが，乳児にとって保育者は快をもたらす人という期待を生むことになり，その結果，保育者の姿が見えただけで乳児は，期待と喜びの表情を表すようになる。

　物への志向が，出来事への予期，人への期待となっていくこのような過程においては，一貫したかかわりが重要である。なぜなら，予期や期待は，安定した持続的な行動パターンが乳児に認知された結果起きてくるからである。親しい保育者と見知らぬ人との区別も持続的な一貫したかかわりによる子どもの正常な認知の結果である。

### Ⓑ　子どもの気持ちの安定

　保育者に乳児の気持ちを読み取って（解釈されて）もらって成り立っていた乳児の生活は，成長して自分の意図で行動するに従って，徐々に子ども自

身が主導して行動する範囲を広げていくことになる。しかし、新しい挑戦や、それに伴った新しい体験は、まだ保育者の支えで大部分が成り立っている。不安なときには安心感をもたらし、子どもの関心を一緒に共有し、共感してくれる保育者の支えが必要である。保育者が子どもと一緒にいること、応答することによって、子どもの気持ちが安定できる場が確保されていることが、この時期は何より重要である。

　見知らぬ大人に向けては人見知りの時期であっても、この頃の子どもは同年齢や近い年齢の子どもに対しては、むしろ関心を示し始め、接近したがる傾向がある。また他児が持って遊んでいるおもちゃに関心を示し、おもちゃに手を出して、取り合いになってしまうこともそろそろ見られる。簡単なやりとりが交わされることもあるが、子ども同士ではかかわりの調整はもちろんのこと、遊びを続けていくことは難しい。保育者が、おもちゃの数を揃えたり、子どもの気持ちを整えるようなだめたり、間に入って遊びをつなげていくことが求められる。

### ❸　1歳半から2歳半

#### Ⓐ　保育者は安全基地

　子どもがもてる力を発揮して、自由に移動し、世界とかかわりながら内的世界に取り入れていくこの時期は、できるだけ豊かな環境と機会を整えたい。
　「ジブンデスル」世界の広がりは、子どもにとっては、新しい体験や新しいことに挑戦してみようという機会になるが、まだ経験に乏しく、子ども自身では見通しが持てないため危険も多い。保育者は、安全面で気をつけなければいけない時期でもある。行動範囲が広がるにつれ、子どもは初めての事態に直面することが多くなり、不安や不安定さも伴いやすくなる。「安全基地」（ボールビィ）、あるいは「情緒的備給」（マーラー）としての保育者の役割はまだ重要で、子どもが必要とするときに敏感に応答することが求められる。

#### Ⓑ　自我の育ちを支える

　自我の拡大期は、子どもの内面に、次々新しいことが取りこまれ、「…ダ」という直線的な気持ちが「…デハナイ…ダ」と折り返されるようになって、複雑、多様化して取り入れられていく時期である。幼い自我は、認知面、感情面で時間をかけて自分なりに調整していき始める。「イヤ」「ヤラナイ」といった意思表示も、言われたことに対して「…デハナイ」の表れで、「…デハナイ…ダ」への過程の途中にいる子どもの主張している姿である。「…デハナイ」と言ったものの、次の「…ダ」が見つけられなかったり、自分で切り替えができにくかったりする状態にいる。保育者から子どもの気持ちをことばにしてあげたり、子どもが選択できるような物を提示したり、あるいは

場面の転換に向けてのきっかけづくりという援助を心がけるとよい。子どもが自分で「…デハナイ…ダ」と見つけられそうなら，待ってあげるなどして見守ることが，子どもが外界の物事を自分のものにしていく力をはぐくむ手助けになる。

　保育者が自分を肯定してくれているか，否かにも敏感なこの時期は，自分の気持ちがわかってもらえると子どもが感じることで「受け入れられている」という安定した気持ちになる。その安定した気持ちが，したいことを「…し続ける」「…しきる」事に向かわせ，さらに，新しい物や人，出来事に積極的に向かい，打ち込んでいく力を育てる。外へ向かう力は，保育者や仲間と「同じことをする」「みんなといっしょに自分でする」という気持ちにふくらんでいく。

### 4　2歳後半から3歳前半

#### ● 関係調整の援助

　2歳後半頃から，子どもは他者と歩調を合わせることもできるようになってくる。散歩の時は仲間と手をつないで，仲間の歩調に合わせながら自分の歩調を調節するようになるし，保育者の言うことに沿って行動したり，製作の時にはモデルに合わせながら自分の手の動きを調節できるようにもなる。仲間と一緒に遊ぶ楽しさを経験すればするほど，仲間と遊べるように自分の気持ちを調整していく動機にもなる。

　"ジブンデスル"自我は，充実した自分の世界を構築していく。できるだけ子どもなりに自分でする機会を認めて見守ってあげたいものである。周りの事情でそれができにくい場合は，自我が関与できる機会，すなわち，子どもが選択できるようなことや，子どもにとって挑戦のしがいのあることを提示してみるのも一案である。それらは，日頃の子どもの様子を把握，理解している保育者だからこそできることである。選択できる＝自我が関与する場を与えられれば，子どもは自分が尊重されていると感じられる。

　関係調整の場として，仲間間のトラブル（いざこざ）がある。3歳頃の子どもは，仲間と同じことをしながらイメージの共有を持ち始めた時期なので，まだそれぞれ異なる役割を持った遊びは難しい。同じものを使いたがり，同じつもりや，役になって遊ぶことが多い。当然，「ジブン」の所有物や「ジブン」の領域のぶつかりあい，あるいはイメージのずれなどのトラブルが起きてくる。そのようなときの保育者のかかわりは容易ではない。取ったり取られる立場の子，泣いてしまったほうの子が目だったり，第三者的に見ていた子どもが保育者に言いつけにきたりなど，様々な状況に展開してしまう。いずれにせよ，子どもにとってはいろいろな立場のいろいろな思いが体験できる場である。子どもの気持ちが鎮められて，ことの成り行きが子どもに捉えられ

るような援助がなされれば，子どもにとって仲間との関係調整のうえで貴重な経験となるに違いない。

> ● 事例 9 − 17　「思いやりを育てたい」という保育者の思い
> 　　　　　　　―子どもどうしのトラブル場面に直面して
>
> 　うがいコップが入ったケースを誰が出すかということで，少し前からＢ君がかかわるトラブルがよく見られました。ある日のこと，Ｔ君がいちばん先に走ってきてケースを持ちました。あわててＢ君が追いかけてきてＴ君を押しのけるようにしてケースを横取りしました。Ｂ君はすぐ後ろを走ってきたＫ君に「Ｂ君とＫ君とで持つんやねー」と決めつけたように言いました。「そうやねー」と，Ｋ君はＢ君の言葉を受けて媚びるように答えました。そして二人でケースを運び出しました。当のＴ君はそれほど不満そうな顔もせず，Ｂ君とＫ君の後をついていきました。
> 　こんなことが通ると思われるのは嫌だったので，私はなかに割って入り，「Ｂ君，Ｋ君，なんで横取りするんよ。Ｔ君が持っていたのに」と言いました。二人は顔を見合わせて"ちょっとまずかったかなぁ"といった顔でニヤニヤしていました。私は，二人になんて言えばよいか考えながら，二人の顔を見ていました。二人の表情がだんだん変わってきました。Ｋ君は都合が悪そうに私から眼をそらし，キョロキョロしています。Ｂ君は，「やばい！」という顔で目がオドオドしてきました。「そうやって，お友達の持っているものを横から取るのはＹ先生，すごく嫌やわ。Ｙ先生は，うさぎ組さんみんな仲よくして欲しいん。Ｂ君やＫ君みたいに自分だけ良かったらええわっていうのは，あかんと思うで」と，私は怒った口調で言いました。すると二人は泣き出しました。Ｋ君は，泣けば許してもらえると思っているような泣き方でした。Ｂ君は，「もうせん！もうせんよ！」と辛そうに泣きながら言いました。私は，二人にどうすれば，何と言えば私の気持ちをわかってもらえるのか，本当にわからず，迷いながらも，とにかく今の私の気持ちをそのまま言葉にしました。「Ｙ先生は，お友達と仲よくして欲しいん。お友達のことも考えてあげてよ」二人がうなずいてくれたので，これでこのことはおしまいにしました。
> 　この２日後，朝の外遊びのとき，１歳児のＮ君がコンビカーに乗っていました。Ｂ君は，少し離れた場所でＫ君と二人で，オーレンジャーごっこをしていましたが，Ｂ君は突然，そのＮ君のところへ走りよってきて無言のままＮ君の乗っているコンビカーをつかみ，Ｎ君を押しのけながらコンビカーに乗ってしまいました。Ｎ君は泣き出しました。それでもＢ君はまるでコンビカーに誰も乗っていなかったかのように，Ｎくんを無視して笑いながらコンビカーを横取りしてしまいました。そして平然と，そのコンビカーに乗って，またＫ君とオーレンジャーごっこを始めました。私は，叱りつける気などなく，「Ｎ君がコンビカーを取られて辛い思いをしている」ことと「友達を押したりしたらひっくり返って危ない」ということだけを伝えようと，やさしい口調で「Ｂ君」と声をかけました。すると，Ｂ君の目には，涙があふれだし，「おこらんといて！！」と泣き出しました。
> 　私はびっくりしました。頭の中では，叱ってもマイナスになるということをわかっていても，友達のことを考えて欲しくて，叱らないまでも，強い口調になっていたり，ただＢ君に「ダメ」を押し付けていたんだと改めて知りました。Ｂ君に「おこらんといてー」と言われたことが（言わせてしまったことが）ショックでした。それで，どうすればＢ君に「Ｙ先生は，Ｂ君のこと大好きなんやでー」と，わかってもらえるかを考えました。Ｂ君は自分から，保育者と遊ぼうとしたり，甘えたりしてこない子なので，ちょっとしたきっかけを見つけて，手をつないだり，抱っこしたりして，一緒に遊ぶ機会を増やすことから始めようと思いました。
> 　　　　　　　　　　　　　　　　　　　　　　（和歌山県新宮市の保育者）

### 3　母子関係について

　子どもの育ちを見ていくとき，乳幼児の世話をするのが多くは，母親であるということから，「母子関係」が注目されてきた。「母子関係」とは，生物学的な「母親」に限らず，子どもの養育にかかわる主な養育者と子どもとの関係という意味で使われる。

**ホスピタリズム：**
病院や施設で生活する子どもに見られる心身の発達の問題。当時の欧米の施設（孤児院）は，収容人数の多い大型施設であり，死亡率がとても高かった。これに比べて里親委託された子どもの死亡率が低いことが指摘されていた。

　20世紀初頭より，欧米においてホスピタリズムの問題が浮上し，その原因のひとつとして施設養育における母性的養育の欠如が指摘された。母子関係が世界的な注目を浴びるようになったのは，第二次世界大戦後，ジョン・ボールビーがWHOの依頼を受けて大戦後の孤児や浮浪児，非行児の研究報告を行ってからである。ボールビーは，養育者との永続的で一貫した愛情に満ちた関係が子どもの健全な発育に欠かせないことを「愛着理論」という形で提示した。乳児は，愛着行動（泣き叫び，微笑み，後追い，しがみつき，吸うこと，呼びかけ）を用いて保護してくれる人（安全基地）との接近や接触を図り，情緒の安定を得るのだという行動システム理論や，内的ワーキングモデルという概念も打ち出した。同じころローレンツの動物の研究における「刻印付け（インプリンティング）」や，ハーローの赤毛ザルの針金・布製の母親の実験（図9－6）などは，この愛着理論を支持するものとなり，マザーリングの重要性や母性剥奪理論，初期経験の重要性，発達の臨界期，敏感期という観点での多くの研究へと発展した。

図9－6
ハーローの赤毛ザルの実験（Harlow, 1961）

赤毛ザルの赤ん坊は，針金製の代理母親から餌を受けても布製の代理母親と過ごす時間が圧倒的に多い。

恐れを感じた時，布製の代理母親にしがみつく。

布製代理母親がとりさられた時の反応。

**保育園児と家庭児との愛着行動の比較研究：**
繁多の比較研究によると，愛着行動の開始時期は，保育園児の方が1か月遅れるが，それ以後違いはみられなかった。また，1，2歳児においては，接触，接近，歓迎行動は，保育園児の方が活発で，母親を安全基地

　母子関係は，エインズワースらによって，愛着行動の実験場面（図9－7）から得られた愛着行動の型（安定・不安定・回避行動・アンビバレント）に分類され，国際比較研究や子どもの気質との関連，長期にわたっての縦断研究などにも向けられていった。

　その流れの中で日本においても，3歳までは母親が家庭で育てるべきという「3歳児神話」が多方面に影響を与え，保育園児と家庭児との愛着行動の比較研究も行われ，複数の養育者に育てられることの影響などが話題になっ

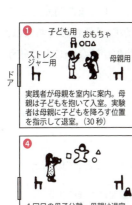

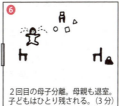

図9−7
ストレンジ・シチュエーションの8場面

(繁多進『愛着の発達』大日本図書 1987)

とした探索行動では，家庭児の方が活発，保育園児の方が母親との分離に強い不安を示したが，これらからは，保育園児の愛着の発達に問題があるという証拠は得られなかったと結論している。

た時期もある。

その後，ビデオ分析も含めた諸々の研究方法の開発により，乳児の生得的能力，認知の発達，乳児が他者の意図をどのような過程を経て読み取っていくようになるか，つまり対人関係がどのように育っていくかや，子どもの表象世界の発達等も注目されるようになっている。

そのような経緯のなかで，少子化社会がとりざたされ，虐待問題，地域および家庭の育児の機能低下，母親の育児不安等が浮上し，関心は一気に育児の社会化に向けられるようになってきた。保育園は，働く母親の育児支援を中心におきつつ，地域における子育て支援機関としての役割も担うようになった。今後，さらに保育者は，保護者と協働して子どもの育ちを支え，なおかつ保護者を支援する立場となり重要な存在になっていく。

母子関係への注目は，子どもにとっていかに情緒的に安定した環境が重要であるかを示唆し，特に3歳未満の子どもたちにとっては養育者（保育者）が子どもの情緒安定のために重要な存在であることを位置づけることになった。また，子どもの発達過程においてコミュニケーション（対人関係）が成

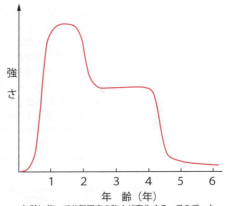

年齢に伴って分離不安の強さが変化する。子のデータは多くの研究から集められているので，描かれている曲線は分離不安反応の方向と変化の割合を一般的に示すものにすぎない。

図9−8
年齢による分離不安の強さ

(T.G.R. バウアー，岡本夏木他訳『乳児期』ミネルヴァ書房 1980)

り立っていく過程の理解もより深めることにもなった。まだまだ特定できない説や未知のことが多いのが実情ではあるが，健やかな子どもの育ちには，何よりも安定した居心地のよい大人との関係や環境が欠かせないことは確かなこととして定着している。

（大場）

---

**やってみよう**

❶ 子どもはどんなときに不安になりやすいか。不安になったときの状況とその現れ方」について調べてみよう。
❷ 次の記録を読んで，あなたなら，①その子どもの行動をどう理解するか，②そのような場面でどのようにかかわるか，などについて話し合ってみよう。
　「1歳児クラスで友達が遊んでいる物を何でも欲しがり，無理やり取って，取れなかったら友達をたたく子がいた。その行為を何度も繰り返していたのだが，その子は何度も注意されながらもどうして同じことを繰り返すのかなあと思った。」（ある保育実習生の記録）
❸ 各々の（学生の）記憶のなかで愛着していた物や愛着対象について思い出し，挙げてみよう。
❹ 保育園での登園と降園時の親と子どもの様子について観察してみよう。

---

**さらに学ぶための本**

- 岩田純一『＜わたし＞の世界の成り立ち』金子書房　1998
- ケネス・ケイ，鯨岡峻・鯨岡和子訳『親はどのようにして赤ちゃんをひとりの人間にするか』ミネルヴァ書房　1993
- 鯨岡峻『原初的コミュニケーションの諸相』ミネルヴァ書房　1997
- 鯨岡峻『両義性の発達心理学』ミネルヴァ書房　1998
- D.N. スターン，神庭靖子・神庭重信訳，小此木啓吾・丸田俊彦監訳『乳児の対人世界―臨床編』岩崎学術出版社　1991
- 田中昌人・田中杉恵『子どもの発達と診断2』大月書店　1982
- 浜田寿美男『意味から言葉へ』ミネルヴァ書房　1995
- 浜田寿美男『身体から表象へ』ミネルヴァ書房　2002
- P. ロシャ，板倉昭二・関一夫監訳『乳児の世界』ミネルヴァ書房　2004

---

**引用・参考文献**

- アドルフ・ポルトマン，高木正孝訳『人間はどこまで動物か―新しい人間像のために』岩波書店　1961
- 金子龍太郎『実践発達心理学―乳幼児施設をフィールドとして』金子書房　1996
- 繁多進『愛着の発達―母と子の心の結びつき』大日本図書　1987
- 田中昌人・田中杉恵『子どもの発達と診断8―幼児期Ⅰ』大月書店　1984　p.97　p.126-132

# 執筆者紹介

●編集
松本　園子
まつもと・そのこ
白梅学園大学名誉教授

●学生時代，女性の生き方を考える中で仕事と育児の両立を可能にするカギとして"乳児保育"に注目したのが，保育への関心の始まりでした。その後生活は豊かになり，保育の充実は進みましたが，環境と人間関係の悪化が子どもの新たな不幸を生み出しています。今は立ち止まり，暮らしの根本を考え直したいと思っています。

荒賀　直子
あらが・なおこ
湘南鎌倉医療大学設置準備室長

●ハイリスク児の発育発達，特に神経学的ソフトサインを有する児の発育発達について研究しています。大きなリスクを持って出生した児が成長するにしたがい様々なことが出来るようになっていく様子は感動的です。小児期が人の一生の基礎になることを考えると大人の責任は重大であると思います。心して子どもに接したいと思います。

伊藤　輝子
いとう・てるこ
前鶴見大学短期大学部・教授

●私は保育現場にいた経験があります。現在は月に数回，「保育」を観察させてもらっています。0歳から就学までの子どもが，目覚めている時間の大半を保育園で心地よく生活し，その子らしく成長していく「保育」はどうあったらよいのか，時々逢える保育園の子どもを核にその本質を問い続けたいと思っています。

大場　富子
おおば・とみこ
前さいたま市巡回保育相談員

●乳児保育は，人生の始まりの3年間の保育です。私自身，乳幼児について学べば学ぶほど，保育現場に触れれば触れるほど，より一層，養育者（保育者）の重要性に気づかされていきます。そのことを軸において，養育の専門家ということの意味（保育者のありかた）について乳児保育を学ぶ方たちと考え，共有していきたいと考えます。

大村　禮子
おおむら・れいこ
聖セシリア女子短期大学・非常勤講師

●10年以上児童相談機関で様々な養育環境にある子どもたちと関わり，乳幼児期の養育者，保育者と子どもの日々の関わりの大切さを痛感しました。これから乳児保育を学ぶ方々には，乳児の泣きの意味について考え，成長していく子どもにとってかけがえのない時間を共に大切に過ごすことのできる保育者を目指してほしいと願っています。

立浪　澄子
たちなみ・すみこ
前長野県短期大学・教授

●保育者は子どもが人生の中で初めて出会う社会人。働く大人のイメージは保育者の姿を通して最初に子どもの脳裏に刷り込まれていきます。そんな思いで乳児保育の指導法を模索してきました。現在は「家庭との連携」をもう一度根本から問い直さなくてはという思いで研究を続けています。

仲　明子
なか・あきこ
聖セシリア女子短期大学・教授

●私は二児の母親として十年余りを過ごしました。そのなかで，大人の私とは違う子どもの感じ方・考え方・振る舞い方に出会い，そのことを糸口に考え，今まで見えなかった子どもの姿に気づかされました。それらのことを十代後半の皆さんや保育現場の方にお話しすると，共感していただけるのを知ってうれしく思っています。

林　薫
はやし・かおる
白梅学園大学・准教授

●子どもを取り巻く環境の変化と共に，食に関する様々な問題も増加しています。「孤食」もその1つです。食べる事はすべての動物に共通していますが，人と人が共に食し，分け合い，楽しむことができるのは，人間の特徴でもあるのです。私たちのこの素敵な特徴が薄らぐ事のないように，子どもたちの「食を営む力」を育んでいきたいと思っています。

● 取材協力（50音順）

上溝保育園（相模原市）
笹下南保育園（横浜市）
下新倉みどり保育園（和光市）
和光市しらこ保育園（和光市）
鈴木道子保育室（横浜市）
たかさご保育園（葛飾区）
ドルカスベビーホーム（綾瀬市）
中里学園（横浜市）
根岸星の子保育園（横浜市）
伏木保育園（高岡市）
和光市ほんちょう保育園（和光市）
モニカ保育園（大和市）

### 乳児の生活と保育

2011年3月1日　第1版第1刷発行
2016年4月1日　第1版第7刷発行
2018年2月1日　改訂版第1刷発行
2019年4月1日　第3版第1刷発行

| | |
|---|---|
| ●編著者 | 松本園子 |
| ●発行者 | 長渡　晃 |
| ●発行所 | 有限会社　ななみ書房 |
| | 〒252-0317　神奈川県相模原市南区御園1-18-57 |
| | TEL　042-740-0773 |
| | http://773books.jp |
| ●絵・デザイン | 磯部錦司・内海　亨 |
| ●印刷・製本 | 協友印刷株式会社 |

©2019　S.Matsumoto
ISBN978-4-903355-82-5
Printed in Japan

定価は表紙に記載してあります／乱丁本・落丁本はお取替えいたします